● 生态文明法律制度建设研究丛书

协商与共识：
环境行政决策的治理规则

XIESHANG YU GONGSHI
HUANJING XINGZHENG JUECE DE ZHILI GUIZE

卢　锟●著

重庆大学出版社

图书在版编目（CIP）数据

协商与共识：环境行政决策的治理规则 / 卢锟著
.-- 重庆：重庆大学出版社，2023.1
（生态文明法律制度建设研究丛书）
ISBN 978-7-5689-3762-7

Ⅰ.①协… Ⅱ.①卢… Ⅲ.①环境保护法—行政执法—研究—中国 Ⅳ.① D922.680.4

中国国家版本馆 CIP 数据核字（2023）第 038567 号

协商与共识：环境行政决策的治理规则

XIESHANG YU GONGSHI: HUANJING XINGZHENG JUECE DE ZHILI GUIZE

卢 锟 著

策划编辑：孙英姿 张慧梓 许 璐
责任编辑：陈 力 版式设计：许 璐
责任校对：邹 忌 责任印制：张 策

*

重庆大学出版社出版发行
出版人：饶帮华
社址：重庆市沙坪坝区大学城西路 21 号
邮编：401331
电话：（023）88617190 88617185（中小学）
传真：（023）88617186 88617166
网址：http://www.cqup.com.cn
邮箱：fxk@cqup.com.cn（营销中心）
全国新华书店经销
重庆升光电力印务有限公司印刷

*

开本：720mm × 960mm 1/16 印张：19.5 字数：282 千
2023 年 4 月第 1 版 2023 年 4 月第 1 次印刷
ISBN 978-7-5689-3762-7 定价：98.00 元

丛书编委会

作者简介

卢锟，1982年生，男，河南新乡人，法学博士，美国佩斯大学访问学者。现任上海海洋大学海洋文化与法律学院讲师，硕士生导师。主要从事环境资源保护法学、海洋环境保护法学的教学与科研工作。出版英文专著1部，译著2部，参与《中国大百科全书》第三版（法学卷）辞条撰写，在CSSCI等学术期刊发表论文10余篇；主持上海市哲学社会科学规划项目、上海市生态环境局委托服务项目等课题6项，参加国家课题、省部级课题10余项。

总　序

“生态兴则文明兴，生态衰则文明衰。”良好的生态环境是人类生存和发展的基础。《联合国人类环境会议宣言》中写道：“环境给予人以维持生存的东西，并给他提供了在智力、道德、社会和精神等方面获得发展的机会。”一部人类文明的发展史，就是一部人与自然的关系史。细数人类历史上的四大古文明，无一不发源于水量丰沛、沃野千里、生态良好的地区。生态可载文明之舟，亦可覆舟。随着发源地环境的恶化，几大古文明几近消失。恩格斯在《自然辩证法》中曾有描述：“美索不达米亚、希腊、小亚细亚以及其他各地的居民，为了得到耕地，毁灭了森林，但是他们做梦也想不到，这些地方今天竟因此成了不毛之地。”过度放牧、过度伐木、过度垦荒和盲目灌溉等，让植被锐减、洪水泛滥、河渠淤塞、气候失调、土地沙化……生态惨遭破坏，它所支持的生活和生产也难以为继，并最终导致文明的衰落或中心的转移。

作为唯一从未间断传承下来的古文明，中华文明始终关心人与自然的关系。早在5 000多年前，伟大的中华民族就已经进入了农耕文明时代。长期的农耕文化所形成的天人合一、相生相克、阴阳五行等观念包含着丰富的生态文明思想。儒家形成了以仁爱为核心的人与自然和谐发展的思想体系，主要表现为和谐共生的顺应生态思想、仁民爱物的保护生态思想、取物有节的尊重生态思想。道家以“道法自然”的生态观为核心，强调万物平等的公平观和自然无为的行为观，认为道是世间万物的本源，人也由道产生，是自然的组成部分。墨家在长期的发展中形成“兼相爱，交相利”“天志”“爱无差等”的生态思想，对当代我们共同努力探寻的环境危机解决方案具有较高的实用价值。正是古贤的智慧，让中华民族形成了“敬畏自然、行有所止”的自然观，使中华民族能够生生不息、繁荣壮大。

中华人民共和国成立以来，党中央历代领导集体从我国的实际国情出发，深刻把握人类社会发展规律，持续关注人与自然关系，着眼于不同历史时期社会主要矛盾的发展变化，总结我国发展实践，从提出“对自然不能只讲索取不讲投入、只讲利用不讲建设”到认识到“人与自然和谐相处”，从“协调发展”到“可持续发展”，从“科学发展观”到“新发展理念”和坚持“绿色发展”，都表明我国环境保护和生态文明建设作为一种执政理念和实践形态，贯穿于中国共产党带领全国各族人民实现全面建成小康社会的奋斗目标过程中，贯穿于实现中华民族伟大复兴的中国梦的历史愿景中。党的十八大以来，以习近平同志为核心的党中央高度重视生态文明建设，把推进生态文明建设纳入国家发展大计，并提出美丽中国建设的目标。习近平总书记在党的十九大报告中，就生态文明建设提出新论断，坚持人与自然和谐共生成为新时代坚持和发展中国特色社会主义基本方略的重要组成部分，并专门用一部分内容论述“加快生态文明体制改革，建设美丽中国”。习近平总书记就生态文明建设提出的一系列新理念、新思想、新战略，深刻回答了为什么建设生态文明、建设什么样的生态文明、怎样建设生态文明等重大问题，形成了系统完整的生态文明思想，成为习近平新时代中国特色社会主义思想的重要组成部分。

生态文明是在传统的发展模式出现了严重弊病之后，为寻求与自然和谐相处、适应生态平衡的客观要求，在物质、精神、行为、观念与制度等诸多方面以及人与人、人与自然良性互动关系上所取得进步的价值尺度以及相应的价值指引。生态文明以可持续发展原则为指导，树立人与自然的平等观，把发展和生态保护紧密结合起来，在发展的基础上改善生态环境。因此，生态文明的本质就是要重新梳理人与自然的关系，实现人类社会的可持续发展。它既是对中华优秀传统文化的继承和发扬，也为未来人类社会的发展指明了方向。

党的十八大以来，“生态文明建设”相继被写入《中国共产党章程》和《中华人民共和国宪法》，这标志着生态文明建设在新时代的背景下日益规范化、制度化和法治化。党的十八大提出，大力推进生态文明建设，把生态文明建设放在突出地位，融入经济建设、政治建设、文化建设、社会建设各方面和全过程，努力建设美丽中国，实现中华民族永续发展。党的十八届三中全会提出，必须建立系统完整的“生态文明制度体系”，用制度保护生态环境。党的十八届四中全会将生态文明建设置于“依法治国”的大背景下，进一步提出“用严格的法律制度保护生态环境”。可见，生态文明法律制度建设的脚步不断加快。为此，本人于2014年牵头成立了“生态文明法律制度建设研究”课题组，并成功中标2014年度国家社科基金重大项目，本套丛书即是该项目的研究成果。

本套丛书包含19本专著，即《生态文明法律制度建设研究》《监管与自治：乡村振兴视域下农村环保监管模式法治构建》《保护与利用：自然资源制度完善的进路》《管理与变革：生态文明视野下矿业用地法律制度研究》《保护与分配：新时代中国矿产资源法的重构与前瞻》《过程与管控：我国核能安全法律制度研究》《补偿与发展：生态补偿制度建设研究》《冲突与衡平：国际河流生态补偿制度的构建与中国应对》《激励与约束：环境空气质量生态补偿法律机制》《控制与救济：我国农业用地土壤污染防治制度建设》《多元与合作：环境规制创新研究》《协同与治理：区域环境治理法律制度研究》《互制与互动：民众参与环境风险管制的法治表达》

《指导与管控：国土空间规划制度价值意蕴》《矛盾与协调：中国环境监测预警制度研究》《协商与共识：环境行政决策的治理规则》《主导或参与：自然保护地社区协调发展之模式选择》《困境与突破：生态损害司法救济路径之完善》《疏离与统合：环境公益诉讼程序协调论》，主要从“生态文明法治建设研究总论”“资源法制研究”“环境法制研究”“相关诉讼法制研究”四大板块，探讨了生态文明法律制度建设的相关议题。本套丛书的出版契合了当下生态文明建设的实践需求和理论供给，具有重要的时代意义，也希望本套丛书的出版能为我国法治理论创新和学术繁荣作出贡献。

2022年9月 于山城重庆

前　言

源头预防、系统保护是生态文明法律制度建设的重要环节和应有之义。加强生态文明法律制度建设，推进山水林田湖草沙一体化保护，需要从行政决策层面入手，完善环境与发展综合决策机制，健全相关的治理规则。这是因为，环境污染、生态破坏虽然直接表现为市场主体的行为，但实际上却与行政决策有着不可分割的联系。一方面，环境保护是一种公共服务，类似公共环境和健康之类的公共事务，必须由行政机关来提供，任何一个私人或私人实体都无力承担。行政机关履行环境保护这一基本公共服务职责，是源头预防的“第一责任人”，它们运用计划、规划等“指挥棒”，采取防范性措施，防止损害发生。另一方面，环境保护是一项复杂的系统工程，既要遵循环境科学和生态规律，也要融入经济社会发展的各方面、各环节，一旦决策失误，损失往往极大。“在一切有关环境问题的失误中，环境决策的失误是最大的失误。”[1]这就要求行政机关在决策活动中确立系统思维，从多维度查明拟议行动对环境的影响，防范决策风险。通过完善环境行政决策的治理规则，从源头设定贯彻生态文明要求的约束条件，依靠多元主体之间的合作共治，经由协商达成共识，确保一定范围内的经济、生态和社会因素在决策中都能得到考虑，从而最大限度地减少决策实施的环境代价。

现实中，与环境行政决策权力相关的是错综复杂的利益形态，经济发展的利益与环境保护的利益，依地域空间或行业部门划定的利益与社会整体的利益，短期急遽出现的利益与长期应予保护的利

---

[1] BRUNNER P H，BACCINI P.Regional material management and environmental protection[J]. Waste Management & Research，1992，10(2)：203-212.

益，等等。由于利益的多元化和“偏好”的个体化倾向，为了纠正“市场失灵”而施加干预的行政机关也有可能“失灵”。与反映在个人的私人选择中的视野相比，从事公共选择的个人倾向于根据更为短视的视野做出选择。在利益面前，公职人员可能产生角色的错位，结果造成在环保事务上的缺位。好的规则可以促使公职人员把对国家和地方的长远考虑纳入当期决策。避免和解决利益冲突的基本办法就是完善约束和规范环境行政决策权力的治理规则。如果不存在这种规则，个人几乎都会在公共事务中采用短期眼光。

长期以来，由于发展阶段的限制，经济影响构成了行政决策重点的考虑因素，环境影响则相对次要。与之密不可分的是基于管理主义的传统行政决策模式，[1]封闭的结构和程序是其主要特点。相应地，法律制度仅从救济的角度关注环境损害，很少关注到决策以及执行的过程，未能顾及环境问题的复杂性和相关主体的互动。中国环境行政决策存在的问题是特定条件下的必然产物。决策模式和法律制度是社会的上层建筑，它们是社会经济基础的反映。经济基础中的某些变化，如环境污染和生态破坏、环境支撑力和环境生产力、人口经济结构的变化，或迟或早会引起上层建筑的变化，例如推动形成严格的环保制度和严密的环境立法。这说明了通过法律制度约束和规范环境行政决策的必然性和演进趋势。顺应这一趋势，有必要对传统的行政决策模式展开反思，也正是这些反思构成了本书研究的起点。

第一，投资主导型经济增长方式的内在矛盾。这种增长方式以追求经济的高增长为主要目标，资本大量投入产业生产阶段，更多地呈现出粗放式的、简单的数量扩张。虽然这种增长方式展现了促进经济效率的一面，但却无法兼顾与环境保护之间的关系。在资本效率的激励下，地方政府决策者表现出类似于公司管理者的精神，

---

[1] 随着市场经济和民主政治的发展，行政决策的管理主义模式的弊端逐步显现，行政决策的参与式治理模式开始兴起。治理模式在理念上强调公共利益观念与行政机关角色的转型，主张一种协商与合作式的公众参与。参见王锡锌，章永乐．我国行政决策模式之转型：从管理主义模式到参与式治理模式 [J]. 法商研究，2010（5）：3–12.

动员一切资源来发展辖区内的经济，这一现象被美国政治学者戴慕珍称为“地方政府公司主义”。[1] 出于对 GDP 的狂热追求，地方政府积极开展招商引资，大建经济开发区、产业集聚区。凡是能够带来 GDP 增长的项目，地方政府都给予支持，出台各类优惠政策，突出资源优势，甚至降低环保要求。于是引进资金的规模、项目的大小以及随之而来的经济效益，便成为政府在决策时的主要考虑因素。在缺乏制约和监督的前提下，地方政府主导的投资行为天然地存在着短期化倾向，导致重复建设现象和环境问题不断涌现。在这样的发展模式下，环境的恶化也就成为必然。

这种矛盾普遍地存在于工业化进程中。例如，第二次世界大战后，为了恢复经济、赶超世界先进国家，日本举国上下专注于经济增长，各地都在进行无视与自然相协调的工厂作业和过分开发，带来了严重污染，环境急剧恶化。[2] 环境损害通常难以消除和修复，甚至不可逆转，行政决策如果没有很好地考虑环境影响，必将带来巨大而长远的负面效应。日本的发展历程带来了惨痛的教训，但却未能引起我们的警觉。“痛定思痛，亡羊补牢”，约束和规范环境行政决策的中心任务是，设计切实可行的制度规则，将环境考量纳入行政决策，使之成为同经济、社会等因素相平衡的一个重要砝码，使环境保护变成对行政决策实在而具体的约束。

第二，部门利益与生态系统保护难以兼容。大自然是一个高度复杂的协同系统，各组成部分之间相互联系、彼此依存。这就需要决策者遵循生态规律，综合评估其资源消耗、生态损害和社会效益，采用和改进基于自然整体而非单个要素的决策方案。然而，行政机构间职责的分工使得不同的政府部门通常只管理社会关系的某一方面，形成了以行业、部门为主导的分散性管理体制。这种行政职责的分割与生态环境问题具有的综合与相互联系的特点形成了尖锐的对立。

---

[1] OI J C.Rural China takes off：Institutional foundations of economic reform[M].Berkeley and Los Angeles：University of California Press，1999：3–15.

[2] 参见原田尚彦．环境法 [M]. 于敏，译．北京：法律出版社，1999：10.

由于条块分割所形成的单项管理和分散管理，行政机构往往是孤立和分割的，“以封闭的决策程序，在相对狭窄的管理范围中进行工作”，[1]难以摆脱部门利益的束缚。例如，在缺乏约束的情况下，规划建设、工业发展、交通运输等部门更倾向于从部门利益出发，推脱自身环保责任、干扰政府决策，在实际工作中出现发展和保护“两张皮”的现象。因此，需要深入研究构建系统的制度规范体系，将绿色发展和环境保护内化并贯穿于地方政府及其部门的职责范围，使得环境议题能够在地方政府的行政决策中被统合考虑。通过这种系统的规范，从而避免由相对强势的经济发展部门预先作出决策，再由相对弱势的生态环境部门进行环境影响审查，导致审查过程完全被形式化的窘境，进而推动“大环保”工作格局的形成，改善行政机构分散、片面的决策与组织方式无法妥善应对生态环境整体特性的问题，从决策层面破解“公共权力部门化、部门权力利益化、部门利益法制化”的难题。

第三，专业行政与民主参与的互相排斥。现代环境问题对行政决策的制定提出了重大挑战。这一挑战的突出特征之一是环境行政决策同专业知识和社情民意的紧密关联。制订各种基于自然的解决方案需要额外的谨慎，既需要运用专家理性也需要体现民主参与，确保在提供经济社会发展必需的资源产品的同时不对生态环境和利益相关者造成重大不利影响。环境行政决策应兼顾科学和民主已经成为当前的主流观点。[2]但在环境问题上民主制度并不总是友善对待科学认识，民主参与、社会理性和专业行政、技术理性之间常常互相排斥，在很多时候面临“多一份民主协商，便少一点专业执着”的窘境。

根据风险社会之下行政法治的特点，严格的程序规定是保证环境行政决策合法性与合理性的核心。在此过程中技术理性与社会理

[1] 世界环境与发展委员会．我们共同的未来[M]. 王之佳，柯金良，等，译．长春：吉林人民出版社，1997：407.

[2] 参见金自宁．跨越专业门槛的风险交流与公众参与：透视深圳西部通道环评事件[J]. 中外法学，2014（1）：7–27.

性都必不可缺。“社会之于科学，一如科学之于社会，都是兴亡攸关。因而沟通二者的每一座桥梁都至关重要。”[1]技术理性用于分析技术可行性、权衡环境与健康风险，将环境影响限定在可控的范围内。然而，单纯的技术理性未涵盖社会理性，因而可能引起决策目标的偏移。风险必须借助社会系统内部的沟通才能对未来损失的可能性加以理解。[2]社会理性是民众为自己定义风险的过程，源于民众从经验角度对风险的认知和理解。一旦民众按照自己的理解定义了风险，他们就会利用各种途径向行政机关表达关切，并将这些风险进行传递。如果决策机关无法以合法的机制安排汇纳这种风险表征、对影响不确定性的主观特征展开分析并通过技术理性加以妥善引导，民众的关切和诉求就只能采取体制外的形式表现出来，从而影响社会稳定和政府公信力，造成行政决策窒碍难行。归结起来，“习惯性怀疑”的社会病症是表象，政府与社会之间缺乏互动和沟通才是根本。

第四，公共利益保护与私人权利限制的冲突。生态与环境保护是一种公共利益。一般认为，现代环境规制产生于 20 世纪 70 年代为回应公共健康呼声和环境急剧恶化而建立的管制机制，即由行政机关设定强制性排放标准和禁止性义务，并对违反者施以制裁。行政机关以公共利益为正当化理据，运用法律规定的强制执行和处罚等执法手段来限制私人权利的行使。然而，在环境执法推进过程中往往出现“一管就死、一放就乱”的悖论：要么限制自由，要么规制失灵。虽然这样的悖论发生在执法环节，但隐藏在背后的深层原因却是环境行政决策未能保障公共利益与私人权利的平衡。

旨在促进人与自然和谐共处的生态保护，不仅涉及环境资源的共享，更是社会财富的分享，因而首先要实现人与人的和谐。即便是出于公共利益保护，公权对私权的限制也应有边界，需要充分考虑对私人权利合理预期的信赖保护。环境问题整改不能矫枉过正，

[1] 赫尔曼·哈肯．协同学：大自然构成的奥秘 [M]. 凌复华，译．上海：上海译文出版社，2013：2.
[2] 彭飞荣．风险与法律的互动：卢曼系统论的视角 [M]. 北京：法律出版社，2018：55.

简单粗暴地冻结一切、停摆一切，有违法治精神。例如，在一些地方的饮用水水源保护区调整决策方案出台后，由承担决策实施的县级以上人民政府不加区分地责令拆除或者关闭已建成的排放污染物的建设项目，造成已存在的取得合法经营手续的市场主体的信服度不高，引发行政诉讼。[1] 类似情况也存在于涉及畜禽养殖、非煤矿山集中整治等方面的环境保护修复类行政执法中。虽然合法市场主体的关闭，系因环境保护政策的实施和调整所致，且无法合理预见，执法行为若造成相对人的实际损失应予补偿，但症结却是行政决策制定时没有很好地考虑市场主体的合法预期与信赖利益保护。这反映出环境行政决策的制定规则不完善，如程序不当、措施不科学、纠纷解决机制的遗漏以及缺失与权责一致原则相符的决策责任的不足，以致产生一定的法律风险。当公权力偏离法治轨道、摇摆不定，就有可能遭遇信任危机，进而落入“塔西佗陷阱”。有鉴于此，我们需要在准确理解和把握制度困境的基础上，谨慎地沿着已经选择的道路前行。

当前，中国生态文明建设取得显著成效，但在环境行政决策规则的完善性和实施的有效性方面还存在薄弱之处。以物质赔偿或者补偿为主的事后救济不可能完全弥补民众的环境损害，更难弥补对政府的信任。作为一项旨在预防环境问题产生的法律制度，环境影响评价制度要实现其预防的目的，就必须建立在行政机关可能对环境带来重大影响的决策的有实际意义的早期阶段。但邻避现象的频发，表明出现有的环评制度并未起到保障政府正确决策的作用。大量民情、民意没有通过环境影响评价程序进入政府前期决策过程并得到认真对待。对于中国而言，行政决策活动与环境影响评价的关系在法律上缺乏清楚的规定。因而环境影响评价实际上往往沦为一种事后（或决策后）论证。这种事后论证使得环境影响评价制度失去了确保科学民主决策的基本作用。法治框架内的双向对话是提升

[1] 例如，上海勤辉混凝土有限公司诉上海市奉贤区人民政府责令关闭行政决定案。参见人民法院环境保护行政案件十大案例（第二批）[N]. 人民法院报，2016-03-31（3）.

决策可接受度的关键。这种沟通不仅能使民众了解有关决策信息，还有助于确保将各方利益相关者关切纳入决策考虑范围，从而消除潜在风险，建立社会信任。从这个角度看，规范环境行政决策的法律制度和程序设计都有修改和完善的空间。

法治是人们沟通理性的体现，即人们在不要任何压力的情况下，相互讨论协商，摆事实，讲道理，以理服人，唯理是从，从而达成共识，并作出决策，以此作为治理国家的基础。[1]法治不仅仅是概念，更是通过规范体系和法律制度不断的完善而加以实现的过程。只有构建起系统完备、科学有序的法律规则体系，完善决策协商的内部规范和正当程序的外部审查，环境治理效能才能不断提升。改善生态与环境质量，化解环境群体性事件，走出“塔西佗陷阱”，需要从决策的科学化与民主化、利益补偿等多个维度进行考量。理性的途径应当转向制度性的治理安排，推动将环境保护纳入地方政府及其部门的决策考量，以各方主体的良性互动推动决策从单方意志性向交涉性的转变，为协调部门利益和地方利益、统筹经济利益、生态利益和社会利益、平衡短期利益和长远利益提供保障，进而产生共赢局面。因此，完善以协商与共识为中心的环境行政决策的治理规则构成了本书研究的主题和致力于实现的目标。

本书在界定环境行政决策概念和结构的基础上，考察现行法律、法规框架下各方主体的互动关系，分析当前中国环境行政决策法制薄弱之处，阐释环境行政决策的治理逻辑，研究并提出完善相应治理规则的思路和举措。全书共分为六章。

第一章为环境行政决策的认知基础。分析环境行政决策的概念、特点、结构和要素等基本理论问题，探讨强化决策环境影响与风险评估、完善环境行政决策治理规则的必要性和路径选择。

第二章为环境行政决策的实证分析。考察中国环境行政决策的现状和改革进展，总结现行法律法规对环境行政决策互动关系的保障水平，阐述其成绩并分析其不足，指出当前应重点解决的关键问题。

第三章为环境行政决策的治理逻辑。研究环境行政决策治理规则的起点、基础和保障，结合公共选择理论、治理理论、协商民主理论，以系统化思维的方式为环境风险的多元合作共治提供深层解释和逻辑基础。

第四章为环境行政决策的程序规范。从正当程序和司法审查的双重视角出发，考察美国、德国等先行国家的立法实践，探讨把环境与生态考量纳入行政决策程序的制度建设和规范结构。

第五章为环境行政决策的社会咨询。探讨决策公共咨询的演进历程与功能变迁，在考察国外和中国香港特别行政区环境咨询委员会体制模式的基础上，从组织形式、人员构成、职权范围、运作方式和决定效力等方面总结启示意义。

第六章为环境行政决策的治理实践。梳理环境行政决策咨询机制的立法现状，从结构和功能等方面分析其缺陷，探讨以协商与共识为中心的环境行政决策治理规则的主要内容以及实施的关键环节，结合地方层面的实践探索与成效展望未来。

近年来，广州市制定的重大民生决策公众意见征询委员会制度、一些地方社区治理中协商民主方式的采用，成为“推进国家治理体系和治理能力现代化”的有益探索。可以预见，随着生态文明建设和民主法治理念的深化、社会主义市场经济的深入发展，民众的环境觉悟和参与环保事务的热情将继续高涨，环境风险沟通和行政决策参与需求也会越来越高。有效回应这种诉求，应当从三个方面充实环境行政决策的治理规则。第一，完善生态文明制度体系，将环境保护内化并贯穿于各行政机构的职责范围，使环境议题得到统合考虑；第二，强化环境行政决策的程序规范，从形式和实质两个方面赋予行政程序以价值，展望以正当程序审查补充法定程序审查的图景；第三，健全社会治理体系，通过环境行政决策咨询机制构建面向社会的协商互动场域，弥合技术理性与社会理性之间的鸿沟，为实现利益平衡和达成价值共识提供规则保障。

党的二十大报告指出，“协商民主是实践全过程人民民主的重要形式”。协商民主代表了参与式民主发展的最新趋向。协商民主并不抹杀个体利益的存在，而是通过积极的参与、理性的对话，推动个体偏好的聚合、矛盾分歧的调和，促进共识的形成。协商的过程是解决问题的过程，也是推进民主的过程。环境行政决策的治理规则是协商民主体系的有机组成部分。因而，成为推进协商民主在环境治理领域制度化发展的有益探索。

本书的出版得益于黄锡生教授的精心组织。黄老师将我带上学术研究道路，为经师、更为人师，谆谆教诲、受使终生。在此，我对他表示崇高敬意和衷心感谢。

感谢王曦教授的悉心培养和多年来给予的诸多照顾。他对书稿提出了许多宝贵意见和建议，并为我的研究工作指明方向。特此铭感。

感谢马骧聪先生一直以来的关心和帮助。他始终关心我的成长，不遗余力地提携后辈，鼓励我不断前行。衷心祝愿先生健康长寿。

在本书的校对过程中，我应尼古拉斯·罗宾逊教授（Nicholas Robinson）的邀请赴美国佩斯大学（Pace University）伊丽莎白·霍伯法学院（Elisabeth Haub School of Law）进行为期一年的学术访问交流。在他和理查德·奥廷吉尔教授（Richard Ottinger）的帮助和指导下，我对书稿进行了最后的完善和润色。在此也向他们表示衷心的感谢。

感谢重庆大学出版社细致负责的协调和编辑工作，使本书终于付梓。

尹锟

2023 年 2 月于美国 Pace 大学法学院

目　录

第一章　环境行政决策的认知基础

认知是思维和行动的基础，没有认知作为基础，分析和行动便无从谈起。探讨环境行政决策的治理规则，首先应当查明环境行政决策的基本概念、要素和结构，以及它所展现出的与传统行政决策的不同特性和权利义务关系。不搞清楚这些认知基础，仓促谈论治理规则，难免陷入盲目。本章从行政决策的概念入手，分析环境行政决策需要考虑的要素以及权力结构，探讨规范环境行政决策的路径选择，为准确把握环境行政决策的治理规则奠定基础。

第一节　环境行政决策的基本认识

“概念是解决问题所必需的和必不可少的工具。没有限定的专门概念，我们便不能清楚地和理智地思考法律问题。”[1]行政决策的概念问题，既是行政决策的基本问题，也是研究环境行政决策的适当起点。这个问题在学理上如何理解，在规范上如何界定？本书所称的环境行政决策指涉的范围又是如何，有待于进行实体讨论前加以确定。

[1] E. 博登海默 . 法理学：法哲学及其方法 [M]. 邓正来，姬敬武，译 . 北京：华夏出版社，1987：465.

一、行政决策的基本概念阐释

（一）行政决策的学理诠释

在现代国家的行政活动中，决策无处不在。根据《辞海》的解释，决策是指“人们在改造世界的过程中，寻求并决定某种最优化目标和行动方案”。[1]从科学理论上奠定决策框架的是美国学者赫伯特·西蒙。他创立了行政管理学的决策学派，提出相对于行政过程中的执行环节，决策环节是行政管理中的核心环节。美国法律上的决策（decision-making，policy-making）概念比较宽泛，既包括针对一般事项的规则制定，也包括针对具体问题的行政决定。这类活动往往是行政政策的结果，可能极具争议，但至少可以受到法律挑战。行政机构根据对国家政策相对重要性的独立判断来确定决策的优先次序。[2]威廉·韦斯特从法律约束的意义上将行政机关对社会施加影响的方式分为规则制定（rulemaking）和适用决策（application decisions）。[3]这就将行政立法与行政执法之间的关系从“法律—执行”扩展为“法律—决策—执行”。在此，决策是指对事实问题，也包括对法律问题进行考虑、评议之后所得出的结论。

国内学者囿于抽象行政行为和具体行政行为的二分法，对于行政决策的界定存在不同的认识和较大的差异。[4]基于角度的不同，对行

[1] 辞海编辑委员会．辞海 [M]. 上海：上海辞书出版社，1996：1046.

[2] SUNSTEIN C R，VERMEULE A.The law of not now：When agencies defer decisions[J]. Georgetown Law Journal，2014，103（1）：157–196.

[3] 威廉·F. 韦斯特．控制官僚：制度制约的理论和实践 [M]. 张定淮，白锐，译．重庆：重庆出版社，2001：20.

[4] 在实行以行政行为为对象的行政程序制度和以行政行为为“通道”的行政诉讼制度的中国，是否能够确保行政决策概念的成立和行政决策作为一类独立的行政行为不无争议。赞同者认为，决策权是国家公权力的最重要表现形式之一，也是使用最为广泛的权力。参见马怀德．完善权力监督制约关键在于决策法治化 [J]. 中国党政干部论坛，2015（3）：19–22. 反对者则认为，行政决策是行政学概念而非法学概念，行政法学界毫无节制地运用交叉学科的方法，将其他学科的概念盲目塞入行政法学中，是存在问题的。行政决策是中间性行政行为，绝对不可以像现阶段的地方性行政程序规定一样，将其作为一个独立的行为概念。参见熊樟林．重大行政决策概念证伪及其补正 [J]. 中国法学，2015（3）：284–303. 行政决策与行政行为几乎没什么区别，都指向同一现象。或者说，每项行政决策最终都导向一个决定，每个行政行为都存在决策过程。因此，要把每个行政行为中的决策因素提炼为公约数，从行为类型上加以概括并导入，是没有存在空间的。参见叶必丰．行政决策的法律表达 [J]. 法商研究，2016（2）：75–85.

政决策的认识大体可以归为行为论、决定论、过程论三类。行为论强调行政决策的行政行为性质。例如，皮纯协教授将行政决策界定为“行政机关在职权范围内就行政管理的一定事项，确定目标，制订各种方案，选择方案，以及在执行过程中调整方案的行政行为”。[1]决定论揭示行政决策的目标是履行行政职能。例如，杨寅教授认为，行政决策是“国家各级行政机关为履行行政职能，在其管辖权限范围内作出处理公共行政事务的决定”。[2]过程论则突出为实现目标而采取的行动和步骤。例如，刘莘教授认为，行政决策是国家行政组织为了实现行政目标，依据既定政策和法律，对面临着的待解决问题，拟订并选择活动方案的行为过程。[3]杨海坤教授根据行政管理活动过程的不同阶段和性质区分为行政决策行为、行政立法行为、行政司法行为和行政补救行为。行政决策行为是国家行政管理的首要环节，[4]可以具体分为“形成政府的方针、政策、规定、规划等具有普遍约束力的决定”和“针对特定对象、特定事件、特定问题所作出的具有重要意义的决定”两种类型。[5]王锡锌教授认为，行政决策构成当代政府管理过程中最为重要的一环，以形式合法性为主要分析框架和技术的行政法只是对行政决策活动的“最低限度要求”。[6]

概括上述定义和类型，可以将行政决策的特征归结为以下几点。

第一，行政性。行政决策作为行政活动的重要方式，构成了行政机关日常工作的一部分。行政机关按照不同的权限，通过决策活动制定政策和规则，作出决定，发布命令，[7]从而完成或实现既定的行政职能和目标。

第二，公共性。行政机关完成公共行政事务，不可避免地需要做

---

[1] 皮纯协 . 行政程序法比较研究 [M]. 北京：中国人民公安大学出版社，2000：269–270.
[2] 杨寅 . 公共行政学 [M]. 北京：北京大学出版社，2009：220.
[3] 刘莘 . 法治政府与行政决策、行政立法 [M]. 北京：北京大学出版社，2006：77–79.
[4] 杨海坤 . 中国行政法基本理论 [M]. 南京：南京大学出版社，1992：256.
[5] 杨海坤，李兵 . 建立健全科学民主行政决策的法律机制 [J]. 政治与法律，2006（3）：20–27.
[6] 王锡锌 . 行政决策正当性要素的个案解读：以北京市机动车“尾号限行”政策为个案的分析 [J]. 行政法学研究，2009（1）：10–15.
[7] 罗豪才，湛中乐 . 行政法学 [M]. 北京：北京大学出版社，2012：77.

出相关的决策，大到重要政策出台、重大项目引进、城市规划和公用事业价格调整，小到具体项目审批、违章建筑拆除、服务设施选址。[1]

第三，选择性。行政决策的本质是对各种利益进行权衡与分配的过程。在此过程中，行政机关具有高度的裁量性，在若干可能的行动与方法之间做出抉择。这是一个相当复杂的程序，涉及事实的搜集与了解和价值的分析与判断，并要顾及将来可能发展的形势与后果。[2]

第四，导向性。行政决策着眼于未来，是行政机关为指导行动、解决具体问题而作出的前瞻性决定，通过制定行动准则，或者拟订和选择行动方案，以变更现状。它适用于管辖范围内的全体人或部分人，具有目标和问题的确定性、方案和措施的预设性。

第五，程序性。行政决策从制定到实施呈现出完整的过程性，表现为法定形式的启动与终结，这是保证行政决策合法性的重要方式，在此过程中专业知识与民意基础都必不可缺。从宏观看，行政决策整体上确实只是行政过程的一个环节，但从微观看，行政决策无疑是特定决策机关正式而完整的意思形成和表示，是一个“最终的”行政行为，[3] 应当遵守法定的程序。

究其实质，行政决策是按照行政管理活动环节的一种分类，是事前的行政行为。它只能依据法律、法规和规章的授权作出。行政决策行为兼具传统的具体行政行为与抽象行政行为的双重属性。具体表现在：一方面行政决策具有抽象行政行为的特征。行政决策后形成的方案通常会以“决定”“命令”“意见”“通知”“公告”等行政规范性文件形式发布，例如，原环境保护部《关于实施〈环境空气质量标准〉（GB 3095—2012）的通知》（环发〔2012〕11 号）、生态环境部《关于发布〈污染地块地下水修复和风险管控技术导则〉国家环境保护标准的公告》等，其效力具有普遍性，并关涉不特定相对人之权益；另

---

[1] 马怀德．完善权力监督制约关键在于决策法治化 [J]．中国党政干部论坛，2015（3）：19-23.
[2] 张金鉴．行政学典范 [M]．台北：三民书局，1979：349.
[3] 茅铭晨．“行政决策”概念的证立及行为的刻画 [J]．政治与法律，2017（6）：108-121.

一方面，行政决策也具备具体行政行为的特征，能够对特定对象的权利义务产生直接的影响。例如，行政机关针对某一事项作出的专门性规划，工程项目的实施计划或核准决定书，其效力仅限于特定事项，不具有反复适用的普遍效力，影响的行政相对人的范围相对特定。[1]因此，行政决策的效力既可能波及不特定相对人，也可能涉及特定相对人。

（二）行政决策的规范解释

随着依法行政不断深入推进，行政决策在实践中得到了高度重视和广泛运用。2004 年 3 月，国务院印发《全面推进依法行政实施纲要》，提出“建立健全科学民主决策机制”的具体要求，包括健全行政决策机制、完善行政决策程序以及建立健全决策跟踪反馈和责任追究制度。2008 年 5 月，发布《国务院关于加强市县政府依法行政的决定》（国发〔2008〕17 号），提出完善市县政府行政决策机制。2010 年 6 月 23 日，国务院常务会议提出“完善行政决策程序，重大行政决策必须经过公众参与、专家咨询、集体讨论、风险评估、合法性审查等程序”。2010 年 11 月，发布《国务院关于加强法治政府建设的意见》（国发〔2010〕33 号），指出坚持依法科学民主决策，规范行政决策程序，完善行政决策风险评估机制，加强重大决策跟踪反馈和责任追究。2012 年党的十八大报告强调：“坚持科学决策、民主决策、依法决策，健全决策机制和程序，发挥思想库作用，建立健全决策问责和纠错制度。”2014 年党的十八届四中全会审议通过的《中共中央关于全面推进依法治国若干重大问题的决定》将健全依法决策机制作为推进依法行政、加快建设法治政府的重要内容，提出“把公众参与、专家论证、风险评估、合法性审查、集体讨论决定确定为重大行政决策法定程序，确保决策制度科学、程序正当、过程公开、责任明确”。

[1] 黄学贤，桂萍．重大行政决策之范围界定 [J]. 山东科技大学学报：哲学社会科学版，2013（5）：35–45.

2017 年党的十九大报告再次强调："健全依法决策机制，构建决策科学、执行坚决、监督有力的权力运行机制。" 2022 年党的二十大报告进一步提出："坚持科学决策、民主决策、依法决策，全面落实重大决策程序制度。"

对于行政决策的具体含义，"重要的不是在手册和专著之导论部分可以找到的定义，而是法学实际运用的法的概念"。[1]《国务院关于加强市县政府依法行政的决定》（国发〔2008〕17 号）虽然提出了重大行政决策制度的建设要求，但未涉及相关概念的界定。为避免认识上的混乱，《国务院关于加强市县政府依法行政的决定辅导读本》将行政决策定义为，行政机关及其工作人员在处理国家行政事务时，为了达到预定目标，对所要解决的问题或处理的事务拟订和选择行动方案，并作出决策的过程，意指对一定范围内不特定人的行政管理事项做出的具有普遍约束力决定的行为，而不包括针对特定事项具有"一次性"约束力的具体决定，例如行政处罚、行政许可、行政强制等。重大行政决策的范围主要包括：提出法律、地方性法规草案，制定行政法规、规章以及涉及群众利益或者对社会公共利益有重大影响的规范性文件；贯彻落实党中央、国务院、上级行政机关、本级党委重要指示、决定的实施意见和措施；需要报告国务院、上级行政机关、本级党委或者本级人大审议的重大决定事项；制定经济社会发展的重大战略、中长期规划、年度计划；年度财政收支预决算方案、重大财政资金安排；决定政府重大投资项目和国有资产处置的重大事项；制定城乡规划、土地利用规划、自然资源开发利用规划、生态环境保护规划等专项规划；产业政策、区域布局的制定和调整；突发事件应急预案、重大突发事件应急处理措施的采取；土地管理、交通管理、劳动就业、社会保障、科技教育、文化卫生等方面的重大措施；其他涉及基础性、战略性、全局性的重大行政决策事项。[2] 应当说，这样的界定汲取了

[1] 欧根・埃利希 . 法社会学原理 [M]. 舒国滢，译 . 北京：中国大百科全书出版社，2009：9.

[2] 曹康泰 . 国务院关于加强市县政府依法行政的决定辅导读本 [M]. 北京：中国法制出版社，2008：26–28.

管理学上决策的特征，突出了行政决策的目标设定和行动方案选择。但从法理上看，将行政决策等同于抽象行政行为，似乎有些牵强，容易造成与行政立法行为的界限不清，也使行政决策被排除在行政诉讼的受案范围之外，不利于监督和制约。

此外，不少地方政府也制定了政府规章，对行政决策进行规定。2008 年 4 月，湖南省人民政府通过《湖南省行政程序规定》。这是首个对行政决策程序作出规范的地方政府规章。根据规定，重大行政决策是指县级以上人民政府作出的涉及本地区经济社会发展全局、社会涉及面广、专业性强、与人民群众利益密切相关的下列行政决策事项：编制国民经济和社会发展规划、年度计划；编制各类总体规划、重要的区域规划和专项规划；编制财政预决算，重大财政资金安排；重大政府投资项目；重大国有资产处置；资源开发利用、环境保护、劳动就业、社会保障等方面的重大措施；重要的行政事业性收费以及政府定价的重要商品、服务价格的确定和调整；以及其他需由政府决策的重大事项。[1]《湖南省行政程序规定释义》进一步阐释了行政决策的内涵，它是行政机关在行政管理活动中对管理事项做出的某种决定或选择；行政决策权是行政管理的首要环节，是行政权力的核心，对整个行政管理活动产生决定性的影响。[2] 这样的界定突出了行政决策在行政管理中的重要性，有助于加强对决策行为的规范和制约，但却未能反映出行政决策的过程性，也没有涵盖对“重大”的词义的解释。

2019 年 5 月，国务院以行政法规的形式发布《重大行政决策程序暂行条例》，通过“列举 + 排除”形式框定县级以上地方政府重大行政决策事项的范围。重大行政决策事项包括：制定有关公共服务、市场监管、社会管理、环境保护等方面的重大公共政策和措施；制定经济和社会发展等方面的重要规划；制定开发利用、保护重要自然资源和文化资源的重大公共政策和措施；决定在本行政区域实施的重大公

---

[1]　参见《湖南省行政程序规定》第三十一条。

[2]　湖南省人民政府法制办公室 . 湖南省行政程序规定释义 [M]. 北京：法律出版社，2008：45.

共建设项目；决定对经济社会发展有重大影响、涉及重大公共利益或者社会公众切身利益的其他重大事项。重大行政决策的排除事项包括：财政政策、货币政策等宏观调控决策，政府立法决策以及突发事件应急处置决策。[1] 以上界定实际上是对重大行政决策概念的外延的表述，对于从操作层面明确重大行政决策事项的范围、澄清一些地方规定关于重大行政决策事项的不同认识，如政府立法是否应列入行政决策范围，无疑很有帮助。但对于行政决策概念的内涵却几乎只字未提，忽略了其必然具有的本质属性。

总的来看，出于可操作性的目的，实证法上未明确定义行政决策，而是以列举方式对重大行政决策的范围做出规定。由于地方经济和社会发展情况多有不同,各地对重大行政决策具体事项的理解有所不同，但主要涉及规划和计划类事项，重大政府投资项目，财政资金的安排、使用，资源利用与环境保护类事项，社会管理、城乡建设和公共服务类事项等。随着《重大行政决策程序暂行条例》的出台，决策事项范围进一步得到了明晰和统一,地方政府可以根据职责权限和本地实际，确定并细化决策事项目录，为哪些行为构成“重大决策”提供依据和标准。重大行政决策范围之外的事项，则完全由行政机关自行处理，某种程度也体现出中国行政决策的自我约束性特征。

（三）行政决策与相关概念的辨析

将行政决策与一些相关的概念进行比较，有助于我们更加准确地认识和把握其内涵，避免与其他行为相混淆，更好地指导实践。

1. 行政决策与行政立法

行政立法是“行政机关根据法定权限并按法定程序制定和发布行政法规和行政规章的活动”。[2] 行政立法兼具行政和立法特性，“在

[1] 参见《重大行政决策程序暂行条例》第三条。
[2] 姜明安．行政法与行政诉讼法 [M]. 北京：北京大学出版社，2011：162.

形式上是行政作用，而实际上具有立法作用的性质”。[1] 这种混合特性使得对于行政决策和行政立法之间关系的认识在学理和实践上均存在争议。在学理上，有学者认为，“从‘行政权三分’理论考查将政府立法类事项归为决策权也是合理的”。[2] 在实践中，对于行政立法是否应列入行政决策的范围存在一定程度的混乱。一些地方规定，例如《广州市重大行政决策程序规定》把“政府规章的制定及地方性法规建议案的拟定”列入了重大行政决策的排除事项；一些地方规定，例如《重庆市重大决策程序规定》把“提出地方性法规草案、制定政府规章”列入了重大行政决策的事项范围；而另一些地方规定，例如《苏州市重大行政决策程序规定》则涵盖了“提出地方性法规议案和制定市政府规章及规范性文件”。

我们认为行政决策与行政立法具有明显区别，行政立法应当排除在行政决策的事项范围之外，原因有三：第一，行政立法通常包括行政法规和行政规章，本身是行政法学上一个范畴界定清晰的领域。[3] 第二，如果将行政立法包含在行政决策范围内，那么任何一种行政行为似乎都可以是一种决策行为，这是对行政决策概念的泛化。[4] 第三，行政立法的规范体系相对完善，由《中华人民共和国立法法》《行政法规制定程序条例》《规章制定程序条例》《法规规章备案条例》等法律法规的调整，关于立法主体、权限和程序等问题的规定比较详尽，无须再受行政决策程序规定的调整。

2. 行政决策与行政计划

在行政决策类型化的过程中，学者们引入了行政计划（administrative planning）[5] 的概念。政府为引导经济社会发展，维持

[1] 南博方．行政法 [M]. 杨建顺，译．北京：中国人民大学出版社，2010：65.
[2] 曾哲．我国重大行政决策权划分边界研究 [J]. 南京社会科学，2012（1）：96.
[3] 栗燕杰. 行政决策法治化探究 [M]. 北京：中国法制出版社，2011：29.
[4] 黄学贤，桂萍．重大行政决策之范围界定 [J]. 山东科技大学学报：哲学社会科学版，2013（5）：35–45.
[5] 行政计划与行政规划相同之处甚多，在法律上可将行政计划与行政规划视为一个概念的两种不同表达，因此本书并未对其进行严格区分。参见姜明安，余凌云．行政法 [M]. 北京：科学出版社，2010：357.

公正合理的社会秩序，合理有效分配运用有限资源，常拟订计划，就达成该目的有关方法、步骤或措施等，预先规划与设计以期能于计划实施时，顺利实现预定构想或达成预定目标，此种规划与设计行为，即为行政计划。简言之，“行政计划”，即行政机关为达成特定目的或实现一定构想，事前就达成目的或实现该构想有关之方法、步骤或措施等为之设计与规划。[1] 行政计划具有三种功能，即行政发展的指导与协调、行政机关未来行为之自为确定以及提高人民预期可能性。[2] 日本行政法学者室井力认为，行政计划可以分为一般行政计划、区域性计划、全国性计划；强制性计划、诱导式计划与资讯性计划；长程计划、中程计划和短期计划；对环境有影响的行政计划与对环境无影响的行政计划。[3] 因此，行政决策与行政计划是一种包含与被包含的关系，行政决策的外延大于行政计划的外延。

3. 行政决策与行政裁量

在法律意义上，所谓行政裁量，是指行政机关或公务人员在行使职权时，根据法律规范所设定的范围、限度乃至标准或者原则，作出判断、选择和处置的方式、方法或者形态。[4] 行政决策与行政裁量之间存在交叉，因为两者的核心部分都是权衡、决定什么是可取的。行政机关之裁量，不仅着重“具体”单独之案件，仍需考虑“其他”众多类似或非类似之案件；不仅注意“个别”，还需斟酌政治、经济等社会环境，以及与整个行政计划之配合；不仅要重视“目前”之公平，还得参酌“过去”，更要注重“将来”之展望。行政裁量之斟酌衡量亦不受呆板之逻辑法则之约束，而在国家行政目的之大前提下，得有较大意义活动之自由。[5] 只要公务人员权力的实际界限允许其在可能的作为或不作为方案中自由做出选择，那么他就拥有裁量权。因此，

[1] 罗传贤 . 行政程序法基础理论 [M]. 台北：五南图书出版股份有限公司，1993：302.
[2] 林腾鹞 . 行政法总论 [M]. 台北：三民书局股份有限公司，1999：472–473.
[3] 室井力 . 日本现代行政法 [M]. 吴微，译 . 北京：中国政法大学出版社，1995：53.
[4] 杨建顺 . 行政裁量的运作及其监督 [J]. 法学研究，2004（1）：3–17.
[5] 翁岳生 . 论“不确定法律概念”与行政裁量之关系 [M]// 翁岳生 . 行政法与现代法治国家 . 台北：台湾祥新印刷有限公司，1989：40–41.

行政决策权力就其内在本质而言都是判断性的——大多数决策都是基于裁量而作出的。

二、风险社会与环境行政决策

风险社会是现代化进程的产物。飞速发展的现代科技所蕴含的风险能量越来越大，所涉及的领域也日渐复杂。人们在享受工业化所带来的繁荣和便利生活的同时，不得不承受工业化所致的生态破坏和环境污染的苦果。环境保护成为行政决策事项之一，与工业文明时代环境问题的凸显密不可分。日益严重的生态危机迫使提供公共服务的行政机关，不仅仅在出现灾难或者危机时才作出反应，而是要预见可能出现的问题并通过早期控制措施把其消灭于萌芽状态。[1] 正如传统农业社会结构为工业革命相伴生的现代化所消解，生态危机引发了对工业文明批判，旧有的工业社会秩序不断被消解，生态文明作为一种新的社会形态而出现。在整个世界范围内发生的经济与工业深刻变化，逐渐创设出各种新的、政府所担负的义务。[2] 这就促使环境行政决策成为一个相对独立的领域。

（一）风险社会下的环境问题特质

风险社会之下的环境问题具有高度复杂性：因对自然生活基础的作用关联性掌握不足而有认知问题；因为有发生不可逆转损害的危险，所以有决策和管制问题；对所欲保护的对象有许多使用利益与权利存在，因此产生分配问题。[3]

现代环境问题的特质尤其体现在以下四点。

---

[1]　埃贝哈德·施密特-阿斯曼．德国行政法读本 [M]. 于安，等，译．北京：高等教育出版社，2006：53.

[2]　狄骥．公法的变迁 [M]. 郑戈，译．北京：中国法制出版社，2010：43-44.

[3]　施密特·阿斯曼．秩序理念下的行政法体系建构 [M]. 林明锵，等，译．北京：北京大学出版社，2012：109.

1. 环境问题的科技性

现代科技的迅猛发展与广泛应用，加速了风险社会演进的步伐。存在未知性与不确定性的科学技术犹如一把锋利的双刃剑，在创造出巨大效益的同时，电磁辐射、核辐射、基因编辑等因人类自身行为和自制技术而产生的现代风险对人类的生命、健康、安全形成威胁，向传统的社会系统和社会秩序提出前所未有的挑战。[1] 作为应对环境问题的环境学体系源于 20 世纪 50 年代发达国家工业化时期，彼时环境污染严重、公害事件频发，目前已发展成为包含众多分支的学科群。与早期特定物质引发的环境问题不同，新环境问题的典型现象是由原材料供应型产业的公害转向高技术产业的公害，由石油燃烧产生的公害转向 LNG、LPG 的灾害。[2] 由于核技术、信息技术、生物技术和新材料技术的广泛运用，使得环境风险远远超出了普通民众的感官范围。普通民众对项目可能造成的损害、损害与污染行为之间的因果关系以及危害产生的概率与程度等问题更是难以知晓。于是，掌握着风险界定权力的大众媒体、科学和法律等专业，就拥有了关键的社会和政治地位。[3] 行政机关在处理涉及环境问题的事务时，需要依靠专业知识，引入专家学者参与决策则成为自然趋势。

2. 环境问题的系统性

生态系统的各个组成部分之间相互联系、相互依存、相互制约，改变其中的一个部分，必然会对其他部分产生直接或者间接的影响。正如德国物理学家赫尔曼·哈肯所指出的，大自然是一个高度复杂的协同系统，大自然之间是牙磕牙似的紧密联系着的。通常绝不是只有两三种动物相互竞争或共生，我们绝不能看到这些细枝末节而忽视全貌。同时，所有自然变化过程都只朝一个方向进行，相反的变化过程是不允许的。这些过程也被称为不可逆过程，因为人们无法使之倒转

[1] 金自宁 . 风险中的行政法 [M]. 北京：法律出版社，2014：2.
[2] 宫本宪一 . 环境经济学 [M]. 朴玉，译 . 北京：生活·读书·新知三联书店，2004：15.
[3] 乌尔里希·贝克 . 风险社会 [M]. 何博闻，译 . 南京：译林出版社，2004：20.

过来。[1] 理查德·安德鲁斯注意到，尊重自然的新公共觉醒的最具革命性的元素是一种对环境的强有力的新认识，即将环境看作一个生命系统——一个生命之网或生态系统——而不仅仅将其视为一个从中提取商品的仓库或供操作的物理的或化学的机器。[2] 这就要求行政机关在决策活动时应当确立系统思维，既需要了解生态系统本身，也需要查明拟议行动对生态系统的影响。由于影响具有的不可逆性，决策者应该更加谨慎，避免潜在的重大和不可挽回的环境损失。在做出不可逆的决策之后，可能会后悔，但永远不会有回到从前的机会。额外的谨慎也使得决策者有机会学习更多的替代方案，在行动之间了解更多的可能方案。

3. 环境问题的利益性

旨在促进人与自然和谐共处的生态保护，不仅涉及环境资源的共享，更是社会财富的分享，因而首先要实现人与人的和谐。同以损害赔偿为主的法律构造相比，现在有更多的利益相关者，不是针对已有的损害，而是基于多元利益去展望未来。这当中既包括环境利益，也包括经济利益。这就要求我们进一步审视在法律上实现公共利益的途径。由此也产生学术界对公共利益属性的不同理解。一种观点认为，公共利益是属于社会全体成员的利益，区别于私人利益和任何特定团体利益的一般公共利益是存在着的。[3] 另一种观点则认为，公共利益其实就是个体偏好的集合体，是对存在差异的不同利益的调整和平衡。[4] 那么，在环境行政决策中居于核心位置的环境利益是否属于公共利益呢？与环境利益可以表现为公共环境利益和私人环境利益的观

[1] 赫尔曼·哈肯．协同学：大自然构成的奥秘 [M]. 凌复华，译．上海：上海译文出版社，2013：2–13.

[2] ANDREWS R N L.Managing the environment，managing ourselves：A history of American environmental policy[M]. 2nd ed. New Haven：Yale University Press，2006：202－226.

[3] 公共利益在中国的法律表达是社会公共利益，基本内涵是指在特定社会历史条件下，从私人利益中抽象出来能够满足共同体中全体或大多数社会成员的公共需要，经由公共程序并以政府为主导所实现的公共价值。参见江必新．新民事诉讼法理解适用与实务指南 [M]. 北京：法律出版社，2015：226.

[4] SUNSTEIN C R.Interest Groups in American Public Law[J].Stanford Law Review，1985（38）：2–33.

点不同，[1] 我们认为，环境利益是一种公共利益。原因有三：第一，环境利益是与作为整体的民众休戚相关的事项。第二，从经济学来看，生态环境属于公共产品，具有非排他性、非竞争性和共享性。第三，环境利益的公共属性从政治上说明了政府管制的正当性。因此，多元利益结构是环境行政决策的标准状况，并非公共环境利益和私人环境利益之间的矛盾，而是私人利益所导致的公共利益异化造成了行政权力的滥用。决策者需要充分考虑确定项目的社会需求，分析其对作为整体的社会、受影响地区及其利益相关者的影响，为民众提供实质参与机会，以便与拟议行动有利害关系或受其影响的利益相关者知情、评议和监督。

4. 环境问题的不确定性

风险已经成为人们生活中不可避免的一部分，每个人都面对未知以及无法估量的风险，环境领域更是如此。风险作为决策与未来相勾连的面向出现时，并不意味着某种客观的危险或危害，而是意味着某种抉择导致未来某种不利后果发生的可能性。[2] “技术风险阴影无所不在，且转化为巨大灾难的随机性、突发性很强。”在贝克看来，风险首先是指完全脱离人类感知能力的放射性，空气、水和食物中的污染物和毒素，以及随之而来的对植物、动物和人的短期和长期影响，它们常常引致系统的、不可逆的损害，而且这些损害一般是不可见的。[3] 环境损害往往具有很强的累积性和滞后性，损害发生的原因、时机、范围以及程度具有相当大的不确定性，人们无法通过感官立刻发现，等到发现之时已严重危及身体健康。诸如血铅事件、癌症村等因环境污染所导致的损害，不时见诸报端。正因为如此，才加剧了人们对环境风险的担忧。环境风险具有高度的不确定性，即便是达标的排放也可能因为累积性而产生危害。同时，环境风险的长期潜伏、损害的不

[1] 李丹 . 从环保督察问题反思环境法治中的利益配置 [J]. 政治与法律，2018（10）：80-90.
[2] 彭飞荣 . 风险与法律的互动：卢曼系统论的视角 [M]. 北京：法律出版社，2018：21-22.
[3] 乌尔里希·贝克 . 风险社会 [M]. 何博闻，译 . 南京：译林出版社，2004：20.

可逆转性，更进一步加剧了问题的复杂性。

事实上，在谈到环境风险时，专家与公众脑海中所着重的对象是不同的，造成两者间的认识落差。专家所着重的是事故的发生率，民众所看到的，除了未知性之外，更在于伴随种种风险所产生的心理和生理上的恐惧。[1] 行政机关本应正面引导、合理解释，帮助公众权衡利弊，合理规避风险。当存在不确定因素，可能造成损害时，就应当更改项目方案，或者终止项目。现实中却并非如此，政府决策的不透明、利益集团的影响、信息的不对称，更引发了民众的不安。越是害怕引起民众不安，越是将决策置于“家长管制”之下，反而加重了民众对政府、对企业的不信任。在这种情况下，民众只能依据主观判断分析可能产生的危害，加上谣言和传闻的影响，使面临的不确定性增加，从而产生情绪性、价值判断性的负面反应，并进一步减损各方的信任。

尽管环境问题的科技性、系统性、利益性以及由此引发的不确定性得到了广泛认同，但在规范设计层面使之与社会系统有机融合却困难重重。自环境法创立之初，决策者面临的一个问题就是，生态与环境问题的复杂性对于行政管理体制的挑战。

（二）环境行政决策的概念界定

一般意义上的“环境决策”，是指在特定的历史阶段中，根据人类社会生存和发展的需要，制订一定时期的环境目标，并从各种可供选择的方案中，通过分析、评价、比较，选定一个切实可行方案的全过程。[2] 具体到法律领域，学者们关注的角度不同，对环境行政决策概念的表述也不尽相同。汪劲教授从内涵的角度出发，认为环境行政决策是行政机关就拟议中的环境利用行为可能造成的环境妨害、环境损害，以及可能环境风险与各环境利用行为成本效益等一并做出分析

---

[1]　辛年丰．环境风险的公私协力：国家任务变迁的观点 [M]. 台北：元照出版有限公司，2014：112.

[2]　威廉・P. 坎宁安．美国环境百科全书 [M]. 张坤民，译．长沙：湖南科学技术出版社，2003：297.

判断，并最终做出决定的行为。[1]王曦教授以现实问题为导向，认为“政府失灵”是环境问题难以解决的主要原因，法律应对的重心是从源头规范和制约“有关环境的政府决策”，并从外延的角度对其进行了界定，即以政府的名义做出的，可能对环境带来重大影响的产业发展规划和招商引资决策，尤其是各级地方政府有关地方产业发展规划和招商引资的决策。[2]在实际生活中，产业发展规划、招商引资是实现行政机关引导社会经济发展任务的重要形式，事关民众切身利益且常常引起民众意见。如果不将这些行为纳入环境行政决策范围之内，将不利于对行政机关环保履职的规范和制约，从而阻碍环境目标的实现。

综合环境行政决策概念的内涵和外延，可以将其界定为，行政机关就直接或间接可能对环境产生重大影响的拟议行为作出政策性决定或法律性决定的过程。决策事项包括：制定环境标准、开发利用规划、保护重要自然资源的公共政策和措施，以及政府招商引资、投资建设和批准涉及环境影响的项目等。

这一概念具有以下特点：

第一，从主体上看，环境行政决策的主体是行政机关。这里的行政机关应从广义上理解，系指从中央到地方的各级人民政府和各部门机构。各部门不仅指生态环境主管部门，还包括规划建设部门、经济发展部门等。

第二，从内容上看，环境行政决策与生态环境和决策权力有关。虽然这些决策不一定是以环境保护或资源利用为直接目的，但在客观上会对生态环境产生重大影响。从权力属性上看，环境行政决策既是决策主体的职权，又是其法定职责，具有权利和义务的复合性质。与生态环境和决策权力没有联系的社会关系不属于环境行政决策的内容。

第三，从目标上看，环境行政决策的目标是实现公共利益最大化和绿色发展。行政决策所考察的利益范围具有相当的包容性，包括经

[1] 汪劲．环境法学 [M]．北京：北京大学出版社，2006：286.

[2] 王曦．论规范和制约有关环境的政府决策的必要性 [J]．法学评论，2012（2）：94–102.

济利益、社会利益或环境利益等相关利益，决策过程以公民希望政府采取何种行动的想法为出发点，这些想法在政府工作过程中被反复探讨，其结果是产生一系列积极的或消极的影响人们生活的政府行为（或不行为）。[1] 这使得环境行政决策的裁量空间大为扩张，并使政治考量渗透其中，譬如环境标准应该多严或多宽才算适当，就牵涉医学、科技、经济、民意乃至国际压力等广泛的因素。[2] 因此，环境行政决策的任务延伸很广：预防环境危害、排除环境损害、避免其他环境风险并重新恢复自然的运作功能等。

上述特点决定了环境行政决策既具有科技性质，也具有利益性。这就有必要设计一套特殊的程序形态及组织形态，借此将科技专业与政策价值两项决策要素分阶段处理。[3] “环境问题具有特殊性，诸如风险估计具有相当大的不确定性，损害的不可恢复性，风险所产生的利益与损害间的不对称性，风险对策与管理不可欠缺社会判断等，有必要在预防的前提下，考量实效性以外的其他因素，不仅需要科学知识，更应涵盖社会判断。”[4] 这就要求行政机关在做出相关决策时谨慎考量各种因素。这里的“谨慎”应当包括两层意思：一是以专业知识为引领；二是听取来自各方的意见和建议。专家学者虽然拥有专业知识，但如果不能有效地与公众沟通，其观点也容易引起恐惧、批评甚至反抗。公众在面对由技术术语引导的讨论中，常常会存有疑虑，再加上已有的信息不对称，更加剧了人们的焦虑。特别是网络信息技术的迅猛发展，由此而产生的恐惧和不信任感，在很短的时间内快速传递和扩散，继而引发社会恐慌。可以借助于专家的技术理性，引导民众的社会理性，以交往行为构建决策的合理性与正当性。为此，应多方咨询并听取学者专家意见，以提升内容之专业品质（即“决策科

[1] 史蒂文·凯尔曼．制定公共政策 [M]. 商正，译．北京：商务印书馆，1990：3.
[2] 叶俊荣．环境行政的正当法律程序 [M]. 台北：翰芦图书出版有限公司，2001：3.
[3] 施密特·阿斯曼．秩序理念下的行政法体系建构 [M]. 林明锵，等，译．北京：北京大学出版社，2012：113–114.
[4] 辛年丰．环境风险的公私协力：国家任务变迁的观点 [M]. 台北：元照出版有限公司，2014：320–321.

学化”），并应听取社会各界（利害关系人及一般公众）意见，以深化内容的民意基础（即“决策民主化”），维护广大人民的利益，并提高其执行可行性，防止闭门造车与决策的恣意。[1] 通过行政机关、专家、公众以及市场主体之间的良性互动，进而提升决策的品质。

第二节　环境行政决策的要素与结构

“良好”决策的基本标准是效率、效用和公平。在环境行政决策的背景下，效率可以解释为良好的过程（而非经济效率），效用和公平可以解释为良好的结果。“好”的决策取决于程序和结果的结合。在理想情况下，通过程序完整、结构完备的决策，合理确定地预测结果，最大限度地获得期望的价值，即损失最小而获益最大。环境决策的更进一步的标准是灵活性。在现实环境条件下，行动和结果之间的较长周期、不确定性，意味着从原因中推断结果并不总是可能的。因此，改进决策需要寻找提高决策者判断质量的方法。

一、环境行政决策需要考虑的因素

环境问题具有科技性、系统性、利益性和不确定性等诸多特质，在相关行政决策中需要综合考虑。美国国家环境保护局制定的《风险表征手册》描述了影响决策的 7 个主要因素，即科学因素、经济因素、法律因素、社会因素、技术因素、政治因素和公共价值。[2] 中国学者按照项目内外、影响因素是自然还是社会这两个维度来分析，将决策风险评估分为四类：技术安全风险评估（内向 / 自然）、经济效益风险评估（内向 / 社会）、环境影响风险评估（外向 / 自然）、社会稳

---

[1] 翁岳生 . 行政法 [M]. 北京：中国法制出版社，2005：122.
[2] FOWLE J R，D.DEARFIELD K L.Risk characterization handbook[R].Washington DC：Science Policy Council for EPA，2000：51–53.

定风险评估（外向 / 社会）。[1] 鉴于本书是在法治要求下探讨造成或可能造成环境影响的行政决策，我们将行政机关需要考虑的主要因素归纳为技术因素、经济因素、社会因素、政治因素和动态因素。

需要指出的是，对这些因素进行区分并不意味着它们是相互独立的，相反，它们之间的界限通常都很模糊。例如，技术因素可以通过多种途径对经济因素产生影响，社会因素与政治因素不可分割。因此，需要以整体的视角综合看待这些因素。可持续发展理念尊重生态学的核心格言“万物皆有关联”，关注反映生态相互联系的综合决策方案，强调生态、经济、社会、文化等因素的相互作用，没有任何一种因素可以单独支配决策。《约翰内斯堡实施计划》再次强调“可持续发展三大支柱”，经济、环境和社会因素之间的连贯性和统一性。[2] 可持续发展因而也被视为综合各种因素、应对生态环境恶化和经济社会发展的并行挑战的最佳选择。

（一）技术因素

科学技术为环境行政决策提供了至关重要的基础。“现代科学技术的新力量，如果驾驭得当，为解决许多当前阻碍经济社会可持续发展的复杂问题提供巨大的可能性。”[3] 科学家用可测量和可定义的术语来看待生态环境风险和人类健康风险，通过技术因素评判造成损害的可能性。这里的技术因素代表了若干分析步骤组成的推理方式。首先，发展出一套理论来解释特定物质对健康或环境的影响。其次，该理论被用来进行实验，以确定对人类健康或环境的影响程度。然后，从这一理论出发，推导出预测损害概率的数学模型和方程。由此产生的模型以及来自实验数据的假设和推断被行政机关用作决策和监管的

---

[1]　童星，张乐．重大邻避设施决策风险评价的关系谱系与价值演进 [J]. 河海大学学报：哲学社会科学版，2016（3）：65-71.

[2]　GRAY K R.World Summit on Sustainable Development: Accomplishments and new directions? [J]. International and Comparative Law Quarterly，2003，52（1）：256 - 268.

[3]　U.N.Commission on Sustainable Development.Science for sustainable development：Report of the secretary-general[R].New York：Economic and Social Council，1995：14.

基础。[1]

由政府建立和界定的有约束力的环境标准、排放限度值，或所谓的“最佳可得技术”方法，在许多国家和环境行业仍然是主要的决策工具。例如，包括可行性、影响以及风险管理方案的范围的技术因素是美国国家环境保护进行决策和监管的关键。美国 1970 年《清洁空气法》规定的州实施计划允许各州对诸如燃烧炉、燃煤电厂和工业场地等固定源的排放采取限制措施。但根据《清洁空气法》第一百一十一条的规定，各州对很多固定源是不能采取限制措施的，因为该条授权国家环境保护局为各新建和改建的固定源制定有害物质的排放标准。这些“新源排放标准”（NSPS）包含了 70 多项设施分类，可适用于“重大污染源”或重大改建的污染源。这些标准以技术为依据，体现了该行业可获得的最佳污染控制技术。这间接确保对成本的考虑，因为过高的污染控制技术可能不具有商业推广的可行性。通过这种方式，《清洁空气法》将大部分污染治理成本从现有企业的问题转为市场准入问题。

近年来，评估、描述和呈现不确定性的分析方法及解析不确定性成分的方法在发展中取得了重大进步，用于分析不确定性的明文规定的指导方法也可供决策者使用。环境行政决策者更倾向于使用理性的科学形式对技术的可行性进行评价，因为专家对风险的感知往往被认为比技术水平较低的公众的“主观”判断更理性，更符合社会利益。

第一，科学决策主要依赖于数据的使用。现代风险评估的一个特点是双重预期，既要给出科学合理的证明依据，也需要丰富的经验判断能力。[2] 风险评估强调使用科学理论和经验数据来解释一项活动对人类或环境造成的风险的性质和程度。一旦对风险进行评估，行政机关就会收集数据以便达成最终的监管目标。这个过程被称为风险管理。

[1] LATIN H.Good science，bad regulation，and toxic risk assessment[J].Yale Journal on Regulation，1988，5（1）：89-148.

[2] Updated principles for risk analysis：Memorandum for the heads of executive departments and agences[EB/OL].（2007-09-19）[2017-06-15].

第二，科学决策符合行政规则制定和政策分析的合理结构。科学的合理性增强了行政机关在实现环境或人类健康的理想状态方面的成功程度。通过这种方式，行政机关对监管对象施加控制的权力的合理性得到了增强。

第三，技术可行性为特定环境标准的采用提供基础。科学决策是一个理性的过程，对于技术可行性的不确定性分析能够帮助决策者区分成熟技术和目前还未应用到特定目标的技术，权衡环境与健康风险，从而将环境风险限定在可控的范围。

然而，单纯的技术要素未能涵盖政治价值，行政机关对科学决策的强调可能对实现公众参与的目标产生障碍。在制定健康风险标准时，科学家侧重于小范围的风险参数，强调技术投入，而不是文化和政治投入。行政机关对于科学决策的"痴迷"有助于解释为什么公民参与在影响机构行动方面收效甚微，特别是在地方或社区一级。

（二）经济因素

经济领域资本水平的提升、新基础设施项目的启动、就业水平的提高在创造财富、提高生活质量的同时，也为生态环境保护提供了基础。经济因素的建构模块是经济效率的概念，经济学家使用帕累托效率（Pareto efficiency）和卡尔多 - 希克斯效率（Kaldor–Hicks efficiency）来表示。帕累托效率的结果是，在不减少其他人福利的情况下，使得某个人的福利得以增加，即通过资源、物品、资产的重新配置或法律的改变，达到使所有各方受益或"无人受损"的状态。然而，由于大部分政策都有赢家和输家，"无人受损"受到了限制。为了应对这一难题，经济学家引入了卡尔多 - 希克斯效率，也称为财富最大化或分配效率。如果获益者在补偿"受损"者之后，情况仍有所改观，那么这就是符合卡尔多 - 希克斯效率的政策。换言之，政策通过成本效益检验，证实经济收益超过了其他人遭受的损失。[1] 这就需要在效率和公平之间进行权衡。绿色发展对于这种权衡提出了更高的要求，使得经济指标能够更好地反映生态条件和价值。城市化进程对经济增长做出了巨大的贡献，但增长也会带来增长的问题：人口增加、交通流量增加以及环境污染的增加和生态破坏的加剧。成本效益分析将包括与各种风险相关的成本、降低这些风险所带来的效益以及与降低风险和修复措施相关的成本和分配效果在内的因素集中在一起，全面评价决策方案及其后果。通过预测效益和成本的平均估算值以及净收益或效益成本比率可以判断某个项目是否值得或某项法规是否值得采纳。[2] 在美国，任何重大管理行动都要执行成本效益分析，以保证政府任何决策措施所产生的收益都要大于它所引起的费用。[3]

根据美国国家环境保护局的做法，对公共项目的成本效益分析通常分为两步。第一步是必要性分析，确定对项目的需要。项目的必要性可以通过评估所有已知或预期的成本、计算项目的所有可派生效益并比较这些价值来确定。这种分析包括但并不限于项目的财政影响。在评估中容易被忽视的一个因素是项目的间接影响，即“因行动所造成的，在以后或更远的距离中出现，但仍然是可合理预见的影响。”美国《〈国家环境政策法〉程序性规定实施条例》将“影响”界定为“增长诱导效应（growth-inducing effects），即与用地方式、人口密度或人口增长率等改变相关的影响，以及相关的空气、水及包括生态系统在内的其他自然系统所受的影响”。[4] 该因素之所以被忽略的部分原因是贴现的存在，即基于个人更偏向于享受当前的收益而非将来的收益，发生在现在的当前成本和效益的价值超过发生在未来的成本和效益。贴现率反映的是人们对当前收益的偏好，贴现率越高，决策

---

[1] 罗伯特·鲍德温，马丁·凯夫，马丁·洛奇．牛津规制手册 [M]. 宋华琳，李鸻，安永康，等译．上海：上海三联书店，2017：20–21.
[2] Guidelines for preparing economic analyses[EB/OL].（2010–12–17）[2018–08–10].
[3] 王名扬．美国行政法：上 [M]. 北京：中国法制出版社，1999：373–374.
[4] 40 C.F.R. § 1508.8（b）（2009）.

者就越短视，对未来的透支就越大，社会的可持续性就越低。第二步是评估影响分布因素，确定最适当的选址。考虑到项目对周边区域造成的影响，替代土地利用理论（Alternative Land Use Theory）认为，如果在该区域内的另一地点的影响更小，则应改变拟议项目的选址。虽然改变项目的选址意味着经济损失，失去就业机会、可支配收入和税收,但如果仅是辖区内的迁址则不会对当地经济产生不利影响。[1]因此，确定以适当的区域为经济分析单位就显得尤为重要。

环境行政决策的科学化强调采用定量化分析方法对以上因素进行客观评价，例如，运用蒙特卡洛分析方法和贝叶斯方法对生态环境风险进行评估。然而，定量化分析方法并不是包治百病的“万能药”。一方面生态环境风险的不确定性是固有的，数据的收集、分析等难免存在偏差；另一方面如果所有因素都可以量化，行政决策的裁量特征也会丢失。因此，环境行政决策的民主化要求应纳入对社会因素、政治因素等的主观分析。

（三）社会因素

社会因素源于民众从经验角度对风险的认知和理解。行政机关在决策的技术和经济分析时考虑民众关心什么，对于实现可接受的风险解决方案是十分重要的。如果不考虑外部社会因素，就无法进行有意义的成本效益分析。行政机关与民众之间的双向对话是提升决策可接受度的关键。这种沟通不仅会告知民众有关决策信息，还有助于确保将各方关切纳入考虑范围，发现潜在不确定因素，建立社会信任。但不同群体存在的认知偏差可以同时影响不确定性的框架和理解，承认这些偏差是成功沟通的起点。

民众是否能够影响决策者关系到行政决策能否容纳社会理性。在实践中，社会理性的表达往往与技术专家的理性相悖，不易被纳入依

---

[1] HIGGINBOTHAM J M.The compatability of economic and environmental objectives in governmental decision making［J］.Pacific Law Journal，1974，5（1）：92–114.

靠理论和数据作为行动基础的科学决策过程。虽然公众参与程序使得作为非专业人士的普通民众能够合法地参与行政决策，但专业知识和科学证据严重阻碍了他们影响环境行政决策的能力。在质疑行业或机构的科学数据方面，民众处于严重劣势。民众的反应常常被行政机关斥为非理性。他们认为，民众无法理解环境风险的科学方面。因此，行政机关和民众在试图就环境风险进行沟通时常常感到沮丧。技术专家和决策者感到，他们的专业知识、经验和承诺没有得到服务对象的认可。而民众则对其所理解的行政机关的居高临下态度和对基层关切的麻木不仁感到愤怒。这种冲突往往导致技术专家试图就风险展开交流，并教育民众以专家的方式思考风险，使民众的感知符合技术理性。但无论如何精确地计算与特定化学品接触的风险，是否选择冒这种风险是一个价值问题，民众有独特的资格和能力来回答这个问题。

在社会理性的形成过程中，舆论的作用不容小觑。舆论是一种判断的表态，人们力求不遭其非难。伊丽莎白·诺埃勒·诺伊曼指出，“社会性使人们害怕孤立，希望得到尊重和喜爱”。她把舆论定义为“人们对有争议的问题可以公开表态而不致自陷于孤立的那些意见”。在协同学的意义上，占主导地位的舆论与个人意见互为条件并相互稳定。流行的舆论起着序参数的作用，它支配着个人的意见，强制形成一种大体上是一致的舆论，借以维持其自身的存在。社会学的资料显示，要始终考虑到人们在形成其意见时受到外来的影响。这一方面是由于人类的心理素质所致，另一方面则是人们对环境的自然反应。现代文明使得人类环境极其纷繁复杂，人们要适应这种环境殊非易事。矛盾的情势层出不穷，个人很难单独作出明确的答复，这就导致人们倾向于注意别人的行动和意见。这种可影响性是形成舆论的所有集体效应的根源。根据作为协同学基础的一般规律，不同意见之间会自动出现竞争，最终有一个成为主流而获胜。[1] 因此，环境行政决策者需要从

[1] 赫尔曼·哈肯．协同学：大自然构成的奥秘 [M]. 凌复华，译．上海：上海译文出版社，2013：121-127.

社会而非私人角度评估决策方案，从而掌握并引领占主导地位的舆论，提供决策的协同基础。

（四）政治因素

政治因素与社会因素相互关联。政治参与是确保使影响经济和环境状况的行政决策更具包容性的关键因素。行政机关在作出决策时不仅需要纳入自身的政绩考量，也需要纳入对民众政治理性的考量。社会理性是民众为自己定义风险的过程，政治理性则是民众向行政机关表达关切的过程。一旦民众按照自己的理解定义了风险，他们就会利用政治理性将这些风险传递给行政机关。行政机关需要通过一定的管道汇纳这种风险表征、对影响不确定性的主观特征展开分析并加以妥善处理，从而维持社会稳定和公平正义。

行政机关时常必须在社群环境健康和公共福利之间取得平衡。例如，即使垃圾焚烧站会对特定社群造成一定程度的环境健康风险，它也使民众受益。行政机关在作出决策前必须权衡相关风险与益处。如何在不破坏公共利益与私人利益平衡的前提下将社群意见整合到决策中，就成了一个难题。在美国的政治文化中，民众把公众参与作为控制和限制行政权力的一种手段，不愿把公共决策委托给行政机关和科学专家。他们担心决策者已经与选民脱节，强烈的政治效能感促使其参与到环境行政决策中。对于可能面临环境健康风险的公民来说，他们对公正和民主的理解是对个人利益的尊重，以及在未经同意的情况下暴露于这种风险的公平性。自愿承担的风险比强加的风险更容易被接受。如果公众参与的目标是通过赋予民众在影响其生活的行政决策中的表达权来推动参与式民主，那么科学决策过程必须容纳社群关切。不幸的是，公众参与程序并没有达到担心环境健康风险增加的民众所要求的那种参与式民主。民众无法影响行政机关，造成个人和社群采取旨在阻止拟议活动的集体行为。正如美国国家环境保护局前局长威廉·拉克尔肖所指出的：“摆在我们面前的问题并非我们是否要在风险管理方面实行参与式民主、是否要有分享，而是如何实现。”[1]

（五）动态因素

生态系统是动态的，其生物组成也在不断变化并随时间而演变，因而需要动态调整。“适应性管理”（adaptive management）源于生态学者对自然平衡理论的反思。“保护自然最好的行动就是不行动”的思想在早期美国保护主义者如亨利·大卫·梭罗、约翰·缪尔和阿尔多·利奥波德的著作中显而易见。在此，保护生物多样性所需的不是积极的人类管理而是让自然保持其原生状态的人类克制。生态学家弗里德里克·克莱门茨用他的演替理论为 20 世纪 20 年代的“不干涉”方法提供了科学依据，即顺其自然，自然将会达到一个稳定的平衡点。“在整个 20 世纪前半期占据主流地位”的克莱门茨理论“强化了未来自然景观的静止观念”。[2] 静态的自然平衡观允许用历史作为自然保育目标，允许通过只是禁止破坏现状而达到这个目标。考虑到建立大多数计划所依据的有限信息，这种策略对于现存的环境保护计划是有问题的。许多自然系统内部都是动态变化的，这种动态性对于维持独特的生物体系是必要的。气候变化、经济发展的加速放大了预测当前环境保护措施的未来有效性的困难，并大大增加了强有力的适应性管理的必要性。

于是，生态学者开始寻找解决不确定性的工具。借助于决策理论、组织行为和政策分析等多样化的学科知识，自 20 世纪 70 年代末起，霍林和卡尔·沃尔特斯提出“适应性管理”作为学习和调整管理决定的系统化方法。在他们看来，基于“预测—减缓—实施”的传统环境管理方法，特别是环境影响分析过程，与生态系统动力学的新兴模式格格不入。生态系统的动态特性决定了需要提供新的评估和管理

[1] BRAY A.Scientific decision making：A barrier to citizen participation in environmental agency decision making[J].William Mitchell Law Review，1991，17（4）：1111–1158.

[2] BOSSELMAN F P，TARLOCK A D.The Influence of ecological science on american law：An introduction[J].Chicago–Kent Law Review，1994，69（4）：847–874.

方法。在生态系统的动态模型下，管理政策必须重视信息收集、绩效评估并利用新的信息调整现有方法。适应性管理把决策更多地看作一系列不断重新评估的微调步骤。有别于寻求精确地预测未来，适应性管理认识到与预测未来结果相连的不确定性，并提倡考虑一系列可能的未来结果："管理政策的设计将是灵活的并在反复的社会学习过程中予以调整。"对这些结果进行仔细的监控可以促进科学理解，并帮助调整策略或操作。[1]这就要求在监管过程中更多地基于实验主义（experimentalism），使用自然资源系统模型实施绩效评估、调整最初的政策选择，将动态的持续监测、评估和调整决策和实践的过程构建到监管框架中。相应地，传统的决策方法随之修正为"预测—减缓—实施—监测—适应"，以此实现动态的过程管理。

理想状态下，行政机关、专业人士、利益相关者和民众对可能造成生态环境和人类健康问题的有关因素有着精确、完整和毫无争议的判断。这些信息和分析促使决策者能够精准无误地判断相关决策给生态环境和人类健康带来的可计量效益。然而，在现实世界，行政机关并没有那么全面的信息来支撑决策，预测决策将会产生的影响和后果。尽管存在不确定性，但决策仍需做出。当决策的依据存在分歧时，就可能引发民众的担忧、质疑和反对。如果民众对决策相关的经济和技术可行性具有基本常识，并对决策过程有着足够的信任，有机会表达他们的担忧，不确定性分歧就更容易被识别和解决。事实上，科学技术的根本分歧往往源于民众对行政机关的不信任。这种不信任背后隐藏的是缺乏制约和规范行政决策权力的有效机制。

二、环境行政决策的权力结构

法治的本意就是要有一种制度性结构。[2]结构即关系，是"角色

[1] FISCHMAN R，RUHL J. B.Adaptive management in the courts[J].Minnesota Law Review，2010，95（2）：424–484.
[2] 理查德·A. 波斯纳 . 超越法律 [M]. 苏力，译 . 北京：中国政法大学出版社，2001：25.

的组合”，是“各种相互关联而又相互作用的角色”组合。[1] 正像其他任何系统一样，机制的复杂性受到它的结构的控制，也就是受到事先选定的该系统所能够容纳的可能环境条件的制约。[2] 探讨环境行政决策的治理规则，首先应当理解这种系统——环境关系。

（一）环境行政决策的权力谱系

行政权力来源于法律，行政机关享有法律赋予的权力。依法行政是法治政府所遵守的核心原则。按照法律的规定行使权力是依法行政的基本要求。环境行政决策权力来源于法律的授权，以行政区划为基础，以部门分权为特色，既包括层级行政机关之间的纵向权力，也包括同级行政机构之间的横向权力。

1. 环境行政决策的纵向权力

环境法建立在复杂的权力系统之上。中央立法机关拥有制定环境法律的权力。中央政府生态环境主管部门在法律的授权下制定国家环境质量标准和国家污染物排放标准，监督地方政府环境目标实施状况。地方政府对本行政区域内的环境质量负责，通过编制规划，控制污染源排放使其达到环境质量标准。地方政府的环境行政决策权力取决于政府权限、自然资源状况以及历史发展状况等多重要素的限制。

从行政权力配置上看，行政区划是环境行政规制的地域基础。无论是中央政府将权力授予地方政府，还是地方政府将权力让渡给中央政府，实质上都涉及中央与地方权力的划分问题。功能主义的权力配置观以效能和治理能力为评判标准，强调将权力配置给在组织、结构、程序、人员上最具优势、最有可能做出正确决定的机关，同时要求承担某项国家权力的机关，在组织、结构、程序、人员上相应调整以适应职能。[3] 从运行方式上看，在纵向权力结构中，行政机关作为科层

[1] 加布里埃尔·A. 阿尔蒙德，小 G. 宾厄姆·鲍威尔. 比较政治学：体系、过程和政策 [M]. 曹沛霖，郑世平，公婷，等译. 上海：上海译文出版社，1987：14.

[2] 马丁·洛克林. 公法与政治理论 [M]. 郑戈，译. 北京：商务印书馆，2013：352.

[3] 张翔. 我国国家权力配置原则的功能主义解释 [J]. 中外法学，2018（2）：281-303.

组织主要体现为一种自上而下的权力安排，这种权力安排依赖于命令与控制方式运行，地方政府的权力运行受上级和中央政府的影响。[1]这在单一制国家表现得尤为明显。其行政权力结构以纵向压力型为主，下级政府必须有效完成上级交代的任务和指标，否则很难在上级决定的考核评价中胜出。[2]在环境保护领域也不例外。根据中国相关法律规定："国家实行环境保护目标责任制和考核评价制度。县级以上人民政府应当将环境保护目标完成情况纳入对本级人民政府负有环境保护监督管理职责的部门及其负责人和下级人民政府及其负责人的考核内容，作为对其考核评价的重要依据。"这种目标责任制通常是由上一级政府对下一级政府签订环境目标责任书体现的，下一级政府在任期内完成了目标任务，上一级政府给予鼓励，没有完成任务的则给予惩罚。但另一方面，地方政府对本行政区域的环境质量负责也通过本地行政机关向立法机关的报告体现，"县级以上人民政府应当每年向本级人民代表大会或者人民代表大会常务委员会报告环境状况和环境保护目标完成情况，对发生的重大环境事件应当及时向本级人民代表大会常务委员会报告，依法接受监督"。然而，对于短期经济利益的追求，容易导致地方政府间"共谋行为"的存在，使得上级考核和立法监督在环境保护事项上都面临"失灵"的风险。为了解决这一问题，更为强有力的中央层面的监督不得不介入，由中央生态环境保护督察组根据授权对各地区、各有关部门贯彻落实中央生态环境保护决策部署情况进行督察问责，督促其落实环保责任。环境行政规制是采取中央集权还是地方分权，即经由中央政府统一规制全国的环境保护事务，地方政府只是单纯执行中央的命令，还是应由地方根据其辖区内环境保护的具体情况来自行规制，中央政府只负责对全国性环境事务进行决策？在中央与地方层面合理划分生态环境决策权力，既要考虑政治、

[1]　汪锦军 . 纵向政府权力结构与社会治理：中国"政府与社会"关系的一个分析路径 [J]. 浙江社会科学，2014（9）：128–139.
[2]　周黎安 . 转型中的地方政府：官员激励与治理 [M]. 上海：格致出版社，2008：74.

经济和文化传统，也要考虑效能和治理能力。“统得过紧”忽视地方情势可能产生“一刀切”的极端后果，“统得过松”则有可能导致规制失灵。

科层制政府在面对这一问题时遭遇了困境。科层制在创立之初并不是一个受批判的对象，而是受到推崇的组织模型，被视为与现代工业文明相适应的一种理想的组织安排。在韦伯的描述里，作为具有特定功能属性的组织，它具有庞大的规模、等级制度、正式规范、特定任务、书面文件，科层机构中的雇员受过专门的技术培训。在确保一致性、持续性、预见性、稳定性、谨慎性、重复性工作的高效性、平等性、理性以及专业性等方面，科层制是最好的组织形式。[1] 然而，权威体制的集中程度越高，越刚性，必然以削弱地方治理为代价，其有效治理的能力就会减弱。强有力的政府在这种关系结构中难以转化为基层的有效治理，政府与社会在很多时候变成了一种零和甚至是负和博弈。[2] 虽然许多环境与生态问题呈现出区域或全球化的特征，但大多数问题都要通过地方政府的决策予以解决。因此，如何合理划分中央与地方的权限、妥善激发环境治理的地方活力就成为一个问题。

2. 环境行政决策的横向权力

横向权力涉及行政机关内没有隶属关系的平行部门之间的职责划分。行政分权是现代国家的共同特点，分工的存在使得行政机关的不同部门通常只管理社会关系的某一方面，特定国家事务仅能由特定行政部门以特定规范形式做出决定。[3] 权力划分的理想目标是通过规范各部门的职责权限，包括每项职权的设定依据、实施主体、履权责任等，构建权界清晰、分工合理、权责一致、运转高效的行政职能体系。然而，纯粹的横向权力分立在实践上是不可能的，有些事务通常涉及多个部门的职权，这在关系到社会公共利益的重大事项时尤为明显。正如英

[1] 菲利普·J. 库伯，等 . 二十一世纪的公共行政：挑战与改革 [M]. 北京：中国人民大学出版社，2006：200.

[2] 周雪光 . 权威体制与有效治理：当代中国国家治理的制度逻辑 [J]. 开放时代，2011（10）：67–85.

[3] 沈寿文 . 政府横向权力配置新论：从结构功能主义角度的分析 [J]. 政法论丛，2011（1）：13–23.

国宪法学家维尔所指出的：“纯粹权力分立学说隐含着的是，可以在政府的各部门之间对政府职能做独到的划分，做到任何部门都不再需要行使其他部门的职能。在实践上，这种职能划分从来也没有实现过，即使可能，事实上也不可欲，因为它涉及政府活动的中断，而这是无法容忍的。”[1] 行政职权交叉问题的客观存在，容易产生部门之间的权力冲突与矛盾，如果缺乏有效的协同机制，将会导致社会公共利益受损。

在现实中，环境行政决策横向权力冲突的原因，既源于生态环境的自然状态属性，也源于部门分工的原则规定与交叉规定。传统法律按照环境介质进行区分，通过单行法将不同介质的监管划归不同部门，形成以行业、部门为主导的分散性管理体制。与这种体制相对应的碎片化的决策模式，既无法体现生态环境的科学机理，也无法突破部门利益的藩篱。例如，水环境评价不能只考量“氮磷”，还应该考虑水生生物的生存状况。“这种新的挑战和问题所具有的综合与相互联系的特点与现存机构的特点形成尖锐的对立。这些机构往往是孤立和分割的，以封闭的决策程序，在相对狭窄的管理范围中进行工作。我们面临的许多环境与发展问题都源于机构间职责的分割。”[2] 法律系统在寻求与社会系统、生态系统之间的结构耦合时遭遇了困境。

横向权力因为是权力，所以必然对社会主体的行为产生影响，又因为其横向而互不隶属，所以容易产生矛盾且不易解决。[3] 环境与发展综合决策机制（integration of environment and development decision-making mechanism）要求改变决策部门单一决策的思维方式，由部门单独决策向各部门参与决策转变，[4] 以期弥合理想与现实之间的鸿沟。综合意味着将制度的多个层面以整体协调的方式连接在一起，关注生

[1] M.J.C. 维尔 . 宪政与分权 [M]. 苏力，译 . 北京：生活・读书・新知三联书店，1997：505.
[2] 世界环境与发展委员会 . 我们共同的未来 [M]. 王之佳，柯金良，等译 . 长春：吉林人民出版社，1997：407.
[3] 张传文，张劲松 . 生态治理横向权力关系的冲突与规制 [J]. 理论探讨，2018（6）：56-61.
[4] 王曦 . 中国环境百科全书选编本：环境法学 [M]. 北京：中国环境出版社，2017：73.

态系统和社会系统的交互性，[1] 通过生态环境部门与其他部门的协同配合，共同维持生态系统的组成、结构和功能。其法律构造必须建立在生态系统服务的基础之上，强调人与生态系统和谐相处、保护生态系统功能的重要性，以生态环境保护统领各行政部门的职责，对环境介质进行综合规制而不是单独规制，在面临不确定性时采取保守行动。

在环境行政决策的权力谱系中，由于条块分割所形成的单项决策和分散决策，致使政府各部门都在一定管辖范围内享有独立权力，相互之间互不隶属，因而各自为政，协调困难，难以形成合力。有学者指出，面对“公共权力部门化、部门权力利益化、部门利益法制化”的现象，需要强化中央权力。在横向层面整合环境监管的职能并提升环境保护行政主管部门的地位，实行大部制改革；在纵向层面强化中央对地方政府的监督，在环保系统内实行垂直或半垂直的管理。[2] 这背后隐藏的假设是，中央的生态理性高于地方、环境部门的生态理性高于其他部门。于是，互不信任的对抗气息在中央与地方、部门与部门、国家与社会之间弥散。基层生态环境部门承载了过多的压力，不得不加大监督检查、行政处罚、行政强制等控制性手段的力度，在短期内平息长期积累的结构性矛盾和政策性问题。对于影响社会稳定的任何迹象进行地毯式清理的压力，迫使每一个合乎正义的要求妥协于强迫的调解和打了折扣的补偿，创造出表面上同意与强制的平衡，但难免挫伤各方的积极性，无法掩饰其深感权利被剥夺和签署“不平等条约”时的不满。改变这样的局面，有必要在比较法层面考察环境法上有关权力的配置状况。

（二）美国环境法上有关权力配置的争论

一般认为，现代环境法产生于 20 世纪 60—70 年代的美国。20 世纪 70 年代是现代美国环境法发展史上的第一个十年，也被美国人称

[1] ARMOLD C A.Fourth-generation environmental law：Integrationist and multimodal[J].William & Mary Environmental Law and Policy Review，2011，35（3）：771-884.

[2] 齐晔，等．中国环境监管体制研究 [M]. 上海：上海三联书店，2008：349-354.

为“环境立法的十年”。在此期间，国会对民众日益关注的环境问题做出反应，制定或修订了一批不仅为美国环境保护事业奠定法律基础，而且对其他国家产生重大影响的环境保护法律。学术界对于这些法律的经验和问题的评论不乏有关横向和纵向权力配置的纷争。

1969 年《国家环境政策法》（*National Environmental Policy Act*, NEPA）是美国促进可持续发展和环境保护的结构化决策（structured decision-making）的宪章。该法宣告了一项鼓励人类与其赖以生存的环境之间富有成效并且融洽和谐共生的国家政策，并为实施这项政策设立目标，提供程序性手段，由民众、总统、联邦机构以及法院共同承担执行 NEPA 的责任。NEPA 发起者“将环境保护和可持续发展考量整合于所有联邦机构行动决策之中”的目标是变革性的。强迫行动（action-forcing）条款通过提供授权和命令将这项变革性的政策转化为行动。强迫行动的基本手段是环境影响评价的程序性规定，包含替代方案分析和协调对人类环境质量可能具有重大影响的联邦机构行动决策。这种重大联邦行动通常包括在国家和地方层面有广泛政策影响的重要决策。就此而言，国会的意图是用 NEPA 程序和针对具体决策的环境文件，建立行政机构与其决策的环境、社会、经济影响的承受者之间合作框架的基础。[1]NEPA 强迫联邦机构在行动中考虑环境后果，要求打算提出具有显著环境影响的联邦行动的行政机构编制环境影响报告书草案，在发布最终的环境影响报告书之前征求其他联邦机构、州和地方政府和有关民众的意见，从而将环境价值纳入决策过程。环境影响评价的制度设计，是由行政主管部门主导审查，环保部门配合。对生态环境造成多大的影响，或者更确切地说，该影响是不是可以被社会接受，并不是单一价值的片面考量，而必须在不同价值之间进行权衡。这种方法的拥护者认为，如果没有具体政策，联邦机构在履行机构使命中既无力也无意考虑其行动的环境影响。

---

[1] BOLING T.Making the connection：NEPA processes for national environmental policy[J]. Washington University Journal of Law and Policy，2010，32（1）：313-332.

此后相继出台的1970年《清洁空气法》、1972年《联邦水污染控制法》、1973年《濒危物种法》在联邦和州的权力配置上大都采用了环境联邦主义（environmental federalism）模式。由于地方政府在环境规制方面的缺位，联邦政府的介入成为必要。联邦政府的主要职责是制定政策和法律、国家标准，确保地方以符合国家标准的方式执行法律和法规，并为合规成本提供一些资金，在州政府不能实现既定目标时代为履行。各州的主要职责是发放许可证、检查设施，并对违反者采取执法行动。在联邦政府和地方政府之间决策权力的分配问题上，主要存在下述四种观点。

第一，传统的观点。根据这一观点，生态环境决策应当符合环境问题的地域范围，尊重地域管辖权，以此为依据选择管制环境问题的政府级别。传统观点提供了一个利用标准经济指标来确定政府的监管层面的简单框架，假设对每一个环境问题都存在最优的监管权限。对这一假设的支持通常来自学者们用来作为论据基础的静态经济模型。政府的适当层级由受特定污染源影响的地理范围的大小决定，没必要使管辖权大于管制活动。[1] 该观点忽视了环境系统的复杂的、动态的和非线性的特点，对于联邦和州共同管辖的优势重视不足。

第二，统一的观点。由于强大的利益集团的影响和决策中存在的负外部性，地方政府可能缺乏应对溢出效应的动力，环境监管往往过于宽松，尤其是在跨界污染问题上，最好由联邦政府统一决策和实施。[2] 具体来看，制订强有力的联邦环境政策的原因主要有三个。首先，经济利益集团对州政府的影响如此之大，以至于联邦政府被认为是对抗经济利益集团力量的关键。联邦机构与消耗资源的社区有足够的隔离，能够作出中立的决策。当地方政府无法保护资源或减少污染时，解决的办法是强化联邦的决策权威。其次，环境污染具有流动性，各州可

[1] BUTLER H N，MACEY J R.Externalities and the matching principle：The case for reallocating environmental regulatory authority[J].Yale Law & Policy Review，1996（14）：23–66.

[2] STEWART R B.Pyramids of sacrifice? Problems of federalism in mandating state implementations of national environmental policy[J].Yale Law Journal，1977，86（6）：1196–1272.

能不愿意为跨界污染问题设计解决办法，因为费用由一些州承担，而利益则由另一些州获得。他们可能会急于吸引工业项目，不愿对给邻近州造成污染的污染源施加限制，而把环境问题输出到其他州，因此不可避免地会出现一场“逐底竞争”（races to the bottom），从而无力预防随之而来的环境风险。这种为吸引工业而进行的竞争可能会产生忽视或压制环境目标的实现，只能通过全国性的标准加以阻止。[1]最后，让 50 个独立的州政府对各种污染物的环境和健康影响进行研究并制定管制战略是低效和重复的。国家环境保护局为监督者，可以与各州分享成功与失败的信息，通过集中研究和分析来获得专门知识和规模经济，积累关于有效政策的知识，确保环境资源的最佳利用。[2]归结起来，在联邦层面统一决策的优势主要在于：①可以强制设定统一标准对环境资源进行保护。②联邦政府拥有决策所必需的资源和技术知识。③联邦政府工作人员被利益团体捕获的机会相对更小。但也存在以下局限：第一，由于层级的原因，联邦政府工作人员往往离基层的实际较远。第二，由于牵涉面广，联邦政府决策的出台往往较慢。第三，由于各地情况的不同，往往无法对地方环境资源提供全面而充分的保护。

第三，合作的观点。为了克服上述局限，出现了要求改善联邦、州和地方政府之间的关系、重新定义联邦制的呼声。这些主张被贴上了合作联邦主义（cooperative federalism）、新联邦主义和权力下放等标签。例如，时任国家环境保护局局长克里斯蒂·惠特曼提出的国家环境绩效伙伴关系系统强调联邦政府和州政府在制定优先事项和确定角色方面的合作；时任内政部长盖尔·诺顿提出的“4C”原则，即为自然保护（conservation）而沟通（communication）、合作（cooperation）和协商（consultation）。根据这一观点，统一的结构烦琐而官僚，问

[1] SCHOENBROD D.Why states，not EPA，should set pollution standards[J].Regulation，1996，19（4）：18-25.

[2] ADELMAN D E，ENGEL K H.Adaptive federalism：The case against reallocating environmental regulatory authority[J].Minnesota Law Review，2008，92（6）：1796-1850.

责混乱，阻止为使环境规制更加有效而进行的法律和政治革新，无法改善环境质量，应当将更多的决策权和裁量权下放给州政府，以合作提高公共政策的效率，确保有效解决具体问题。其所依据的理由主要包括：①地方政府在土地利用、经济发展等所引发的生态环境问题的治理方面扮演主要角色，允许各州根据不同的生态、经济、社会和政治差异来调整目标，有助于制定更贴近实际的公共政策。②决策的分散化与要求公共服务水平更加统一的集中化方案相比，可以提高社会福利，这是由于人们可以自由选择如何平衡相互冲突的关切。③政府的层级越低，就越容易在环境决策上达成共识，权力下放可以超越州界，让不同的社区有机会在经济增长和降低环境风险等相互竞争的政策目标之间取得平衡。④权力下放可以让民众参与到决策过程并获得他们对改变行为的承诺的方式。例如，通过节约能源、增加使用公共交通、提高垃圾分类来减少排放和污染需要民众改变行为，而这不能简单地自上而下地强制执行。[1]

第四，动态的观点。该观点的出发点是生态系统具有适应性。健康的生态系统平衡了两个看似不相容的过程：①淘汰不适合的生命体，这在本质上是一个生物优化的过程；②维持生物多样性，虽然方向相反，但对于长期适应不可预测的环境变化至关重要。环境的高度可变性使得物种受到不同的选择性影响。一些物种可以免受干扰，但另一些物种却极易受到干扰，而另一些物种则可以从中受益。因此，以动态管理方法维持生物多样性对于确保生态系统的长期适应性至关重要。由此而产生的动态治理强调多元对话、复合环境治理的最佳效果。生态环境问题不会停留在任何特定级别的政府控制之下，而是倾向于在不同级别的政府之间来回传递。没有哪一个层级的行政机关拥有环境规制的垄断权力，需要根据具体问题作出适当的决策。[2] 例如，

---

[1] BRYNER G C.Policy devolution and environmental law：Exploring the transition to sustainable development[J].Environs：Environmental Law and Policy Journal，2002，26（1）：1–32.

[2] SCHAPIRO R A.Toward a theory of interactive federalism[J].Iowa Law Review，2005，91（1）：243–318.

丹尼尔·艾斯提教授认为，对于特定类别的环境问题，不应该假定单一的管辖权是最佳的。他主张，必须对每一个环境问题进行仔细的个案分析，考虑到其特定的生态或公共健康损害、技术复杂性、时滞现象、阈值效应以及特殊利益集团对政策制定的影响。一个看似简单的环境问题可能有多个维度，其中一些最好在国家层面解决，而另一些则适合地方控制。在这种情况下，要求在不同级别的政府之间划分监管责任，最终目标是在监管权限和环境问题的这些要素之间找到一个“最佳匹配”。[1]

20 世纪 80 年代以来，随着环境规制从污染控制发展到风险预防，动态的合作观点日益受到重视。与末端排放控制的要求不同，早期和有效的决策参与程序是确保风险防控和环境正义的关键要素。[2] 这就需要生产者和消费者积极参与到地方政府减少污染和保护资源的决策和执行，从而改变产生污染的行为。事实上，在联邦态度较为消极的温室气体控制等领域，很多州已经率先行动起来承担减排责任。许多最有前途的决策创新都来自州，包括使用经济激励措施如饮料容器的退税款和回收产品的优惠价格、减少污染排放成本的交易以及信息披露，等等。从发展趋势来看，在制度设计时应当遵循下列原则：认识到本地决策的重要性，确保所有利益相关者的参与，跨行政区域的协同整合，发展设计和实施解决方案的伙伴关系，从经验中学习，进行明智的反复试验。

第三节　环境行政决策的法治化

行政决策权力是一把“双刃剑”，用得好，可以对生态环境产生积极影响；用得不当，也可以产生不利影响。环境行政决策权力只有

---

[1]　ESTY D C.Toward optimal environmental governance[J].New York University Law Review，1999，74（6）：1495-1574.

[2]　PADDOCK C L，GLICKSMAN L R，BRYMER N S.Decision making in environmental law[M].Cheltenham：Edward Elgar Publishing，2016：7.

在法治化框架下运行，才会产生良好的结果，否则必然会对社会和个人产生损害。

一、环境行政决策法治化的必要性

行政决策属于裁量权较大的行政活动，必须有一套清晰明确、易于理解的法治规则作为依据。法律对行政决策的主体、职权、程序、责任、监督做出明确的规范。[1] 如果行政决策必须依法作出并能够实现公共利益的最大化，就是法治化的行政决策。如果缺乏这样的规则，行政机关就会面临合法性危机，难以避免公共权力的滥用和恣意决策。应当说，将环境行政决策作为一种行政行为加以规范已成为一种法治发展的趋势，越来越受到重视。运用法治的制度性结构对环境行政决策予以规范，合理设定其法定要求与约束条件，是推进国家治理体系和治理能力现代化的必然选择。

（一）保护合法预期

环境行政决策需要满足相对人的合法预期以及保护由此产生的既得利益。保护合法预期要求决策者不能朝令夕改，即便是在必须改变时，也要周全地、妥善地考虑和对待相对人已经产生的预期，要履行正当的程序，如事先通知相对人、听证或者采取过渡性措施。[2] 这里隐含的是信赖保护原则，行政决策应该具有一定的稳定性，并对由此产生的信赖利益予以保护。决策方向的改变，反映出决策者正在寻求实现行为的变化或者减轻某种政治压力。决策一旦发生变化，经常会影响到已设定的经济预期，影响到既得利益者或行为实施者，从而产生抵触新决策实施的压力。过于严格的控制，可能导致现有企业关闭，工人面临失业，影响地方经济和社会稳定，这是决策者所不愿意看到

[1] 杨寅 . 行政决策程序、监督与责任制度 [M]. 北京：中国法制出版社，2011：15.
[2] 余凌云 . 行政法上合法预期之保护 [J]. 中国社会科学，2003（3）：128–139.

的。为了能够维护社会秩序，保障新旧决策的有效衔接以及调整状态的平稳过渡，在环境行政决策制定中，需要保护相对人的合法预期。

（二）规范行政裁量权

裁量权在现代行政中不可或缺。正如王名扬先生所归纳的，由法律授予行政机关裁量权出于下列原因：第一，现代社会变迁迅速，立法机关很难预见未来的发展变化，只能授权行政机关根据各种可能出现的情况作出决定；第二，现代社会极为复杂，行政机关必须根据具体情况作出具体决定，法律不能严格规定强求一致；第三，现代行政技术性高，议会缺乏能力制定专业性的法律，只能规定需要完成的任务或目的，由行政机关采取适当的执行方式；第四，现代行政范围大，国会无力制定行政活动所需要的全部法律，不得不扩大行政机关的决定权力；第五，现代行政开拓众多的新活动领域，无经验可以参考，行政机关必须作出试探性的决定，积累经验，不能受法律严格限制；第六，制定一个法律往往涉及不同的价值判断，虽然从理论上说价值判断应由立法机关决定，但由于议员来自不同的党派，议员的观点和所代表的利益互相冲突，国会有时不能协调各种利益和综合各种观点，得出一个能为多数人接受的共同认识，为了避免这种困难，国会可能授权行政机关，根据公共利益或需要，采取必要的或适当的措施。[1]然而，缺乏监督的裁量权则会对行政法治造成破坏。

法律终止之处实乃裁量起始之所。裁量之运用既可能是仁行，亦可能是暴政；既有正义，亦有非正义；既可能是通情达理，亦可能是任意专断。裁量的程度不仅取决于赋予行政官员的职权，也取决于行政官员采取什么措施限定和建构自身的权力，还有他们采取什么措施扩大自身的权力。取消所有的裁量权既不可能，也不可取。因此，在今天的法律制度中，特别需要找到更有效的方式对必要的裁量权进行

---

[1]　王名扬．美国行政法：上 [M]. 北京：中国法制出版社，1999：546-547.

限定、建构和制约。[1] 由于事前预防优于事后救治是众所周知的，因此可以认为“防火”（fire-watching）要比“救火”（fire-fighting）更加“有效率”。规则制定已经发展成为控制官僚政治的主要方法，当代公共行政趋势大体上已经将内部控制和事前控制推到了恰当的位置上。[2] 就中国现阶段而言，“政府失灵”是生态环境问题迟迟难以得到解决的主要原因，由于决策失误，不少地方政府成了“间接的环境污染者或生态破坏者”，[3] 因此迫切需要以法治化的路径规范和制约有关环境的政府决策。

（三）维护环境权益

随着民众的环境意识和权利意识日益增强，出于对环境风险和行政权力滥用的担忧，他们希望参与环境行政决策。如果沟通渠道不畅，必然导致上访增多，非理性行为加剧，容易在社会层面产生负面影响。近年来，在四川什邡、江苏启东、上海金山等地发生的一系列环境群体性事件中，争议项目大多处于规划阶段、尚未建成，因而呈现出由事后救济型抗争到风险预防型维权的特点。地方政府陷入了决策—抗议—妥协的困局。这种情况极大地损害了政府的公信力。在法治的制度性结构内构建协商平台，方能引导公众以理性方式表达利益诉求，增进公众与政府之间的理解与信任，贯彻风险预防为主这一环境保护的首要原则，避免事后救济产生高昂的经济、社会和环境代价。

按照功利主义原则，现实的出发点是为了大多数的利益，却容易形成以多数名义牺牲少数的利益，造成“多数的暴政”。在卡尔·施米特看来，“从抽象的逻辑看，即使根本不可能做到全体公民（包括没有投票资格的人）的绝对一致的意愿，把多数意志或少数意志等同

[1] 肯尼斯·卡尔普·戴维斯．裁量正义：一项初步的研究[M].毕洪海，译．北京：商务印书馆，2009：1-5.
[2] 卡罗尔·哈洛，理查德·罗林斯．法律与行政：上卷[M]．杨伟东，李凌波，石红心，等译．北京：商务印书馆，2004：165.
[3] 王曦．论规范和制约有关环境的政府决策的必要性[J].法学评论，2013（2）：94-102.

于人民的意志，并没有什么不同”。[1] 在为社会全体或者地方财政收入带来收益的同时，成本却由邻避设施附近的居民承担。如果进行民主投票，他们无疑是少数，但是所谓的“少数人”最有可能联合起来进行反抗。在这里，如何确定公众参与的范围成为一个问题。依据罗尔斯的差别原则，社会和经济的不平等应当这样安排，即在与正义的储存原则一致的情况下，适合于最少受惠者的最大利益。[2] 因此，环境行政决策应当关注对弱势群体利益的保护和平衡。

（四）实现绿色发展

绿色发展是以效率、和谐、持续为目标的经济增长和社会发展方式。当今世界，将绿色发展的理念和内涵融入行政决策已经成为一个重要趋势。绿色发展的一个重要特点是将经济活动和生态保护与社会公平和政治权力结合起来。它要求利益和负担的公平分配，持久的资源基础和生态服务。对民众产生影响的决策，不论是公营或私营项目，都应从公共福利的角度评估对生活和环境质量的短期和长期影响。评估需要以系统一致性为目标，即实现生态环境的自然和社会维度与民众的文化价值和个人需求相兼容。在任何环境背景下都有一定的人类功能得到支持，系统一致性模型强调环境——行为契合的特定情境决定因素。[3] 因此，最佳的决策应当是在生态环境的属性与使用者之间取得“匹配”。

总之，由于环境行政决策必然会影响或涉及相关主体的权利义务，应当通过相应的规则设计使之同时具备形式合法性和实质合理性。法治的核心使命就是要为包括环境行政决策活动在内的所有行使国家行政权力的行为提供合法性的评价和理解框架。

---

[1] 卡尔·施米特．合法性与正当性 [M]. 冯克利，李秋零，朱雁冰，译．上海：上海人民出版社，2014：32.

[2] 约翰·罗尔斯．正义论 [M]. 何怀宏，何包钢，廖申白，译．北京：中国社会科学出版社，1988：60.

[3] BRYNER G C.Policy devolution and environmental law：Exploring the transition to sustainable development[J].Environs：Environmental Law and Policy Journal，2002，26（1）：1–32.

二、规范环境行政决策的路径选择

在现代法治原则下，规范行政决策是以对行政权力的法律约束和监督来实现的。英国学者伊丽莎白·费雪将风险社会下对行政决策的规范归为两种主要范式：理性—工具范式（rational-instrumental）和商谈—建构范式（deliberative-constitutive）。在理性—工具范式之下，公共行政被解释为立法机关的工具，作为“传送带”的任务就是严格遵循预先确定的、由立法表达的民主意志。这是为了民主目标而控制行政权的合乎情理的方式，韦伯的官僚制模式是它最显著的表现。在商谈—建构范式之下，公共行政就特定问题行使实质性的、持续解决问题的裁量权，应责要求是确保决策者在其“被建构”的权限内积极地进行商谈。[1] 生态环境领域大量存在的技术风险和不确定性，以及由此而来的必不可少的裁量权使得对行政决策的规制尤为不易。要实现环境行政决策法治化，必须选择能够有效规范行政决策的模式和路径。

（一）工具主义下的司法审查模式

这种模式的特点是，严格的程序要求和司法审查适用于从行政裁量权到政策制定的种种行为。现代行政法治的核心机制是行政程序法律制度。通过行政程序对权力的行使进行事前和事中的监督和平衡，防止行政权的滥用，促进行政权行使的效率，平衡行政权和相对方权利之间的关系，保障相对方的合法权益，已成为现代行政法的一个重要特征。[2] 正当程序努力保证的，正是行政决策的公正与客观。所有行政人员的决定都有重要的经验型因素，而毫无疑问的是行政程序给决策带来了更多的精准性和客观性。行政正当程序因而被作为行政服务主义的保障，也作为纠正同官僚的特殊知识和组织职责相关的狭隘

[1] 伊丽莎白·费雪．风险规制与行政宪政主义 [M]. 沈岿，译．北京：法律出版社，2012：37–46.
[2] 应松年．行政程序法立法研究 [M]. 北京：中国法制出版社，2001：28–32.

政策取向的“良药”而受到欢迎。虽然一个日益增长的趋势是对行政决策建立程序性控制，但这种控制无法与司法审查相脱离。以记录为准的反向听证和审查的最终目标是要保证行政决策在可靠的事实依据和准确的法规解释下所具有的正当性。[1]就此而论，环境行政决策的恰当性取决于程序性要求在多大程度上是或者能够是客观的，也取决于反向程序和司法审查在多大程度上能够符合专业要求。

随着环境风险社会的到来，政府管理职能增强，行政权力扩张似乎具有某种必然性。在诸如环境保护之类的某些特定的行政管理领域，当行政机关失于履行各自维护公共利益的职责或者滥用决策权力时，以程序要求和司法审查为主的传统模式无法矫正这些失败，[2]以致给代议制民主带来冲击。原因主要有三点：第一，授权决策难以消除官僚机构的弊病。一般意义上，行政决策被作为工具性手段，且常常被认为是有所裨益的，因为人们的预设是，行政机关将选择并采取有效的措施达到立法机关的目标，行政人员不仅能够而且必然成为完成立法机关要求的高效“传送带”。现代环境法背后的第一个关键假设是：保存生态系统是一个超越物质世界的、价值中立的和统一的公共政策目标；这个观念被认为对任何理性的人来说都是不言而喻的，并能够得到政府各个部门的贯彻。一旦立法机关对整个行政机构授权一个一致的、全面的保护战略，各个机构就会在国会的勤勉监督下采取与之一致的行动。[3]这也暗示着他们会谨慎地对待可能影响法律有效实施的外来干预。为了避免缺乏时间和知识的明智应对，学者们开始强调行政人员自主的、专业的品质。谋求把广泛的立法授权同行政机关的传送带作用相协调，将行政机关的专业化品质制度化。[4]人们相信科

---

[1] 威廉・F. 韦斯特 . 控制官僚：制度制约的理论和实践 [M]. 张定淮，白锐，译 . 重庆：重庆出版社，2001：21.

[2] 理查德・B. 斯图尔特 . 美国行政法的重构 [M]. 沈岿，译 . 北京：商务印书馆，2011：1.

[3] TARLOCK A D.Environmental law：then and now[J].Washington University Journal of Law and Policy，2010，32：1–32.

[4] 威廉・F. 韦斯特 . 控制官僚：制度制约的理论和实践 [M]. 张定淮，白锐，译 . 重庆：重庆出版社，2001：7.

学将提供如何平衡经济发展与环境保护之类问题的答案，如此天真的想法现在被扇了一记耳光——自然科学和社会科学自身都卷入了利益集团的斗争之中，并以截然相反的结论各为其主，[1] 将行政决策作为纯粹技术行为的观点越来越经不起推敲。第二，环境行政决策的专业性、技术性等特点决定了对其予以程序规制存在着相当的难度。就决策所涉及的专业知识而言，法律规定往往具有一定的模糊性和弹性，程序规制不能保证行政机关在进行决策时裁量权不被滥用。而有效的审查既受制于法官专业知识的限制，也受制于不允许就经验问题进行适当对话的程序结构。法官能否超越合法性审查进行合理性审查以及是否有能力对依据科学证据作出的环境行政决策的优劣进行审查是争议的焦点。出于司法权的谦抑性，法院倾向于遵从行政机关的专业知识，不愿发现决策或监管权力的滥用。面对危险废物设施或垃圾填埋场等邻避设施可能带来的环境风险，民众对有关于符合法定程序的行政决策亦表现出不安。第三，严格的司法审查通常限于行政决策涉嫌侵犯个人重要权利的领域。司法审查的目的是对行政行为的合法性作出判断，但法院只对能够审查的行为，由合格的当事人在适当时提起的诉讼才能受理。[2] 传统模式关注对私益的事后救济，防止对私人领域未经授权的侵入，强调当事人的适格和实际影响的发生，因而在面对尚未造成不利影响的事关公益的环境行政决策时往往无能为力。为了克服这种局限，重点是要拓展诉讼资格和决策参与权利。

工具主义下的司法审查模式从形式上奠定了环境行政决策法治化的客观基础，但由于广泛的自由裁量、利益分配、公共性等因素的存在，以形式合法性分析为主的传统框架已远远不能解释和评价行政决策过程和结果的正当性。现代环境政策的创造者把环境保护视为“新政”

[1] 布赖恩・Z. 塔玛纳哈 . 法律工具主义：对法治的危害 [M]. 陈虎，杨洁，译 . 北京：北京大学出版社，2016：313.

[2] 王名扬 . 美国行政法：下 [M]. 北京：中国法制出版社，1999：602.

国家（New Deal state）的延续。[1] 环境保护新政模式的主要行动者是国会和改革了的专家机构，行政决策中的公众参与则是有限的。公共听证会和评议期的设立是为了让民众能够表达他们对行政机关正在考虑的政策选择或他们已经决定的具体建议的支持或反对。然而，行政机关在决策时不需要实质性地考虑这些意见。关于将哪些方案列入决策议程、选择要采取的替代方案以及如何执行，由行政机关决定而不需要与民众协商。[2] 因此，通过合法性标准规制政府权力虽仍有必要，但其效用已递减至极低限值，[3] 需要引入一种“实质合法性”分析框架，其核心是将形式合法化、理性合法化、民主合法化机制结合起来，[4] 确立起合法性与合理性并重的二元体系。

（二）法治主义下的协商民主模式

为了弥补代议制民主的不足，确立导控行政所需的扩大了的知识和民意基础，有必要反思传统的行政法理论。行政机关是非民选的机构，并不能像立法机关一样体现人民意志，公众也不能直接影响政策的制定和行政行为的做出。因而行政权的存在缺乏民主性作为支持，缺少坚固的正当性基础。正是在这样的背景下，美国著名行政法学家理查德·斯图尔特教授提出了“利益代表”模式。他认为一个不断增长的趋势是，行政法的功能不再是保障私人自主权，而是代之以提供政治过程，确保在行政决策程序中广大受影响的利益得到公平的代表。

---

[1] “新政”是指，1933—1948 年富兰克林·罗斯福出任美国总统期间所推行的一系列政治改革和给出的基本前景。在世界大战和经济衰退的背景下，联邦政府承担了比此前大得多的责任，以纠正“市场失灵”为使命，一个现代管制型国家随之诞生。新政管制模式试图将先前分散的权力并入新成立的专家管制机构，并在国家层面指导经济和社会活动，法律被定义成是国家的、自上而下的和制裁性的。自 20 世纪 70 年代后期开始，在官僚机构膨胀、政府直接干预衰退无法满足不断增强的公共需求的背景下，英国撒切尔内阁和美国里根政府首次推进行政改革即新公共管理运动，转而纠正“政府失灵”。迈入 21 世纪，穿越政府谱系的学者们基于对新政模式的反思，提出了“革新新政”或“超越新政”的治理模式，主张放松管制，以更多参与、更多协作取代新政的等级和控制。参见 LOBEL O.The renew deal：The fall of regulation and the rise of governance in contemporary legal thought[J].Minnesota Law Review，2004，89（2）：342–470.

[2] LAZARUS R J.The making of environmental law[M].Chicago：University of Chicago Press，2004：132 - 133.

[3] 江必新 . 行政程序正当性的司法审查 [J]. 中国社会科学，2012（7）：123–140.

[4] 王锡锌 . 行政决策正当性要素的个案解读：以北京市机动车“尾号限行”政策为个案的分析 [J]. 行政法学研究，2009（1）：10–15.

如果行政机关为所有受行政决策影响的利益提供了论坛，就可能通过协商达成为所有人普遍接受的妥协。经过充分考虑所有受影响的利益之后所作出的行政决策，就在微观意义上基于和立法一样的原则而获得了合法性。因此，制定法无法控制行政裁量权的事实，在很大程度上就变得无足轻重了。相应地，司法审查的主要目的也不再是防止行政机关对私人自治领域的未经授权的侵入，而是确保所有受影响利益在行政机关行使权力过程中得到公平的代表。[1]这就要求行政机关在作出决策时充分听取不同利益代表的意见，突出协商参与的理念，使行政决策者的单方意志转变为与利益相关者的协商过程，从而制订出各方都能够认可的方案，体现出交往理性的基本要求。

从现实情况看，自 20 世纪 60—70 年代开始，民众关注的焦点从自然保护转向日常生活中面临的短期环境风险，对公众健康损害和城市周边开放空间减少的恐惧推动了美国环境运动的开展，不断增长的对所有形式的专业知识的不信任被带入政府决策制定的过程之中。由此催生了参与式民主（participatory democracy）[2]，主张行政决策需符合开放政治的要求，而非由技术官僚或政治精英严格控制，民众应当直接参与行政决策。这是对公众参与的一场根本性革命，强调真正的公众参与在于使人们能够在管理自己的过程中做出权衡、确定优先事项和确定公共利益，契合了法治主义的发展进程。最终，法治策略把权力从任务机构（mission agencies）转到法庭，把工程师从权力的宝座上赶了下来，并创造了在政治议程中有一个席位的强大的非政府环境组织。因此，环境法是一种对专家治国新政信仰的信任和后新政时期对那种治国方式的不信任的混合体。[3]根据这种要求，在作出环境

---

[1] 理查德·B. 斯图尔特 . 美国行政法的重构 [M]. 沈岿，译 . 北京：商务印书馆，2011：67-68.

[2] 20 世纪 60—70 年代，西方普遍爆发了大规模的社会动乱和“新左派”运动，公众采取游行、示威、抗议行动，不满于参加有限的选举活动，要求直接参与公共事务，尤其是参与社会经济管理。作为回应，1960 年瓦尔特·阿诺德·考夫曼首次提出“参与式民主”的概念，但并没有上升到政治生活和国家层面。1970 年，卡罗尔·佩特曼《参与和民主理论》一书的出版，标志着参与式民主政治理论的正式出现。参见卡罗尔·佩特曼 . 参与和民主理论 [M]. 陈尧，译 . 上海：上海人民出版社，2006：推荐序言 5-8.

[3] TARLOCK A D.Environmental Law：Then and Now[J].Washington University Journal of Law and Policy，2010，32：1-32.

行政决策时，不仅是行政机关，包括引致环境风险的企业、可能蒙受损害的居民以及关心环境保护的非营利性组织和公众，都应当参与到决策的程序中，以广泛合作奠定决策基础。于是，如何平衡民主与效率的需要、在技术官僚、科技专家与民众之间取得处理环境危机的共识成为问题的关键。

在探索环境行政决策与民众需求制度化的有效对接机制的过程中，咨询委员会作为公众参与决策的重要手段，逐步升华为咨询民主这一参与式民主的具体形式。[1] 作为一种制度化的组织形式，环境咨询委员会具有独立性、常设性、公开性与程序性等特点，通过促进决策前各方利益代表的协商，将专业知识与公众参与结合起来，以深度、对称、批判性的互动呈现科技评估过程的多元观点、不确定性与潜在假设，[2] 在增强沟通理性的同时对行政机关形成舆论压力。咨询机构同时扮演了多重角色，它能够融入决策过程，提供有相当深度和广度的专业知识，并使社会学习成为政治发展的重要部分。现代民主国家权力下放的趋势，使得咨询更侧重于在地方社区之间展开，更加重视与居民的沟通。咨询机构取得信任，可感知的独立性至关重要，才可能产生最有效率和质量的建议，这种协商的方法应受到持续关注和讨论。[3] 在此，法律并非工具性的，而是一套能够约束所有人的汇集公共理性的社会秩序规范，从而为提升环境行政决策的“社会可接受度”提供了可靠的协商机制。

具体而言，协商的过程既是解决问题的过程，也是推进民主的过程。各协商主体的利益诉求需要顺利地表达，协商机制才能发挥应有效用。在环境行政决策等专业行政领域，专家理性所发挥出来的认知潜能本身必须和日常交往实践联系起来，并充分应用到社会行为系统

---

[1]　SHAPIRO S A.Public accountability of advisory committees[J].Risk，1990，1（3）：189–202.

[2]　CHILVERS J.Deliberating competence：Theoretical and practitioner perspectives on effective participatory appraisal practice[J].Science，Technology & Human Values，2007，33（2）：155–185.

[3]　OWENS S.Experts and the environment—the UK Royal Commission on Environmental Pollution 1970–2011[J].Journal of Environmental Law，2012，24（1）：1–22.

中。原因在于，环境行政决策含有两个基本因素：一是涉及技术性的因素，需要专业行政、专家思考并提出解决方案；二是涉及民主性的因素，需要民众和相关利益者的参与，决策与民生利益相联系，如果仅从技术手段论证决策的合理性，则会忽视民主利益和决策的可接受度。通过协商体现更多民意的决策比任何启发式的决策更加具有正当性。借由协商互动过程，以理性推动共识而产生的“交往权力”，对行政权力形成规范和制约，使之受专家和反专家之间的公开的意见争论的影响，受公共舆论的监督。因此，专业性和民主性的结合在环境行政决策中必不可缺，专业知识是开展协商的第一步，在此基础之上可能受到影响的各方通过沟通、讨论而产生交往权力实现对公共利益的纠偏。

综上所述，理性—工具范式和商谈—建构范式各有利弊，科学/民主二分法的描述过于简单，决策制定的实际过程远远要比理想的模型分类复杂得多，技术风险规制的实践并不存在非此即彼的选择或完美无缺的方案，往往需要融合两者。具有包容性和透明性的环境行政决策咨询机制为达成价值共识和实现利益平衡提供了规则保障。由社会理性衍生而出的公共道德能够有效促进社会公共精神的形成，凝聚社会共识的“最大公约数”，使环境法治内化为人们的精神追求，外化为人们的自觉行动。一方面监督有关环境的行政决策，另一方面提升公众的环境意识、促进公众有序参与环境保护和社会公共生活，进而推动中国的生态文明建设和环境法治进程。

第二章　环境行政决策的实证分析

当今生态环境的全面退变，严重威胁人身健康和生命安全，降低生活质量。党的二十大报告“站在人与自然和谐共生的高度谋划发展”，指出“要推进美丽中国建设，坚持山水林田湖草沙一体化保护和系统治理，统筹产业结构调整、污染治理、生态保护、应对气候变化，协同推进降碳、减污、扩绿、增长，推进生态优先、节约集约、绿色低碳发展”。在严峻的挑战面前，中国解决生态环境问题的法律共识不断地形成，制度出台频度之密、监管执法尺度之严前所未有。这既为生态环境质量持续改善提供了坚强保障，也暴露出了许多深层次问题。为了尝试对问题的解决提供指引，需要一个能“使问题闭合”的概念，借此获得对研究对象的认识与把握，使复杂的问题得以被理性地讨论。然而，对概念指引的片面追求难免会使问题简单化。过度简化的概念和观点往往会将理论架空，理论研究就有可能成为无源之水，无本之木。更为现实的做法是结合实际综合考察，对复杂现实的各个方面进行多维度的把握，从而丰富概念的外延和理论架构的实践基础。本章从实证角度考察中国环境行政决策实践中存在的问题，对其原因展开分析，并根据归纳结果评价处理问题的可行性方案，为从理论上反思和矫正在处理人与自然关系方面的诸多决策失误奠定经验基础，为提升中国环境法治建设水平提供支持。

第一节　环境行政决策的现状考察

在社会实证领域，我们从两个方面选取了若干事例来分析中国环境行政决策中存在的问题：①中央生态环保督察在取得显著成绩的同时暴露出的地方政府违法决策实例；②地方政府程序合法但引发环境群体性事件的决策实例。我们希望通过这种管中窥豹的方式揭示其中所蕴含的共性，从而有针对性地找到解决问题的办法。

当前，中国的生态环境问题呈现出“三期叠加”——增长速度换挡期、结构调整阵痛期、前期刺激政策消化期——的特征。我们同时选取了三个具体领域，对中国环境行政决策的现状进行重点考察。考察现状，并非为了将那些被严格限定，以及在孤立条件发生的单个因果关系标本化，而是将这种因果关系与某些典型情境相连，从而尽可能全面而简单地把握复杂、典型的问题。[1]

一、中央生态环保督察的若干实例

【事例一】宁夏回族自治区发展改革委作为牵头负责整改部门，在推进灵武市再生资源循环经济示范区侵占白芨滩国家级自然保护区问题整改中不重视、不作为，直至 2018 年 4 月，为推卸责任，一纸公文撤销园区规划。灵武市在未做任何整改工作的情况下，擅自于 2017 年 12 月将该整改任务销号。不仅没有解决园区侵占保护区的问题，还有新增项目建设。自治区经信委承担研究拟订全区新型工业化发展战略和政策、推动产业结构优化升级等职能职责，却将环保整治视作全区经济增速下滑的主要原因之一，将环境保护与经济发展对立，重发展轻保护的思想严重，特别是通过环保“背锅”，试图推脱自身责任、干扰政府决策。[2]

[1]　齐佩利乌斯．德国国家学 [M]. 赵宏，译．北京：法律出版社，2011：19.

[2]　邢飞龙．中央第二环保督察组向宁夏回族自治区反馈“回头看”及专项督察情况 [N]. 中国环境报，2018-10-19（8）.

【事例二】河南省鲁山县政府在饮用水水源地一级保护区开展“清障疏浚”工作时未考虑对水源保护的影响。《鲁山县沙河、荡泽河2017—2018年度河道清障疏浚工程实施方案》中没有开展水源地保护的有关内容。鲁山县政府明知沙河昭平台水库至白龟山水库段均属于水源地一级保护区，但在开展清障疏浚工作中，从方案制订到施工组织，均未考虑对水源保护区的影响。[1]

【事例三】大理白族自治州“十二五”“十三五”期间涉及洱海流域旅游产业发展的规划，未依法开展环境影响评价，州政府存在违规审批旅游规划的情况。2016年中央生态环境保护督察反馈指出的“苍山洱海国家级自然保护区没有依法报批旅游发展规划，在保护区范围内开展旅游活动”问题，至“回头看”工作组进驻时尚未整改。大理市、洱源县组织编制的多项旅游发展规划未充分考虑环境承载力，部分项目与洱海保护要求不符，洱海流域旅游发展处于无序状态。[2]

【事例四】桂林市灌阳县2017年以来4次召开政府专题会议，研究对高耗能高污染铁合金企业电费扶持事宜。共对8家铁合金冶炼企业补贴2928.4万元。[3]

【事例五】江西九江共青城市政府、南昌市南昌县政府违规撤销了列入国家自然保护区名录的共青城南湖湿地和瑶湖两处保护区。[4]

以上事例反映出当前许多生态环境问题的产生与地方政府的行政决策有很大关系。突出反映在以下两个方面：①地方环保让步经济发展，造成“政府主导型”环境问题。在目标考核和财政压力之下，地方官员把绝大部分由政府直接或间接控制的资金和资源投入能够刺激经济增长和财税增长的项目上，[5] 以致地方政府及其部门违规决策，

[1] 平顶山市鲁山县在水源保护区以疏浚之名行采砂之实[N]. 中国环境报，2018-10-22（3）.

[2] 洱海流域无序开发，严重破坏生态环境[N]. 中国环境报，2018-10-23（7）.

[3] 谢佳沥 . 中央第五环保督察组向广西壮族自治区反馈“回头看”及专项督察情况[N]. 中国环境报，2018-10-22（8）.

[4] 陈妍凌 . 中央第四环保督察组向江西省反馈“回头看”及专项督察情况[N]. 中国环境报，2018-10-17（2）.

[5] 汪锦军 . 纵向政府权力结构与社会治理：中国“政府与社会”关系的一个分析路径[J]. 浙江社会科学，2014（9）：128-139.

违法审批，擅调规划，从而引发规划布局不当、产业结构失衡、“散乱污”企业失控、生态环境破坏等许多问题。毋庸讳言，这类“政府主导型”环境问题正是目前各地难以根除的“老、大、难”环境问题的重要组成部分。[1] ②地方政府决策科学性不强。不科学的决策不仅不能实现其设定目标，还会产生负面的影响。由于长期以来形成的粗放发展模式，地方政府在决策中忽视生态环境保护的例子比比皆是。很多时候，地方政府的空间和产业发展规划缺乏详细论证和实证调查，决策科学性无法得到保证，导致企业在错误的地方投资建设错误的项目，运行十几年甚至仅短短几年便不得不搬迁，这种现象在各地都有发生。[2]

地方政府在国家权力“金字塔”结构中居于“基石”位置，对于维护结构的稳定至关重要。《中共中央关于全面深化改革若干重大问题的决定》在加快转变政府职能一章提出，直接面向基层、量大面广、由地方管理更方便有效的经济社会事项，一律下放地方和基层管理。……加强地方政府公共服务、市场监管、社会管理、环境保护等职责。这意味着地方政府将承担更多的生态环境决策职责。在相关权力下放的同时，也要从制度上避免可能存在的地方政府行为与公共利益相背离的情况。

二、环境群体性事件考量政府应对

当前，环境问题对社会和谐稳定有重大影响，已经成为造成群体性事件的最主要原因之一。据统计，在 1996—2006 年的 10 余年间，全国因环境问题引发的群体性事件上升 11.6 倍，平均递增 28.8%。[3] 在整个 2012 年，由于污染项目引起的环境冲突层出不穷，浙江宁波

[1] 但家文．“政府主导型”环境问题还得靠政府来破解 [N]. 中国环境报，2018-10-12（3）.

[2] 贺震．以优质环保服务促高质量发展 [N]. 中国环境报，2018-10-19（3）.

[3] 张玉林．中国农村环境恶化与冲突加剧的动力机制：从三起“群体性事件”看“政经一体化”[M]// 吴敬琏，江平．洪范评论．北京：中国法制出版社，2007：196.

镇海区 PX 项目群体性事件、四川什邡市钼铜项目群体性事件、江苏启东市王子制纸排海工程群体性事件、上海松江区垃圾焚烧厂群体性事件等，无一不引人关注。

（一）浙江宁波镇海区 PX 项目群体性事件

2012 年 10 月 22 日，数百名宁波镇海区的村民，以某化工企业（PX 项目）距离村庄太近为由，集体到区政府上访，抵制引进 PX 项目，造成群体性事件。26 日事件扩大，村民与警方发生了激烈冲突。10 月 27 日、28 日，抗议活动蔓延至宁波市中心的天一广场和宁波市政府。事件在宁波市政府将 PX 项目下马的消息中落下帷幕。

镇海区年产 1500 万吨炼油、120 万吨乙烯扩建工程（简称镇海炼化一体化项目，含 PX 装置），由中国石化和浙江省人民政府于 2009 年确立，是"十二五"期间国家化工产业振兴计划确立的重点生产力布局规划项目。如果该项目投产，将给宁波带来近千亿的年产值，宁波市政府对此项目保持了巨大的热情。按照 10 月 24 日镇海区人民政府办公室的回应：镇海炼化一体化项目还处在前期阶段，下一步将进行环境影响评价、能源评审等相关报批程序，环评阶段项目的相关信息将在媒体公示公告，充分听取与吸纳网民和广大群众对项目建设的意见建议。[1] 尚未进入项目环评阶段，民众就开始使用自力救济，表现出对 PX 项目的不安和反感。这实际上是对地方政府部门在进行产业发展规划和招商引资的相关决策时忽视民众知情权、参与权、表达权、监督权的不满，矛盾也由此而激化。事件的发生考验政府的应对，家长式的管制模式，忽视事前的沟通与协商，无法满足市场主体日益增长的环境意识和权利诉求，也使得政府只能事后被动做出反应。

---

[1] 对于这一事件的回顾，参见詹国彬，许杨杨 . 邻避冲突及其治理之道：以宁波 PX 事件为例 [J]. 北京航空航天大学学报（社会科学版），2019，32（1）：46-56.

（二）四川什邡市钼铜项目群体性事件

2012 年 6 月 29 日，四川宏达股份有限公司为什邡市钼铜冶炼厂奠基。开工典礼后的第二天，由于担心项目引发的污染问题，开始出现市民聚集，要求暂停该项目，随后事件逐步升级，并引发暴力冲突。事件发生后，当地政府通过微博、广播、电视发布相关消息，引导市民通过依法合规的渠道咨询或反映情况，面对面解释，听取意见和建议，并邀请有关专家进行电视访谈，消除疑虑和担心。之后，什邡市委、市政府发布通告，明确表示“钼铜项目不再建设”。[1]

宏达钼铜项目是四川省委、省政府确定的“十二五”期间重大产业项目，是“5・12”地震灾区产业发展振兴的重大支撑性项目，也是什邡市委、市政府经过努力争取而引进的项目。项目将有助于增加财政收入，促进就业，刺激经济增长。早前已通过原环保部的环评审批。应当说，依照现行法律规定，在该项目的立项和审批过程中，政府行为似乎并无不当。然而，形式上的合法，并不能保证其可接受性。作为地方政府的规划项目，同样是可能引发污染，同样是招商引资而来，与宁波镇海区 PX 项目不同的是，该项目已经通过了环评审批。尽管现行的环评制度规定了信息公开与公众参与的内容，但实际上直到开工仪式的新闻报道出现后，大部分居民才知道它的存在，民众意见未能在规划和项目环评阶段得到有效表达，只能选择以群体性事件的方式表达不满。

（三）江苏启东市王子制纸排海工程群体性事件

2012 年 7 月 28 日，江苏省启东市发生一起因政府修建排污设施而引发的大规模群体性事件。起因是江苏省南通市政府批准通过了日本王子造纸排海工程项目后，当地民众担心修建的排污设施会造成环境污染，严重影响渔业养殖和正常生活。在官方发布“永远取消有关

---

[1] 过程结果能否均无遗憾？[N]. 中国环境报，2014-04-04（8）.

王子制纸排海工程项目”的公告后，事件在当天下午得到平息。[1]

日本王子造纸排海工程项目被看作对南通发展起到“重要推动作用”的重量级项目，经测算，该项目建成投产后，每年税收可超过7亿元。对这个大型项目的进入，南通市态度积极，提出为之建设一个配套工程——排海工程，排污口最终选在启东市境内海域。此次事件不仅涉及招商引资决策，还有政府投资行为的决策。从2002年9月到2012年7月，南通市的“大型达标水排海基础设施工程”在进行了十年后，最终永久取消。十年里，反对的声音从未消失过，且不仅来自民间，但行之有效的沟通却屈指可数。[2] 以项目为中心的决策过程缺乏“民意”和严谨的科学论证，漠视民众权利，导致民众在对常规诉求表达渠道失去信心后，转而通过抗争行为表示不满，终致事态恶化。

（四）上海松江区垃圾焚烧厂群体性事件

上海松江区垃圾焚烧厂事件是由于民众担心政府垃圾焚烧项目可能产生的环境污染而引发的群体性事件。该垃圾焚烧项目拟投资2.5亿元，计划于2012年底开工，2013年投入使用。上海市环境科学研究院（环评委托机构）于2012年5月22日发布《上海市松江区固废综合处置厂技术升级工程环境影响评价公示》，公开环境信息和征求意见，有效期限自发布日起10个工作日内。5月27日，环评工作刚刚启动，就有四五百名居民聚集在松江大学城地铁站附近，自发地进行“散步”活动，表达强烈反对的诉求。6月2日，民众聚集到万达广场前，再次通过“散步”的形式表达他们的诉求。[3]

在此次事件中，理性与非理性并存。民众选择了在环评公示期内表达诉求，但却未按其规定的方式，而是通过集体抗争的方式反映情

[1] 郝洪．“环境敏感期”的新考题 [N]. 人民日报，2012-7-30（9）.
[2] 李艳洁，李宾．环境群体性事件：政府执政新考验 [N]. 中国经营报，2013-01-07（8）.
[3] 对于事件过程的详细考察，参见王奎明，于文广，谭新雨．“中国式”邻避运动影响因素探析 [J]. 江淮论坛，2013（3）：35-43.

绪。从某种程度上讲，民众的参与并没有被行政机关视为一种权利。民众希望以理性的方式反映诉求，但既有参与方式显现出软弱与无力，且影响有限，只有以非常规的方式才能引起政府重视。这也反映出现行法律规定的“符号化”，其象征意义远大于实质意义，法治化路径不仅依靠公民理性的提升，更在于使行政机关在决策之时认真对待民众诉求。

（五）小结

近年来发生的一系列针对建设项目的街头抗议事件，都是典型的由邻避活动（Not In My Back Yard，NIMBY）所引发的环境群体性事件，反映出一种“不要建在我家后院”的心理情结与政策诉求。邻避活动是指居民或当地组织因担心建设项目（如垃圾场、核电厂、殡仪馆等所谓“邻避”设施）对身体健康、环境质量和财产价值等带来的负面影响，自发地或有组织地以游行的方式对这种设施的规划和兴建表示反对的一种公开的社会活动。邻避设施有益于普遍的社会利益，但设立这些设施所衍生的成本却单单集中于周围居民身上，例如，冲击房地产价值、影响身体健康，降低生活品质，等等。[1]邻避活动一方面体现了民众对非“以人为本”的、以牺牲环境为代价的粗放的经济发展方式的反对，另一方面体现了民众的主体意识、权利意识和参与公共事务的意识的觉醒和提高，以及他们对国家治理体系和治理能力的更高要求。邻避活动一般以地方政府为诉愿对象，要求政府停止或改变关于有关规划或建设项目的决定。由于互联网通信的普及，邻避活动能够迅速联系众多的民众上街游行示威，对政府的行政、社会管理和公共秩序构成不可忽视的挑战。因此，正确认识和应对邻避活动，是中国国家治理体系和治理能力现代化过程中不可回避的一个重大问题。

从发生的时间上看，这四起环境群体性事件均属于“事前预防型”，

---

[1] 汤京平，翁伟达．解构邻避运动：国道建设的抗争与地方政治动员 [J]. 公共行政学报，2005（14）：125–149.

针对尚未上马的项目。与受到现实损害的“事后救济型”抗争不同，在此“可能的环境风险”足以引起一场风暴。在环境群体性事件中，各方主体间的关系是对抗性的，结果是失衡的。无论是政府、企业，还是民众，在或输或赢的抗争中，都面临失败的危险，整个社会利益不会因此而增加，最终产生零和博弈。

对于政府而言，环境保护仅是行政管理职能的一项，经济增长、税收、就业、社会稳定等都是其重要工作，也是上级政府的重点考核指标。在对抗性的关系中，即便是出于公共利益的考虑，例如建设垃圾焚烧站，也会因为非理性的抵制而流产。表面上是反对地方政府忽视环境保护，背后却反映出复杂的利益关系和权利诉求，决策参与权没有保障、自身利益得不到补偿、诉求表达渠道受阻等，最终以环保的正当性充当了集中爆发点。“当初的决策过程未能充分听取民意，一旦街头闹事又仓促宣布下马，政府如何平衡各方利益诉求，真正成为调和鼎鼐的市场守夜人，而不是利益一方，甚至最为强势的一方？”[1]一方面是政府官员作为“经济人”的预期利益，另一方面是作出决策时的轻率，“只要出现大规模抗议，政府会立刻改变之前决定”，政府显然已经陷入了决策—抗议—妥协的困局。政府没有很好地履行其行政管理职能，不仅造成了环境保护问题上的“政府失灵”[2]，而且极大地损害了政府的公信力。

对于企业而言，前期投入了大量成本，却因民众的抗争而被迫停建，造成投资损失，企业也成为环境群体性事件的受害者。在政府的维稳机制下，项目是否合理、合规已是次要因素，企业的合法权益也显得微不足道。虽然项目可能具备技术基础，比如什邡宏达钼铜矿项目属于四川灾后重建国家支持的项目，技术并不落后，环保力度投入并不小，又比如宁波镇海炼化一体化项目仅治污设备就投入36亿元，

[1]　祝华新．尊重民意的政府将大幅提升形象[N]．中国青年报，2012-07-30（3）．

[2]　“政府失灵”是指政府为纠正市场失灵而进行的干预措施无法提高资源配置效率的现象。参见大辞海编辑委员会．大辞海：环境科学卷[M]．上海：上海世纪出版股份有限公司，2006：264．

但由于缺乏事先与民众的沟通与协商，导致抗争不断。事实上，很多因为民意而刹车的项目，审批过程都是合法的。但是，由于缺乏沟通造成了项目的正当性基础不足，法律的权威性受到质疑。合法投资的企业更是心冷，干脆不来投资，进而影响到地方的投资环境。

对于民众而言，权利意识和环境意识的显著增强，作为一种社会力量不断崛起和发展。但由于缺乏理性的汇纳渠道，这种社会力量呈现出无规则、无秩序的特点，显现的时机不固定，危害和影响难以控制，容易对社会稳定带来不良的冲击。民众作为理性的个体，倾向于追求自身效用最大化，在自身利益受到侵害时，往往会选择通过一定途径和方式表达合理关切。当民众意见失真，对正常申诉途径失望时，就会转而选择“自力性救济”，导致参与方式的非理性。结果常常是“所发出的声音越大，所用手段越激烈，越有可能获得满足”。虽然民众的环境保护诉求得到暂时满足，但地方经济的发展依然需要继续，看似胜利的一方也需要承担由此带来的负外部性，其实也是受损者。如何将这种社会力量引入法治轨道，发挥有益的一面，与政府主导的社会治理相得益彰，是“环境敏感期”各级政府必须面对的一道考题。

涉及环境的问题，与民众的生活高度相关，往往具有公共性的特点。例如，“清洁的空气是一种公共物品，从本质上它不适用于私有权。因为它是易于流动的，所以本质上说来它是一种公共领域……环境方面的公共物品不是某些人的私有财产，所以没有人争着去保存或恢复它”。[1] 这意味着涉及公共利益的环境问题，需要以政府作为主体进行管理，政府决策的起点应当是公益。然而，“无论是国家还是市场，在使个人以长期的、建设性的方式使用自然资源系统方面，都未取得成功”，这就需要通过有关各方的互动，克服彼此的不足，合力解决问题。如果有关决策时相关利益主体缺位，不仅难以避免政府官员“私利”的存在，而且民众意愿反映渠道的不畅会直接影响到决策的正当

[1] 彼得·S. 温茨 . 环境正义论 [M]. 朱丹琼，宋玉波，译 . 上海：上海人民出版社，2007：118.

性，造成决策执行障碍，进而导致环境群体性事件的频发。

在中国，针对邻避活动的制度建设，不应是单纯地为了“维稳”或维护街头秩序的平静，而应是为了国家和地方的长治久安和人民安居乐业。它是为了满足民众对公共事务的参与意愿，提供比街头抗议更好的，合法、方便、有效、社会成本最小的正式渠道。

减少甚至消除邻避活动的一个前提是政府有关规划和建设项目的决策必须是正确的。如果政府决策是错误的，那么邻避活动在所难免。正确的公共决策要以科学和民众的根本福祉为依据。以科学为依据，就是在规划地方经济发展和建设项目时以事物发展的客观规律为依据。规划和建设项目决策所涉及的科学，不仅包括自然科学，而且包括人文社会科学。决策者需要运用自然科学和人文社会科学的知识对有关的规划和建设项目做出全面理解和正确判断。以民众的根本福祉为依据，就是在规划地方经济发展和建设项目时，有关的公共决策以人为本，以地方和国家的绝大多数人的利益为上，正确处理短期利益与长期利益的关系，正确平衡多数人与少数人之间的利益。在大量的“邻避”事件中，民众表达了对地方政府的规划和建设项目决策的不信任。这种不信任的一个重要原因是认为地方政府有关规划和建设项目的出发点不是以人为本，而是以官员的短期政绩为本，决策过程缺乏民意支撑。而地方政府的官员往往觉得委屈，认为有关决策是为了发展地方经济，改变地方贫穷面貌，提高地方居民生活水平。在不少邻避事件中，由于民众的抗议，当地政府不得不停止或永远放弃有关的规划或建设项目。这种改变初衷的决定，实际上确认了民众对政府当初决策失误的看法，使政府决策的正确性和公信力大打折扣。

三、化工产业的定位与规划——以上海为例

化工产业虽在邻避活动中首当其冲，但其也是国民经济的重要支柱产业，产业关联度高，产品应用范围广，在工业经济体系中占有重

要地位。化工产业一方面是汽车、生物医药、航空制造业、新材料等重点产业原材料的主要来源，与人民生活息息相关；另一方面由于其污染特性，成为环境风险和污染防控的焦点和重点。当前，我国正处于制造业向高端转型发展的新阶段，化工产业的发展既面临重大机遇又面临严峻挑战。如何在降低邻避活动和环境风险的同时促进化工企业的发展，做到经济发展与环境保护的“双赢”？本书结合上海的实际，从化工产业的定位与规划方面作出探讨。

（一）上海化工产业面临的问题和挑战

1. 对化工产业支撑作用的认识有待提高

化工产业历来是上海工业的一个重要组成部分，也是该市六个重点工业行业之一。化工产业是钢铁、装备制造、汽车、生物医药、电子信息等产业的原材料主要来源。重点、新兴产业的发展离不开化工产业的支撑。例如，航空业需要大量的航空汽油，战略性新兴材料产业中的有机高分子材料来自石化产业。新能源、航空制造业、新能源汽车无一不和化工产业有关。比如，飞机上使用的高性能碳纤维、汽车装备的特种工程塑料、新能源领域的功能膜、聚氨酯高端的合成橡胶等，无不产自化工产业。化工产业每一份工作可带动多份服务业运作。如果没有化工产业的规模支撑，上海市企业服务共享中心、物资管理中心、人事管理中心和研发中心有可能会缩减规模甚至外迁。不论是产值、利润，还是就业、经济安全，都表明化工产业在上海经济中占有重要的地位，对上海整体制造业的发展有不可或缺的支撑作用，不是可有可无的。但由于化工产业的环境和安全风险，社会上乃至政府中都存在简单的“去化工”的思想，“谈化色变”，没有将传统的污染严重的化工与新兴、高效、清洁的化工相区别。

2. 化工产业总体占地比重过高

上海市的工业用地总量偏大，用地绩效有待提升。虽然中心城区基本无工业地块，但九个郊区约有近100个工业地块，相当于一个镇保留一个工业地块。当前上海正在推进对工业用地的规模控制，提出了“规划建设用地规模负增长”和“以土地利用方式转变倒逼城市发展转型”的新要求。在这个形势下，化工行业作为六个重点工业行业之一，相对于本市总体土地面积用地占比过高，需要从总量和绩效上进一步控制。

3. 大宗基础化工比重较高

从总体上看，上海的大宗基础化工比重较高，高端化工产业比重偏低，部分高附加值、高技术含量的化工产品，特别是为航空航天、电子信息、节能与新能源汽车、生物医药等战略性新兴产业配套的先进材料等精细化工产品严重依赖进口。如果大宗基础化工不加控制，城市环境压力可能会增大。

4. 化工企业对发展前景有一定的不确定感

在环保力度不断加强的形势下，由于规划调整、排放标准提高而导致的搬迁或关停对企业的影响很大。相关政策引起化工企业尤其是外企的成本增加，回报率过低，不确定感上升，投资信心不足。企业认为政府对现有园区的发展定位不够清晰，担心发生搬去新址后由于规划发生变化而出现再次搬迁的情况，希望政府的规划能有一定的前瞻性和稳定性。

5. “规划打架”问题比较突出

规划和产业布局冲突矛盾是上海市化工产业发展面临的一个突出问题。总的来看，上海化工区、高桥石化、金山石化、金山二工区、奉贤分区、星火开发区、吴泾工业区和桃浦等化工区，普遍存在生活、旅游区包围工业区，主体功能区规划落实不够的问题。杭州湾北岸区块之间缺乏联动规划和发展。该区块从东至西，依次分布着星火开发区、奉贤大学城、奉贤化工分区、上海化工区，规划中的金山区海洋生态功能、会展、娱乐项目，金山新城南延伸段，石化街道、金山卫镇，上海石化。化工区—生活区—化工区—旅游、文化、生活区—化工区相互交叉，虽然单个规划存在合理性，但整体规划存在冲突，由于功能不相容，导致难以和谐相处。

“规划打架”问题的原因有：

（1）中央与地方规划的冲突

例如，龙泉港以西的七个以海洋、生态、文化、娱乐、会展功能为主的规划是从交通运输部的层面规划设计，难以避免与该市的既有规划产生冲突。

（2）上海市部门间审批权限的不统一

海岸带的相关审批与陆地的相关审批分属不同部门，导致整体规划无法统一。

（3）区级规划与市级规划的矛盾

在区级规划上，生活区和房地产项目的不断扩张，使得化工区的原有规划土地不断遭到蚕食、缓冲区不断缩小。例如，上海化工区的生存空间不断受到周边金山新城等规划的挤压，星火开发区与社区居民矛盾突出。

总的看来，上海化工行业虽然取得了很大成绩，但也面临许多突出问题，如产业结构不合理、资源环境问题突出、节能减排任务艰巨、自主创新能力不足等。破解这些难题，既需要政府加强相关决策的顶层设计，提高管理的精细化程度；也需要企业增强社会责任，主动实施绿色化改造。

（二）上海化工产业绿色发展的对策建议

1. 合理确定化工产业在城市中的定位

在新一轮城市总体规划中，上海的城市定位是到 2040 年建设成为综合性的全球城市，国际经济、金融、贸易、航运、科技创新中心和国际文化大都市。因此，需要在顶层设计上进一步明确化工行业在上海经济和社会发展中的地位，以及化工行业调整带来的经济和社会影响。为此，应当做好四项比较和权衡。

①将上海与国外同类型城市相比，明确上海的化工产业在全球化工产业体系中的位置。要查明上海在全球化工产业布局方面的优势与短板，找出上海化工产业相对于上海的土地面积和承载力的合理比重，定位未来发展方向。

②结合目前的产业基础，权衡化工产业对上海经济的整体影响，包括 GDP、税收、就业等各方面。不能只关注化工产品本身，还要看化工行业对新兴产业的实际作用、其正面溢出效应等。在综合衡量以上因素的基础上，明确化工行业在上海城市发展中的定位。

③根据上海的资源禀赋和环境容量，权衡化工行业的规模、比重和布局。上海生产的化工产品除了市内供应，还要供应长三角区域和国外，这就有可能把污染留在市内，而产品在市外消费。控制工业减排的最好方式是前端的规划，因此应当根据城市空间测算出所需的产能，实施生产规模总量控制。

④权衡化工园区附近的健康风险。认识的局限和偏差会高估或低估环境风险，因此需要运用流行病学和动物检验法深入研究化学工业造成的癌症、哮喘、神经系统、生殖系统等疾病的概率，为政策措施的出台提供科学基础。

2. 提升产业政策的科学性和透明度

化工作为一个产业链，在有关政策制定时应当重视上下游产业的联动，不宜切断整个产业链的循环经济和绿色发展。以炭黑为例，其最主要的生产原料之一煤焦油，如果不交给炭黑生产的话只能被烧掉，二氧化碳、二氧化硫等大气污染物将被成倍排放。再以硅产业链为例，整个生产链做到了很好的副产品的循环利用，如果砍掉中间任意环节，会破坏整体的和谐。因此，建议从整体产业链的角度提出上海推进化工产业绿色化改造的总体方案，支持企业加强绿色制造技术改造，打造绿色供应链。

此外，透明的决策过程为民众和企业提供合法、可控的意见表达渠道，这比公开的抗议和撤资要好得多，也更有建设性，让民众和企业有了更大的参与感和获得感，提升对政府的满意度，减轻政府的决策和执行压力。因此，建议进一步提升政策制定和决策过程的透明度，建立与化工企业、民众的沟通对话机制、及时全面了解各方诉求，增强企业和民众的合理预期，提升对相关政策的接受度。

3. 加强规划的纵向沟通和区域协调

在规划的纵向沟通方面，加强与国家相关部委有关规划的沟通，通盘考虑上海的城市建设和产业发展的需要，做好综合规划与专项规划的衔接协调，提升规划的科学性。在规划的区域协调方面，建立长三角区域化工产业绿色发展合作的长效机制，加强同长三角其他地区的协调和联动。定期协商，整体协调化工产业的规划布局、产业转移、产能过剩和跨界污染等问题，突出绿色产业链分工合作的市场导向，实施错位竞争，从生产源头防治污染，破解生态环境约束，提高绿色发展水平。

4. 形成部门工作推进合力

为了进一步提升相关决策的系统性和整体性，可以通过市政府联席会议或其他形式，对涉及工业制造业的重大问题进行协调与研究，形成推进合力。一是联合经信委、发改委、规土局、生态环境局、海洋局、交通委、绿化等相关部门，搭建规划大数据指挥平台，统筹协调相关各区和化学工业园区的规划，设定警戒线，增强政策的连续性。二是对化学工业园区发展中的产业配套、技术创新、生态保护、清洁生产、资源综合利用、产业安全、社区关系、发展方向等问题进行定期研究，及时反映国内外的最新动向，提供建设性方案，推进绿色示范园区建设。三是把好企业发展的源头关口，对申报企业必须进行严格的环评后才能许可生产，并定期检查。四是加快国内化工企业的转型升级，加快国企生产设备和环保装置的更新换代，制定并发布高端化工新材料产业和新领域精细化工产业发展重点指南，统计跟踪体系和定期评估报告制度，鼓励企业提高研发投入，加强科研成果的产业化应用，缩小与国际先进企业的技术差距，促使国内化工企业向产业价值链上游发展。五是实施园区生态林建设，不断提高园区绿化水平，完成产业区周边林带建设。

四、合法预期与信赖利益保护

环境具有动态性，相应的规范系统要保持灵活、能够根据外部状况和主导思想进行变革，以实现社会共同体的利益；但另一方面，人们同样要求法的安定性、社会生存基础的可信赖性以及规范结构的稳定性。因此，环境行政决策机关必须妥善处理好调整变动和保持安定这两种互相冲突的需求之间的关系。

（一）上海勤辉混凝土有限公司诉上海市奉贤区人民政府案

1. 基本案情

上海勤辉混凝土有限公司（以下简称“勤辉公司”）成立于 2006 年 2 月，位于黄浦江上游沿岸，经营范围包括混凝土生产、加工、销售。2010 年 3 月，该公司住所地和实际生产经营地被划入上海市黄浦江上游饮用水水源二级保护区。2015 年 2 月，上海市奉贤区人民政府（以下简称“区政府”）以勤辉公司在饮用水水源二级保护区内从事混凝土制品制造，生产过程中排放粉尘、噪声等污染物为由，根据《中华人民共和国水污染防治法》（以下简称《水污染防治法》）第五十九条第一款之规定，作出责令该公司关闭的决定。勤辉公司不服诉至法院，要求撤销上述决定。

2. 裁判结果

上海市第一中级人民法院一审认为，原告从事的利用混凝土搅拌站生产、加工、销售混凝土的建设项目具有排放废气等污染物的特征，属于《水污染防治法》第五十九条第一款规定的在二级饮用水水源保护区已建成排放污染物建设项目，被告区政府责令其关闭，事实认定清楚，适用法律正确，遂判决驳回原告诉讼请求。勤辉公司上诉后，上海市高级人民法院二审认为，勤辉公司从事的混凝土生产客观上存在粉尘排放，按照常理具有对水体产生影响的可能性，现有证据不能证明该粉尘排放确实没有对水体产生影响，区政府责令其关闭，于法有据，故判决驳回上诉，维持原判。

3. 典型意义

本案是涉及饮用水水源保护的典型案例。饮用水安全与人民群众健康息息相关。近年来，饮用水水源安全问题备受社会关注，2008 年修订的《水污染防治法》明确了国家建立饮用水水源保护区制度，规定禁止在饮用水水源二级保护区内新建、改建、扩建排放污染物的建设项目，已建成的排放污染物的建设项目，由县级以上人民政府责令拆除或者关闭。“十三五”规划中明确要求，“推进多污染综合防治和环境治理，实行联防联控和流域共治，深入实施大气、水、土壤污染防治行动计划”。本案中，虽然涉案区域被划为二级水源保护区系在勤辉公司成立之后 4 年，但是该公司继续生产排放粉尘等污染物可能会对水体产生影响，故人民法院依法支持了区政府做出的责令关闭行政决定，有利于保护人民群众饮水安全。其后，政府对因环保搬迁的企业应当依法给予合理补偿。[1]

本案中，一审判决书提到，“原告提出其建设项目建成时间早于其生产经营地被划入饮用水水源二级保护区的时间，也早于《水污染防治法》实施时间，被告适用《水污染防治法》处罚系法律适用错误。本院认为，原告违法行为系持续行为，《水污染防治法》实施后仍未停止，故被告适用《水污染防治法》对原告实施处罚并无不当，对原

[1] 人民法院环境保护行政案件十大案例（第二批）[N]. 人民法院报，2016-03-31（3）.

告的意见不予采信”。一审判决书主要对《水污染防治法》的溯及力进行了阐述，表示勤辉公司的环境违法行为是持续行为，不受法律溯及力的影响。二审判决书改变了方向，指出“上诉人勤辉公司虽在《水污染防治法》修订并实施前即已存在，但其生产经营场所被划为饮用水水源二级保护区后，奉贤区政府按照《水污染防治法》第五十九条第一款对处于黄浦江上游饮用水水源保护区内排放污染物的建设项目作出被诉行政行为，于法无悖，符合保护环境资源，防治水污染，保障饮用水安全和人民群众生命健康的法律基本精神”。该案涉及信赖利益保护原则，因政策调整导致公司利益受损，应予合理补偿。但由于双方未能就补偿的方式达成一致，2018 年 7 月，勤辉公司向上海市第一中级人民法院提起行政补偿诉讼。这场旷日持久的诉讼也在拷问，行政机关在保护公共利益的同时，如何维护相关方的合法利益，从而避免后期的个案争议成本。从正当程序的角度看，上海市政府在作出黄浦江上游饮用水水源保护区划调整的决策时是否征求了利益相关方的意见，是否事前考量了环境公共利益与私人合法利益之间的平衡？该案在“强化节能环保指标约束，用法律、标准‘倒逼’产业转型升级”的背景下并非个案。如果能以法治化的制度安排规范环境行政决策，保护相对人的合法预期，将更有利于优化营商环境、提升市场信心。

（二）过渡性措施的存在依据

一般来说，为了维护相对人的合法预期，保障新旧法律的有效衔接以及法律调整状态的平稳过渡，立法者会在新修改的法律中明确规定新旧法律过渡时期法律的选择和适用。这种规定就是法律文本中的“过渡条款”。过渡性措施规定“乃在使主管机关充分之准备及于过渡时期为必要措施之时间，俾使新旧法律秩序的变革不对社会造成过大的冲击”[1]。因此，“过渡条款”是法律文本中的必备或必要条款。[2]

---

[1]　罗传贤．立法程序 [M]. 台北：龙文出版社，1993：94.
[2]　汪全胜．论法律文本中“过渡条款”的规范化设置 [J]. 法商研究，2013（4）：28-35.

以《中华人民共和国环境保护法》（以下简称《环境保护法》）的修订为代表，中国大量的环境法律进入了密集修改期。当法律变化打破既定的预期和承诺，是否需要减少以及如何减少规制成本？新的规定对于已存在的设计和设备，对于现有企业和正在进行的生产，可以算得上是一种挑战，也带来了相关的法律问题。什么时候它们被要求淘汰更新设备或者建设污染防治配套设施，成本由谁承担？依据规定新的申请可能会被拒绝，而对于已存在的授权，则可能依然有效，是什么允许它们维持生产？为什么它们被允许继续执行以前的条款，而不受新条款的限制？新法施行时对以前发生但尚在持续的事实或法律关系如何处理，是立法者始终面对的过渡问题，解决不当会严重影响法的实效和权威。[1] 不仅如此，在严格限制新污染源的同时，过渡性措施的采用，有助于鼓励已有的经营者或财产所有者积极主动地做出回应，推动法律的顺利实施，减少执行成本。

现实中，对于过渡性措施的运用存在两种情况。一种情况，面对压力，法律制定者提供过渡性措施，由各方承担最终的转向成本；另一种情况，恰恰相反，法律制定者不提供过渡性措施，反而利用过渡期，将成本和税赋施加于已有的企业或行为者。企业所进行的环保行为，更多的是考虑到成本和收益，积极动机的提供，需要在打破其预期利益的同时，给予相应的激励。一方面是环境保护涉及广泛的公共利益，以及民众日益增长的环境保护需求；另一方面则是已形成的既得利益，以及对信赖利益和法的稳定性的保护，过渡性措施其实就是对这些因素的权衡。自上而下的命令与控制模式已不足以解决环境问题的复杂性，[2] 有效激发行为主体的内在动因，也是环境法新治理模式的要求。

---

[1] 杨登峰．法的过渡条款的制定原理与方法：从《劳动合同法》的规避问题说起[J]．法学论坛，2009(6)：59-65.

[2] 通常认为，环境法的规制方法主要针对各种媒介，设定环境标准及排放标准，强制企业遵守。时至今日，不少人仍认为，可以通过加大处罚力度、减少管理漏洞，以更加严格的标准和执法，实现环境保护的最佳进路。但过于硬性的规定会阻碍污染控制技术的发展，相对人的参与协作不够、本地情势照顾不足，可能造成法律的实施成本过大或无效率，而所涉及的多重利益也常导致有关环境问题的“政府失灵”。对于命令与控制模式的批评，参见 DANA D A.The new contractarian paradigm in environmental regulation[J].University of Illinois Law Review，2000，2000（1）：35-60.

与一般民众出于环境考虑进行的选择相吻合，为企业提供积极的动机来改进环保行为，这样的指令代表着反省的模式。[1]

从规范性理论进行分析，支持过渡性措施者，如路易斯·卡普罗认为，中途改变规则是不公平的，变化应该只适用于新加入者。如果企业已经依照法律实际运营，那么此后要求其改变运营方式就是不公平的。[2]也有观点认为，规制变化（regulatory changes）导致投资价值的减少，这种情况下，政府可能以不公平行为减少投资价值，例如，通过宣称不符合新法而影响企业价值。此论点找出美国联邦宪法第五修正案征收条款作为支持：政府限制我的工厂进行生产，这不是像征收私有财产一样？联邦最高法院早期曾支持这种观点，并将投资回报期待（investment-backed expectations）纳入其对征收条款的分析。[3]反对者则认为，在现代行政国家规制是一个不争的事实，各种各样环境灾害总是迫切需要更新规制措施。[4]不容否认，一些过渡措施总是必要的，在合理的时间内由政府设定目标，并为实现此目标提供相应的技术支持和财政援助。问题是，许多情况下，矫枉过正的过渡性措施不仅会延迟环境目标的实现，也可能削弱新规定的实际效用。因此，保护信赖利益时须斟酌公共利益，如公共利益的要求大于信赖利益，则信赖利益就不值得保护。

在政治领域，法律做出的制度安排提供了政策转向的动力和路径。过渡规则的政治意义，可能远远超越了其手段本身，也超越了现行法律的稳定。法律制定者可以抓住一个政策转变点让现有经营者和行业承担新的规制要求，尽管行为实施时是合法的，但却有可能被追溯责任。又或者针对新污染源而保护现有企业，规制的成本转嫁给未来的

[1] 乔治·恩德勒，吕文珍．中国和欧盟环境法的比较 [M]. 上海：上海交通大学出版社，1999：17.
[2] KAPLOW L.An economic analysis of legal transitions[J].Harvard Law Review，1986，99（3）：509-617.
[3] 参见 Penn Cent.Transp.Co.v.New York City，438 U.S.104，124（1978）. 在法律规范之外，法官对待环境保护问题的态度，不免与国家经济形势以及民众的需求强弱相联系。
[4] HUBER B R.Transition policy in environmental law[J].Harvard Environmental Law Review，2011，35（1）：91-130.

参与企业，与现有企业相比，他们的组织不够强大、政治影响力更低。由于过渡性措施所带来的利益，增加了决策领域的寻租活动，企业可能基于竞争的目的而游说政府。布坎南指出，“运用如此之多的似是而非的观点来区别地对待不同的个人，以致最后区别性待遇成为强制性的办法，受到有组织的利益集团的操纵并使之理性化”。[1] 既要满足民众改善环境的迫切要求，也需要考虑技术成本以及缓和现有产业对加强规制的反对，环境保护目标的实现往往是各方利益博弈的结果，问题是如何公正透明地制定过渡性措施。同样是基于博弈的选择，在环境灾难面前，法律制定者则更有可能采取惩罚性措施，因为这时面临的政治压力更大。例如，美国《超级基金法》和《石油污染法》有一些重要的共同点：它们都是伴随着重大的环境灾难而产生。超级基金是受“罗浮水道事件”的影响，《石油污染法》则直接源于埃克森·瓦尔迪兹号油轮的石油泄漏。《石油污染法》针对现有公司，要求所有服务国内港口的油轮在短时间内升级到双壳体结构，而不是只针对新的油轮，在这种形势下，国会被迫提前报废一定数量的单壳船。

在经济领域，公共政策的变化，威胁或打乱了已确立的经济预期，最极端的情况是完全关闭污染源。从成本—效益的角度分析，内在的成本压力，会相应地改变被限制工业的结构和竞争动力。制度变迁的核心在于法律对转向成本的配置，最佳的目标是使各主体的边际成本相等。相对于新企业，老企业因已使用的技术和先期投资，治理成本可能会更高。当环境法律发生变化，政府需要提供过渡性措施，承担或者至少补偿各方的成本，以淡化变化所造成的影响。不能简单地要求特定群体去承担转向成本，而不提供丝毫救济。合理运用激励性政策工具，可以有效刺激行为者的动机，在追求其自身利益的过程中，实现环境目标。但在某些时候，过渡性措施也有可能产生负面影响。例如，区别对待现有企业和可能进入行业的企业，允许高成本生产者

---

[1] 詹姆斯·M. 布坎南，罗杰·D. 康格尔顿 . 原则政治，而非利益政治：通向非歧视性民主 [M]. 张定淮，何志平，译 . 北京：社会科学文献出版社，2008：82–83.

在长期可以获得并保持正利润，这种管制形成一种激励，使老的、污染高的企业的寿命比原来更长。[1]当老化的设备不受新法限制时，它的所有者会被激励延长使用，投资新的清洁设备的速度会减缓，在极端情况下将带来比没有进行政策转型时更多的污染。因此，每一种选择都包含了一套哲学和实践问题，需要法律做出完善的规定。

（三）过渡性措施的路径选择

如果说尚未设定的环境标准是一种政治挑战的话，那么设法改变长期实践中形成的惯性和限制正在使用的设施则是另一种不同的政治挑战。过渡性措施在一些情况下与整体规制补偿成本相匹配，但大部分情况，只是提供短暂的延迟或者有限的财政救济来刺激已有相对人，然后由各方共同承担政策转向的成本。在法律转向的过程设计中，制定者经常使用两种过渡性方式，时间救济（Temporal Relief）和财政救济（Financial Relief），[2]二者可以结合起来使用。

时间救济，即设定一段时间的过渡期，在此时间段内新的规制要求被延迟施行。无期限的永久豁免为完全不溯及既往，是时间救济的极端，已有行为主体不受新法的限制。一段时间的延迟为部分不溯及既往，依据时间表，现有企业或行为在此期间被豁免，负担被完全施加于新参与者。[3]此外，还有针对所有相对人的过渡期，在过渡期内新的规制要求整个被暂缓或者降低程度，所有经营者或财产所有者可以调整以适应新标准。相对人通过延迟与新标准有关的支出而获得有价值的救济，新标准在可预见的未来被要求全部遵守，或者由规制者

[1]　彼得·伯克，格洛丽亚·赫尔方．环境经济学[M]．吴江，贾蕾，译．北京：中国人民大学出版社，2013：187-191.

[2]　也有学者认为，通常采用的过渡方法主要有保留旧制、推迟施行、部分施行、逐渐施行、经济补偿等。参见杨登峰．法的过渡条款的制定原理与方法：从《劳动合同法》的规避问题说起[J]．法学论坛，2009(6)：59-65.

[3]　例如，美国《联邦水污染控制法》(《美国法典》第33卷第1316条第4款）规定："在不违反本章其他规定情况下，任何于1972年10月18日后开始建设并且符合执行标准的点源，不须遵守任何更严格的执行标准，期限为：自建设完成日起10年，或者国内税法规定的减价期两个时间中较短的一个。"第5款规定："自执行标准发布生效日起，任何新源所有者或操作者违反该新源适用规定进行操作，应被视为违法。" 参见毛如柏．世界环境法汇编：美国卷（二）[M]．北京：中国档案出版社，2007：484.

设立中间步骤直至遵守。过渡期的设置，允许已有行为的存在，体现了信赖利益保护原则的要求，同时有效降低了经济结构转型升级的阵痛。

在环境法律中，过渡性措施大多数情况下采取时间形式，推迟承担合法的规制负担。在美国，大量的环境法律只针对未来行为，现有产品或者正在经营的企业，完全不在规制范围。这种情况下，时间救济是永久的，现有经营者或财产所有者完全不受新法约束。这样的例子体现在相对小的移动污染源，比如汽车、卡车、割草机等。美国《清洁空气法》授权国家环境保护局制定的排放标准适用于大多数新的移动污染源，但不适用现有移动污染源，除了非常有限的情况。[1] 汽车、卡车和其他小排量设备的所有者和经营者通常没有被强制要求适用排放性能高的产品。因此，一个新割草机的购买者，能够在机器保持运转的时间内使用它，尽管以后的剪草机可能由于日益严格的规制标准要求提高排放控制系统。

另一些情况，不受新法约束是暂时的，通过确定的时间表或者某一触发事件终止既有行为。例如，美国《清洁空气法》规定州实施计划必须规定尽可能快地或不迟于自批准实施计划之日起三年之内达到初级环境空气质量标准，并明确规定达到二级环境空气质量标准的时间；规定为达到和保持初级和二级环境空气质量标准所必要的排放限值、达标计划和时间表以及其他措施。[2] 国家环境保护局、州政府往往通过与污染者反复协商，制订达标计划和时间表，使其逐步消减污染物的排放量。使用触发事件常常会产生对精确识别触发时刻的争论，

[1] 美国《清洁空气法》（《美国法典》第 42 卷第 7521 条）明确规定了新机动车或新机动车引擎的排放标准，第 1 款 3（4）改造行为规定：“署长应研究改造重型发动机的行为以及改造对发动机气体排放的影响。在此研究和其他可得到的信息的基础上，署长可提出控制改造行为的要求。署长如果认为任何改造的重型发动机（不管该发动机是否已经超过其法定使用寿命）的排放物，会导致空气污染，而且通过合理的估计会危害公众的健康或福利，同时考虑到成本，上述要求中可包括适用于这些发动机排放物的标准。署长若发现有必要允许开发和应用某一控制措施，则应在一段时期内恰当考虑采用这一措施的成本和能量、安全因素，而任何有关规章应在这一段时期后生效。”参见毛如柏 . 世界环境法汇编：美国卷（三）[M]. 北京：中国档案出版社，2007：992–1002.

[2] 王曦 . 美国环境法概论 [M]. 武汉：武汉大学出版社，1991：253.

而确定时间表的方式一般不易受到相互矛盾解释的影响。受规制的相对人可能在某种程度上控制触发事件的时机。因此，触发方式的优点也是其致命弱点：它的灵活性容易使反对者达成妥协，但也给予了相对人永远避免触发事件的激励和机会。美国的燃煤电厂不受《清洁空气法》的约束，就是这种情况下最坏的例子。1970 年法案和 1977 年修正案要求新企业遵守更严格的排放标准，但现有企业豁免。有证据表明，许多厂商已经接近使用期限，立法者要求这些企业只有在触发事件发生时才受到更严格排放标准的约束，直接导致老化发电厂存在的时间比预期更长。[1]

过渡性措施并不总是采取时间形式，政府也经常向受规制主体提供财政救济。这种救济有多种形式，从完全拨款和补贴到间接的金融工具，为达到更严格的标准而支付必要成本。可以通过直接财政救济，比如补助金、津贴等方式，或多或少地补偿相对人来缓解政策改变的压力，或者通过间接财政支持，比如税收优惠、免费的排放信用分配等方式，分担政策调整所带来的成本，进而帮助达到新标准的要求。

直接财政救济，政府以专项资金补助等形式，按照环境法律调整的步骤和工作重点，实现区域内的环境目标。财政救济提供资金的补贴，有助于替代与淘汰落后设备，可以有效激发相对人的内在动机，减少新法实施的阻力，顺利实现环境政策目标。例如，污染源治理项目补助、区域环境安全保障、污染防治新技术新工艺推广应用以及重要河道保护、特定物种迁徙路径保护等专项领域，对列入整治计划内的项目进行专项资金补助，减轻特定群体的政策转向成本负担。在美国，联邦政府大力补贴市政发展污水处理和饮用水基础设施建设。《联邦水污染控制法》设立了国家水污染控制周转基金，详细规定了为建立周转资金而给予州的补助金、资金形式的补助金协议、水污染控制专项周转贷款、资金分配、纠正措施、审计以及拨款等事项。1996 年

---

[1]　NASH J R，REVESZ R L.Grandfathering and environmental regulation：The law and economics of new source review[J].Northwestern University Law Review，2007，101（4）：1677–1734.

的《安全饮用水法（修正案）》创建了州循环贷款项目，联邦政府为循环贷款提供种子资金，促使地方政府进行水利基础设施建设。资金的提供与规制要求相联系，并因此减缓了法律修改的压力。作为一个政治问题，拨款、补贴和其他直接支付受到政客的青睐，因为迎合了特定利益集体支持者的要求，取得了既得利益者和现有企业的支持，使新政策顺利实施。但许多这样的支付，与特定行业、特定项目相联系，具有较大的随意性。同时，设定过于宽松的补助标准则有可能造成新的障碍，在某种程度上助长了现有的污染行为。那些相信会被新政策所庇护的各方可能不再有动力在未来的生产及管理中发挥领先作用。因此，依据不同的要求和情况，合理详细地制定过渡补助标准，就显得尤为重要。

间接财政支持包括税收优惠、免费的排放信用分配、环保科研基金以及超量减排奖励等方式。例如，美国《清洁空气法》规定的总量控制与交易制度，建立排放上限，在此之下分配排放配额，并促进配额的交易。目标是减少排放总量，在配额分配上现有排放可以得到过渡救济，一部分配额可以进行拍卖。该制度允许守法成本高的人向减排成本低的人购买配额，因此消除了排放标准在适用于现有污染源时的低效率问题。更常见的方式是基于历史排放获得免费初始信用配额。不受新规约束的公司因而获得可以在市场出售的许可证。相比之下，新的市场进入者则必须从开始购买信用，因而在市场中处于相对劣势。

总的来看，在具体的执法过程中，美国地方政府的执法者是以解决问题为出发点的，他们往往与企业或行为者进行协商，制定双方均同意的履行法律义务的日程表和方法。通过协商，一方面发出政府致力于执法的信号，另一方面则表明政府愿意帮助企业或行为者解决所面临的问题，合作以找出令人满意的解决方法。

中国的环境管理体制以传统的政府管制为主，运用行政命令来制止污染。行政命令作为强有力的合法工具，迫使那些造成严重污染的企业关门。一体化的环境法律体系，需要进一步完善多方参与的环保模式，以综合的方式处理环境问题，包括积极的、内在的动机，用于支持企业的积极转型，不仅仅依靠威慑和惩罚，借由协商与互动，使守法和执法更主动、更有效。

近年来，为了应对灰霾天气以及日益严重的环境危机，中国正在加快修订相关的环境法律，提升一系列的环保标准。更加严格的法律规定和环境标准不仅是环境保护的需要，而且是经济发展的需要。它不应当是强加于市场主体的负担，严格的规范能够也应当与产业升级和创造就业机会紧密联系起来。在这当中，过渡性措施应当得到重视和体现，为市场主体更好地转型升级创造条件、提供激励。

实践中，决策者已注意到运用过渡性措施，在环境标准的制定过程中考虑市场主体的预期，减少实施阻力。例如，2012 年修订的《环境空气质量标准》（GB 3095—2012）增加了细颗粒物（PM2.5）的监测指标，同时规定新标准发布后分期分批予以实施，根据不同地区的实际情况分步实施，部分污染重、有条件的地区应在 2016 年 1 月 1 日前提前实施。[1] 但问题在于如何通过规范的途径将过渡性措施融入规划、计划、项目的制定中，进而推动环境行政决策的法治化进程，实现公共利益和信赖利益的平衡。

五、海洋渔业资源保护的困境

近年来，中国近海渔业资源严重衰退，大部分经济鱼类已不能形成渔汛。在严峻的海洋渔业形势面前，中国政府以促进海洋事业的健康发展为核心，探索联合执法机制，组织开展专项行动，实施海洋督察制度，在渔业资源养护方面取得了积极进展。然而，由于传统和体

---

[1] 《环境空气质量标准》(GB 3095—2012)第 4.3 条规定："本标准自 2016 年 1 月 1 日起在全国实施。基本项目（表 1）在全国范围内实施；其他项目（表 2）由国务院环境保护行政主管部门或者省级人民政府根据实际情况，确定具体实施方式。"第 4.4 条规定："在全国实施本标准之前，国务院环境保护行政主管部门可根据《关于推进大气污染联防联控工作改善区域空气质量的指导意见》等文件要求指定部分地区提前实施本标准，具体实施方案（包括地域范围、时间等）另行公告；各省级人民政府也可根据实际情况和当地环境保护的需要提前实施本标准。"

制的原因，中国政府依靠超常的组织和动员能力，试图通过强化管制措施来改变近海“无鱼可捕”的现状。但危机似乎并未真正解除，既有的海洋渔业法律制度遇到了实施困境，近海渔业资源日益减少的趋势尚未得到有效遏制。如何完善法律制度，规范相关主体的行为，促进渔业资源的可持续利用，成为摆在立法和执法部门面前的一道难题。

（一）海洋渔业法律制度的生成逻辑

从表面上看，海洋是取之不尽，用之不竭的，是不可占领的；应向所有国家和所有国家的人民开放，供他们自由使用。[1] 然而，人类影响的加剧，威胁到海洋的长期生产力。连坚定的市场信徒都承认渔业是一个非常需要制定政策的领域，若不加管制的话，市场通常是失灵的。[2] 伴随着第二次世界大战后北半球渔业资源使用的惊人膨胀，在世界范围内产生了以自上而下的命令与控制手段为主要特点的政府管制模式。[3] 这种模式主要表现为基于许可证制度的管理，行政部门设定投入和产出控制指标强制渔业生产者遵守，对违反者施以严厉制裁。

在中国，国务院 1979 年颁布的《水产资源繁殖保护条例》要求建立渔业许可证制度，将自由入渔改为准入控制，并对捕捞的时间、水域、渔具和渔法等提出了要求。1986 年颁布的《中华人民共和国渔业法》（以下简称《渔业法》）强化了许可证制度，通过控制渔业人口来限渔。为加强渔船管理、限制捕捞能力，农业部 1987 年开始对海洋捕捞渔船船数和功率数实行总量控制。为养护渔业资源，农业部 1995 年正式实施伏季休渔制度。2000 年修改的《渔业法》明确了捕捞限额制度，规定对渔获量进行量化限制管理。总的来看，中国的海洋渔业法律法规体系以政府管制模式为主，基于渔业许可证制度、船

---

[1] 胡果・格劳秀斯 . 海洋自由论 [M]. 宇川，译 . 上海：上海三联书店，2005：24.
[2] 托马斯・思德纳 . 环境与自然资源管理的政策工具 [M]. 张蔚文，黄祖辉，译 . 上海：上海三联书店，2005：601.
[3] GRAFTON R Q，HILBORN R，SQUIRES D，et al.Handbook of marine fisheries conservation and management[M].New York：Oxford University Press，2010：88.

网工具控制指标制度、伏季休渔制度和捕捞限额制度，由政府自上而下地确定投入和产出控制指标并实施监管。对于违反规定者，施以没收渔获物和违法所得、没收渔具和渔船、吊销捕捞许可证、罚款等行政处罚，直至追究刑事责任。既对受处罚对象形成特定威慑，也对其他监管对象形成普遍威慑，继而保证制度的实施效果。这种模式的逻辑起点是，渔业生产者作为理性经济主体，受经济利益驱动，追求利润的最大化，当违法成本高于违法利益时就会选择守法，反之则倾向于违法。[1]有两个重要因素影响了守法状况：一是处罚的严厉程度；二是违法行为被发现与实施处罚的概率。因此，监管者往往通过提高处罚力度和执法频率来迫使监管对象出于对不利后果的恐惧而选择被动守法。这种模式的优势在于容易管理操作、短期效果明显。

在中国近海渔业资源几乎枯竭的背景下，以威慑为基础的管制极有必要。严格落实渔船“双控”制度，深入推进“绝户网”和涉渔“三无”船舶清理整治行动，开展伏季休渔专项执法行动，对于集中解决突出的违法问题发挥了重要作用。然而，单向度的管制方式具有天然的片面性：一方面为克服“市场失灵”而强化的监管者本身也有可能“失灵”；另一方面由于忽视监管对象的合作者角色，不易达成共识，很难形成常态化管理。这就导致了中国主要的海洋渔业法律制度在实施过程中不同程度地遇到了一些问题。

（二）中国海洋渔业法律制度的困境及其原因分析

1. 渔业捕捞许可和船网工具控制制度的困境

渔业捕捞许可和船网工具控制制度是限制捕捞力度的投入控制措施。《渔业法》第二十三条规定：“国家对捕捞业实行捕捞许可证制度。……批准发放海洋作业的捕捞许可证不得超过国家下达的船网工具控制指标，……”但投入控制措施往往会刺激渔业生产者创造新的

---

[1] MALLOY T F.Regulation，compliance and the firm[J].Temple Law Review，2003，76（3）：451–531.

方法、采取新的技术或工具规避监管，最大限度提高捕捞量。

为了在技术层面对渔具渔法加以限制，《渔业法》要求禁止使用或者限制使用的渔具和捕捞方法由国务院渔业行政主管部门和省级人民政府渔业行政主管部门规定。2014 年，农业部完善了海洋捕捞网具最小网目尺寸和禁用渔具目录，从多环节对违规渔具进行清理整治。据不完全统计，2015 年沿海各省共开展执法行动 1 万多次，出动执法人员 12 万人次，清理违规渔具近 26 万张（顶），使禁用渔具和“绝户网”蔓延态势得到一定程度遏制。[1] 然而，渔业生产者逃避监管的行为带来了巨大的执法压力。海洋执法相对陆地困难更多，执法成本更高，茫茫大海违法行为不易被发现、取证难，执法装备不足，人员编制有限等原因导致执法难成为海洋渔业管理的瓶颈。[2]

2. 捕捞限额制度的困境

限额制度是限制捕捞渔获量的产出控制措施。《渔业法》第二十二条规定：“国家根据捕捞量低于渔业资源增长量的原则，确定渔业资源的总可捕捞量，实行捕捞限额制度。……捕捞限额总量由国务院渔业行政主管部门确定，报国务院批准后逐级分解下达……”一般来说，通过在特定水域范围设定总可捕捞量，使鱼类种群维持在可繁衍水平，在不损害其繁殖潜力的情况下确定限额，从而支撑持续的产出。当产量低于最低种群规模的阈值时，则重新调整限额。但自上而下的逐级分解下达方式难以克服限额制度的不确定性。

首先，总可捕捞量所依据的种群评估具有不确定性。经验和模拟分析表明，即使有成本高昂的监测设备，评估方法有时也可能产生 50% 以上的错误概率，调查研究中得到的大量数据是不可用的。[3] 其次，对捕捞量的控制具有不确定性。即使具备充分的科学依据，监管的有

[1] 农业部渔业渔政局 . 中国渔业年鉴 [M]. 北京：中国农业出版社，2016：70.
[2] 黄进 . 广东探索海洋渔业保护联合执法机制 [N]. 南方日报，2016-12-14（A16）.
[3] National Research Council.Improving fish stock assessments[M].Washington，D C：National Academy Press，1998：95.

效性也难以达到预期的控制，因为准确控制实际捕捞量具有相当大的难度。最后，在限额分配和执行上的不确定性。沿海各地方政府出于各自的经济利益考虑往往在捕捞限额的分配上难以达成一致，或者在执行上无法落实到位。这些因素很大程度上阻碍了该制度的实施。

3. 伏季休渔制度的困境

海洋伏季休渔制度自 1995 年在中国管辖海域全面实施，是养护海洋生物资源的一项重要制度。《渔业法》第三十条规定，“禁止在禁渔区、禁渔期进行捕捞”。国务院渔业行政主管部门和省级人民政府渔业行政主管部门有权力采取禁渔措施。2017 年 1 月农业部发布《关于调整海洋伏季休渔制度的通告》，5 月全国海洋伏季休渔专项执法行动启动会在浙江宁波、辽宁大连和海南三亚同步举行。这标志着休渔时间更长、被纳入休渔范围的渔船更多、监管力度更大的海洋伏季休渔新制度首次开始实施。[1]

实施伏季休渔制度的目的是给每年夏季来到浅海产卵的海洋鱼类一个喘息的机会。但鱼类的产卵时间不尽相同，“一刀切”的做法不见得是最合理的。更糟糕的是，休渔期间积蓄的捕捞力量在休渔期结束后会立刻释放出来，据全国海洋捕捞动态采集网络监测数据结果，2015 年休渔期结束后，9 月全国海洋捕捞总产量为近 5 年同期最高，同比增长 15.86%，[2] 休渔制度产生的积极效果在休渔期结束后不长的时间内迅速消耗殆尽。

4. 原因分析

1986 年 1 月，全国人大常委会六届十四次会议在《〈渔业法草案〉审议结果报告》中指出，“中国近海渔业资源遭到严重破坏，应当合理安排捕捞力量”。三十多年过去了，中国海洋渔业资源持续衰退的局面并未得到有效扭转，甚至出现了水域荒漠化现象。中国海洋渔业

[1] 严冰，田佩雯．中国开启“最严休渔期”[N]. 人民日报（海外版），2017-05-05（2）.
[2] 农业部渔业渔政局．中国渔业年鉴 [M]. 北京：中国农业出版社，2016：52.

法律制度面临严峻的现实困境，究其原因可以归结为以下三点。

第一，以管制相对人为主，政府行为约束不足。管制方式严重依赖政府，行政机关与监管对象之间是控制与被控制关系。从公共选择理论的视角看，政府集体决策者与单独的个人并无二致，公共决策和执行不无例外地反映出个人的偏好和意愿。行政机关作为决策的制定者和执行者，其行为同样受到自身利益支配。由于这些利益往往与资源的管理绩效无关，这些监管者并不总是为"公共利益"服务，相反却是为其正在试图加以控制的利益服务，转而偏向特定利益集团，即所谓的"管制俘虏"。实践中，一些地方政府及其部门，在部门利益和地方利益的驱动下，出卖海域、滩涂使用权，围海、占海，侵害渔民利益的案例并不少见。[1] 地方政府决策和执行过程中有指向性的偏差，直接影响到渔业资源的实际监管效果。

第二，单向度的管制，未考虑本地情势。自上而下的决策和实施，缺乏沟通与交流，渔业生产者被动地接受行政机关管制，未能满足其参与决策和实施的意愿，一方面导致相关决策及其执行的合理性不足，另一方面造成守法的内生动力不足，摩擦不断。渔业生产者作为理性的个体自然知道采用"绝户网"捕捞幼鱼不可持续，但仍会尽力捕捞。这是因为，渔业自然资源的公共物品属性决定了，如果他们今天放弃捕捞幼鱼，就不能保证明天这些鱼还是他们的。从理论上看，若公共池塘资源是一种生物资源，如渔场或森林，逼近资源单位的极限不仅会产生短期的拥挤效应，而且可能会摧毁资源本身继续生产资源单位的能力。[2] 这种"挤出"效应降低了社区建立监督"搭便车"行为和发展社会资本以战胜资源保护困境的能力。[3] 在缺乏促使渔业生产者以其特定知识、由下而上参与决策程序的激励的情况下，外部监管者无法充分理解他们的具体动机而不能设计出有效的规则。虽然立法机

[1] 孙宪忠．中国渔业权研究 [M]. 北京：法律出版社，2006：324-403.

[2] 埃莉诺・奥斯特罗姆．公共治理之道 [M]. 余逊达，陈旭东，译．上海：上海译文出版社，2012：39.

[3] 埃莉诺・奥斯特罗姆．公共资源的未来：超越市场失灵和政府管制 [M]. 郭冠清，译．北京：中国人民大学出版社，2015：8-9.

关制定了大量、复杂的法律法规，但却不能不面临难以理解、难以落实的窘境。

第三，“运动式”执法优先，自组织管理阙如。采用急风骤雨式的统一执法行动往往可以在一段时间内使违法行为有所收敛。然而，海洋渔业问题的复杂性和多样性决定了行政机关不仅需要适应变化的环境和发展的技术，而且需要面对大量的中小监管对象、层出不穷的规避行为以及不同的地方实际和问题。由于假定渔业生产者是追求利润最大化、对资源不负责任的理性经济主体，因而对海洋渔业社区、合作社等具有内部管理功能的渔业生产者组织重视不足，[1] 虽然行政机关造就了日益庞大的管制机器，但“一刀切”的管控方式，无法填补管制漏洞，无助于投机的冒险行为，难以掩盖行政管制的疲态。同时大范围的执法行动也提高了执法成本。因此，这种执法方式不是解决海洋渔业法律制度困境的长效机制。

海洋渔业资源的保护和利用涉及多方主体之间的博弈。如果缺乏有效的制度安排，无论是作为监管者的地方政府还是作为监管对象的渔业生产者都不会选择采取合作行动，从而陷入多方面、多维度的“囚徒困境”。其结果就是，中国海洋渔业正经历着历史上最严重的衰退，不少近海渔场已经被彻底破坏，短期内很难恢复。这迫使我们必须考虑新的治理方法或制度安排，保障各方主体之间以相互协作和制约的互动关系为出发点，使海洋渔业资源得到养护和合理利用。

（三）迈向合作治理的海洋渔业法律制度

合作治理的前提是，相互依赖的个体同时受到经济和社会动机影响，能够意识到自己所处的资源困境和不确定环境，可以在相互信任的基础上依靠科学和传统知识建立合作规则，通过群体生活取得持久的共同利益。这也是之所以“无论国家还是市场，在使个人以长期的、

[1]　李延敏，崔红，宋磊．海洋渔业专业合作社的政府扶持及优化：债务融资能力的视角 [J]．中国海洋大学学报：社会科学版，2014（5）：8–12.

建设性的方式使用自然资源系统方面，都未取得成功；而许多社群的人民借助既不同于国家也不同于市场的制度安排，却在一个较长的时间内，对某些资源系统成功地实行了适度治理”[1]的逻辑起点。从这一起点出发，海洋渔业法律制度的治理模式通过形成保障各方主体合作治理的规则，为破解政府和市场的双重“失灵”提供了方向和路径。

1. 多元的治理主体为制度构建提供了基础

海洋渔业问题的复杂性和多样性，决定了没有一个主体可以单独解决，需要多元主体承担起保护和利用的责任。多元主体之间双层或多层的嵌套结构为治理模式的构建提供了基础。在确定的渔业资源边界内，由行政机关、从事捕捞的个人和社区等不同主体形成互补的双层或多层嵌套结构。各单元都拥有一定的自治权，平行的小单元可以嵌入更大的单元系统，在相互支持、相互监督的过程中取得平衡。行政机关处于嵌套结构的最外层，搭建起由专业人士和利益相关者组成的决策平台，提供“交互性守法”的制度环境，承担着协调者、实施者和监督者的职责。在嵌套结构的内层，有作出和实施决策的正式与非正式主体，以及为实施决策而建立的正式与非正式结构。从事捕捞作业的个人和社区以合作的方式、分担责任共同达成政策目标，他们既是资源的使用者，也是监督者和责任者。一方面利用嵌入当地生活的传统知识，确定合理的捕捞时间、空间和方法；另一方面协商制定本地化的规则，排除外来捕鱼者和本地违约者，这是在社区管理的近海渔业中发现的最普遍的机制之一。

在实践中，美国《马格努森-史蒂文斯渔业保护和管理法草案》（以下简称《渔业保护和管理法案》）经过两次重大修订，确立了一个由多元主体组成的完整的治理架构。其核心是通过建立 8 个半官方性质的区域渔业管理委员会，将政策的制定与实施主体相分离，这使得美国的渔业管理由政府管理为主转向由政府和利益相关者协商、共同参

[1] 埃莉诺·奥斯特罗姆．公共治理之道 [M]．余逊达，陈旭东，译．上海：上海译文出版社，2012：1.

与的模式。海洋渔业管理计划的制定权在一定程度上赋予了渔业生产者代表和熟悉当地情况的专家。商务部部长负责程序性审查和实施渔业管理计划，国家海洋渔业局和海岸警卫队负责具体的监督管理和执法。公共监督主要体现在参与相关政策制定、听证、对行政部门提起司法审查。法院不仅可以对执法行为的程序和实体的合法性进行监督，还可依据法律规定进行司法审查。多元主体之间的相互合作与制约保证了治理架构的稳定。

2. 双向的互动关系为决策制定提供了平台

单向度的政府行为不是治理，治理的核心在于政府与其他社会主体间的互动。这种互动是持续的、结构性的，某种程度上是制度化的；公私主体之间的区分是模糊的，界限是不固定和相互交叉的；政府行为不是单向度地施加于非政府主体，而是双向度地与之共同实施。[1]决策过程也由自上而下、命令加控制转变为源于并适应于地方情势的反思性路径，演化出适应不同生态条件、成本利润和分配习俗的本地化规则。同时，在互动的过程中，经由制度化的协商和差异化的选择也改善了各方的对抗性关系，增强了合规的内生动力。

从决策方式上看，集体参与决策制度是成功的渔业管理制度的先决条件和合理依据。[2]《渔业保护和管理法案》要求区域渔业管理委员会采用利益相关者和渔业科学家参与的集体决策程序，在充分考虑对渔业社区影响的基础上，为每个渔场制订渔业管理计划，评估和说明渔业的当前和未来可能的状况、最大可持续产量和最适产量，并在计划中确定年度捕捞限量、实施细则或年度规范要求，以严格的问责措施确保渔场内不发生过度捕捞。委员会的每次常规会议都应当在《联邦登记》上提前公告，并向民众开放。委员会还需设立由专家组

[1] FIORINO D J.Rethinking environmental regulation：perspectives on law and governance[J]. Harvard Environmental Law Review，1999（23）：441–470.

[2] 张涵，刘曙光 . 欧盟参与式渔业管理制度发展概况、类型及特征研究 [J]. 中国渔业经济，2017（3）：34–41.

成的科学与统计委员会和由渔业利益相关者组成的咨询委员会与咨询小组，分别负责提供科学建议和收集各方意见。在渔业管理计划的编制过程中，委员会应在合适的时间和地点召开听证会，以便听取所有利益相关者关于计划编制和修订的意见。一旦形成计划的终稿，还应对未采纳的意见作出解释和说明。商务部部长在收到计划后应在《联邦登记》上公告，接受评议。通过这样的方式，一方面增强了决策的科学基础，另一方面整合了利益相关者的传统知识和诉求，构建起各方主体双向互动的治理模式。

在限制准入特权的分配上，《渔业保护和管理法案》要求区域渔业管理委员会制定相应程序，确保初始分配的公平和公正，防止特权不公平地集中在一些人手中。限制准入特权方案组合了投入和产出限制，以捕捞配额和可转让配额的方式将渔场的总捕捞量份额分配给社区和满足资格要求的渔业生产者。渔场内每种受管制鱼种的捕捞总量在社区或“部门”间进行分配，每位渔民在该部门的捕捞份额中取得一定比例或个人可转让配额，可以在一个年度内全部或部分使用该配额，也可出售给部门内部和部门之间的其他渔民，这就提高了经营灵活性。[1] 通过建立双向的互动关系，越来越多的社区和个人承担起海洋渔业资源保护和利用的责任。

3. 渐进的分级责任为合规监督提供了保证

海洋的广阔性和数量众多的分散渔业生产者，决定了监督渔业法律的遵守是一项艰巨的工作。只有对各种潜在的违法行为都设定了适当的责任，监督机制才可能取得成功。以渔业社区为基础的嵌套结构，可以根据违规的内容和严重程度，确立渐进的分级责任，为制度的实施提供了保证。一方面借助于社区的凝聚力，设定自愿遵守的预期和规则，以内部的自我监督和制裁方式，避免渔业生产者“搭便车”或受其他机会主义行为的诱惑；另一方面由行政机关追究社区和渔业生

[1] SCHELD A M，ANDERSON C M.Market effects of catch share management：the case of New England multispecies groundfish[J].ICES Journal of Marine Science，2014（7）：1835－1845.

产者的法律责任，以社区为单位改变分散的监管局面，解决行政机关在面对纷繁多样的执法对象和复杂多变的违法手段时出现的执法监督乏力问题。

从合规保障上看，历史上美国国家海洋渔业局主要依靠人工观察员和执法人员，目前更多地依靠技术手段和社区管理。渔船和鱼商强制性报告义务已成为收集执法和管理所需信息的重要途径。渔船定期向国家海洋渔业局提交船舶航行报告或日志，报告捕捞量数据，经销商同样需要提交报告。渔业社区管理者审核和比较自行报告的捕捞量和鱼商数据，通过纳入包括关闭渔场或渔区和减少允许的捕捞总量在内的问责措施使渔业管理计划“有效执行”年度捕捞限量，以防止超过年度捕捞限量并处理年度捕捞限量被超过的情况。对于违反法律者，采取从警告和民事处罚，到吊销许可证和刑事责任等多种处罚措施。一般的民事处罚金额不得超过 10 万美元，持续的违法行为将施以按日计罚；妨碍执法检查、攻击执法人员、提供虚假信息者，将处以刑事罚款或监禁。通过自行守法和外部强制的结合，美国以有限的执法人员实现了对海洋渔业的“善治”。

综上所述，海洋渔业法律制度的治理模式以参与性和灵活性为主要特征，通过多元主体间各层面的互动，破解管制模式的现实困境。美国与许多其他国家一样，有太多的渔民争相捕捞太少的渔业资源。在过度捕捞严重、渔业资源日益枯竭的背景下，《渔业保护和管理法案》确立了互动的、多维的治理体系，自 2011 年以来，近 90% 的渔场都保持着低于年捕捞限额的产量水平。[1] 美国的经验告诉我们，构建海洋渔业法律制度治理模式的关键在于，如何保证各方主体在相关决策、实施和监督过程中的协作和监督，如何保证一个地方和社群中互相依赖的渔业生产者实现真正有效的自我组织和治理。

---

[1] Magnuson-Stevens Fishery Conservation and Management Act[EB/OL]. (2017-08-09) [2017-10-25].

第二节　环境行政决策的转型与变革

党的十八大以来，中央以前所未有的力度推动生态文明建设，将生态文明建设纳入推进全面依法治国的法治框架内，[1]通过深化行政机构改革、完善程序性保障、提升科技支撑能力等多种途径促进环境行政决策的转型与变革，推进国家生态环境治理体系和治理能力现代化。

一、生态文明体制改革全面深化

2015年发布的《生态文明体制改革总体方案》提出建立系统完整的生态文明制度体系，增强生态文明体制改革的系统性、整体性、协同性。党中央、国务院围绕生态环境保护职能，改革机构设置，优化职能配置。在纵向层面，强化地方执法能力建设，实行省以下生态环境机构监测监察执法垂直管理制度改革；在横向层面，强化综合决策，实行整合自然资源和生态环境职能的“大部制”改革，以改善环境质量为导向的环境管理模式正在形成。[2]

这些举措之中的最大亮点是，国务院机构改革方案中为解决“行政职能的碎片化”问题而组建的自然资源部和生态环境部。自然资源部聚焦水、草原、森林、湿地及海洋等自然资源的统一调查和确权登记、开发利用和保护以及空间规划体系的建立和实施等方面的职责。生态环境部把原来分散的污染防治和生态保护职责统一起来：一是打通了地上和地下，主要表现为整合国土资源部的监督防止地下水污染职责；二是打通了岸上和水里，主要表现为整合水利部的编制水功能区划、排污口设置管理、流域水环境保护职责；三是打通了陆地和海

[1] 莫纪宏．论习近平新时代中国特色社会主义生态法治思想的特征[J]．新疆师范大学学报：哲学社会科学版，2018，33（2）：22-28．

[2] 李挚萍．论以环境质量改善为核心的环境法制转型[J]．重庆大学学报：社会科学版，2017，23（2）：122-128．

洋，主要表现为整合国家海洋局的海洋环境保护职责；四是打通了城市和农村，主要表现为整合农业部的监督指导农业面源污染治理职责；五是打通了一氧化碳和二氧化碳，统一了大气污染防治和气候变化应对，主要表现为整合发展改革委的应对气候变化和减排职责。[1] 此次机构改革方案通过形成以两大部为主体的“自然资源”+“生态环境”模式，试图改变环保部门的弱势与分散的状况，解决长期以来在中国生态环境保护领域存在的监管者和所有者区分不明、职责交叉重复等体制机制问题。

生态系统是一个整体，资源与环境都包括在系统之内。统筹协同生态保护与污染防治工作只是其中的一部分。基于生态系统的决策，要求实现由“点”向“关系”的转变，也就是要充分考虑到各生态要素之间的联系。自然资源在具备生态属性的同时也具有经济属性。如何在经济属性与生态属性之间取得平衡，取决于两部门决策的科学性与合理性，也需要与其他部门之间的深度融合。尤其是生态环境部，如何在生态系统保护上更多承担起宏观职能，并与自然资源部以及其他部委相对接，是今后一个长期的课题。[2]

二、绿色发展理念逐步融入决策

为了调和利益冲突和矛盾，健全沟通联系机制，国务院 2017 年修改的《行政法规制定程序条例》和《规章制定程序条例》确立了重大利益调整论证咨询制度。规定起草或者审查行政法规、规章，涉及社会公众普遍关注的热点难点问题和经济社会发展遇到的突出矛盾，减损公民、法人和其他组织权利或者增加其义务，对社会公众有重要

---

[1] 吴舜泽，和夏冰，郝亮，等 . 做实“一个贯通”和“五个打通” 推进国家生态环境治理体系和治理能力现代化 [N]. 中国环境报，2018-09-12（1）.

[2] 赵绘宇 . 资源与环境大部制改革的过去、现在与未来 [J]. 中国环境管理，2018（12）：27-31.

影响等重大利益调整事项的，应当进行论证咨询。[1] 这就在行政法规和规章层面奠定了国务院各部门、地方政府的论证咨询程序基础。

具体到生态环境领域，在全面深化“放管服”改革的新形势下，生态环境部以环评审批为重点，改革环评管理方式，优化公众参与程序和形式[2]。规划环评重在优化行业的布局、规模、结构，拟定负面清单，指导项目环境准入；项目环评重在取消环评机构资质许可、推进审批权限下放、强化建设单位主体责任、保障公众参与的充分性和有效性。2018 年通过的《环境影响评价公众参与办法》进一步明确了在建设项目环境影响报告书编制过程中、征求意见稿形成后的公众参与程序，对环境影响方面质疑性意见多的建设项目开展深度公众参与的程序，以及相关信息的公开程序。通过这些细化的规定，试图解决公众参与主体不清、范围和定位不明、流于形式、弄虚作假、违法成本低、有效性受到质疑等突出问题，增强其可操作性和有效性，促进建立公平的营商环境，推动经济高质量发展。[3]

2019 年 5 月 8 日，国务院公布了《重大行政决策程序暂行条例》（国令第 713 号）。这是中国推进行政决策科学化、民主化、法治化的一项重要举措，对于规范地方环境行政决策具有重大的现实意义。《条例》规定了县级以上地方人民政府重大行政决策的作出和调整程序，在公

[1] 《行政法规制定程序条例》第十三条第一款规定：“起草行政法规，起草部门应当深入调查研究，总结实践经验，广泛听取有关机关、组织和公民的意见。涉及社会公众普遍关注的热点难点问题和经济社会发展遇到的突出矛盾，减损公民、法人和其他组织权利或者增加其义务，对社会公众有重要影响等重大利益调整事项的，应当进行论证咨询。听取意见可以采取召开座谈会、论证会、听证会等多种形式。”《规章制定程序条例》第十六条规定：“起草规章，涉及社会公众普遍关注的热点难点问题和经济社会发展遇到的突出矛盾，减损公民、法人和其他组织权利或者增加其义务，对社会公众有重要影响等重大利益调整事项的，起草单位应当进行论证咨询，广泛听取有关方面的意见。起草的规章涉及重大利益调整或者存在重大意见分歧，对公民、法人或者其他组织的权利义务有较大影响，人民群众普遍关注，需要进行听证的，起草单位应当举行听证会听取意见。”

[2] 《环境影响评价法》第十一条规定：“专项规划的编制机关对可能造成不良环境影响并直接涉及公众环境权益的规划，应当在该规划草案报送审批前，举行论证会、听证会，或者采取其他形式，征求有关单位、专家和公众对环境影响报告书草案的意见。但是，国家规定需要保密的情形除外。编制机关应当认真考虑有关单位、专家和公众对环境影响报告书草案的意见，并应当在报送审查的环境影响报告书中附具对意见采纳或者不采纳的说明。”第二十一条规定：“除国家规定需要保密的情形外，对环境可能造成重大影响、应当编制环境影响报告书的建设项目，建设单位应当在报批建设项目环境影响报告书前，举行论证会、听证会，或者采取其他形式，征求有关单位、专家和公众的意见。建设单位报批的环境影响报告书应当附具对有关单位、专家和公众的意见采纳或者不采纳的说明。”

[3] 保障群众环境权益 构建共同参与治理体系 [N]. 中国环境报，2018-08-06（5）.

众参与、专家论证和风险评估等决策程序的规范上迈出了坚实步伐，为落实环境与发展综合决策机制提供了可操作的程序，有助于强化环境行政决策的科学依据和民主基础，提升其社会可接受度。《条例》所称重大行政决策事项包括制定有关公共服务、市场监管、社会管理、环境保护等方面的重大公共政策和措施等内容。《条例》明确，作出重大行政决策应当遵循科学决策原则，贯彻创新、协调、绿色、开放、共享的新发展理念，坚持从实际出发，运用科学技术和方法，尊重客观规律，适应经济社会发展和全面深化改革要求；应当遵循民主决策原则，充分听取各方面意见，保障人民群众通过多种途径和形式参与决策；应当遵循依法决策原则，严格遵守法定权限，依法履行法定程序，保证决策内容符合法律、法规和规章等规定。《条例》的相关规定一方面有助于将环境保护贯穿于各行政机构的职责范围，使环境议题能够在地方政府的重大行政决策中被统合考虑，从而改善行政机构分散、片面的决策与组织方式无法妥善应对生态环境整体特性的问题。另一方面细化了重大行政决策的做出程序，体现了运用专家的科学理性和民众的社会理性防范环境风险的程序要求，从而有助于健全环境行政决策咨询机制、强化地方行政决策的科学和民主基础。

三、驻点跟踪研究机制不断拓展

2017 年 9 月，为创新大气重污染成因与治理攻关组织实施机制，整合跨部门科研资源，建立行政管理与技术研发深度融合的紧密型实体化科研组织模式，环境保护部成立国家大气污染防治攻关联合中心，作为大气攻关的组织管理和实施机构。通过集中攻关，定量化、精细化弄清京津冀及周边地区大气重污染的成因和来源，形成整体系统的科学认知，增强环境行政决策的科学基础；同时，向地方派出跟踪研究工作组，围绕大气污染防治科学决策和精准施策，帮助地方政府和环保部门做好成因分析并提出决策建议。做到“说得清”和“让老百姓心里清楚”，推动形成全社会共同参与大气污染治理的共识和合力。[1]

作为近年来大气污染治理领域的重要经验，驻点跟踪研究工作机制还被拓展应用到了长江生态保护修复攻坚战中。2018 年 12 月，生态环境部印发《关于开展长江生态环境保护修复驻点跟踪研究工作的通知》，制定《长江生态环境保护修复驻点跟踪研究工作方案》，组建 58 个跟踪研究工作组进驻长江沿线 12 省（市）58 城，进行驻点跟踪研究和技术指导，提升地方科技支撑能力。驻点跟踪研究让科研人员深入一线，与地方政府及有关部门加强互动，通过“边研究、边产出、边应用、边反馈、边完善”的科研工作模式，能够有效解决科研与实际脱节、科研成果不落地的问题。同时，也能帮助地方培养人才，促进地方技术力量的“自我造血”。[2]

总体而言，中国环境行政决策的转型与变革以科学化和民主化为目的，遵循渐进改革的思路全面深入和发展。其进程呈现出以下特点：①属于中央政府推动型，主要表现为以纵向的权力克服地方经济发展和环境保护兼容力较弱的问题。②属于强化统一监管型，主要表现为不断提升环保部门在决策中的地位，由其统筹负责横向权力，形成保护职能的集聚。③属于问题导向的应急型，主要表现为在严峻的生态环境问题面前，侧重于对建设项目的微观控制和事后的环境修复。这些变化无疑会在改善生态环境质量方面产生积极的影响。但随着全面深化改革的推进，中央政府将更多的权力下放给地方政府，地方政府不应只是被动地履行生态环保职责；环境保护也不应只由环保部门来“买单”，还需要强化各有关部门的生态环保责任；同时，化解环境群体性事件也需要在规划层面建立更为顺畅的民意沟通表达机制。

[1] 郄建荣．环保部要求弄清“2+26”城市大气重污染成因 [N]．法制日报，2017-09 -16（6）．

[2] 谢佳沥．驻点跟踪研究从治气拓展至治水 [N]．中国环境报，2019-01-24（2）．

第三章　环境行政决策的治理逻辑

生态文明是人类社会继原始文明、农业文明、工业文明后的新型文明形态。在生态文明时代，法律思想经历了从前现代主义到后现代主义的发展，与之相伴的后现代主义思潮对传统的决策活动进行了反思，并提出了对其加以革新的治理理论。经济学与政治学领域的相关研究，为环境行政决策的治理规则提供了更深层的解释。简而言之，治理具有逻辑，根据主体的不同，可以分为“治政”的逻辑和“政治”的逻辑。①“治政”的逻辑。由于公共理性和“偏好”的个体化倾向，为了纠正“市场失灵”而施加干预的政府也有可能“失灵”，因此需要通过司法权、立法权来实现对行政权的控制。根据这一逻辑，法治的实质是防止裁量权滥用的一整套规则。②“政治”的逻辑。通过认真检讨传统控权观念的时代性、局限性，“政府治理”尽力突破控权理念下形成的画地为牢的主体藩篱，树立合作和效率的崭新理念，以建制性权力促进政府与社会之间的良性互动。党的二十大报告提出，“完善社会治理体系。健全共建共治共享的社会治理制度，提升社会治理效能”。治理活动表现为主体对公共事务施加影响的过程，主体对治理的效能有很强的现实性。治理主体在微观层面是行政机关，在宏观层面则是整个社会。环境问题呈现出高度复杂性和不确定性，只能通过多元主体的合作才能找到解决问题的方案。因此，需要构建环境行政决策的治理规则体系，为环境风险的多元合作共治提供制度保障。

第一节 逻辑起点：公共选择理论

一、基于“经济人”假设的政治关系

（一）个体理性的现代主义基础

16 至 17 世纪的西方宗教改革和科学祛魅表现出人类史无前例的质的进步。西方社会通过推行形而上学和机械唯物论，产生了多种学科分类，建立了工业文明，占领了全世界。随之而来的现代主义思想表现出对个体和理性的尊重，笃信基于科学和技术的人类进步能力，并据此形成了科学主导范式。在对人与自然关系的认识上，现代主义的科学主导范式呈现出如下特征：第一，主客体二分。主体与客体、人与自然是两个不同领域，思维独立于自然界之外，强调个体本位，自然对人的工具性价值，由此引发出主体如何认识客体的问题。第二，理性至上。自然是人类征服和改造的对象，依靠科学和理性可以精确地认识世界、获得控制物理世界和社会组织的规律和力量。这种范式长期影响和支配了包括法学在内的所有学科的研究方法，在现代法学研究领域，无论是恪守法律自治的孤立主义，主张法律确定性的实证法学，还是偏重法条诠释的概念主义法学和分析法学，都是这种科学观的副产品。[1] 斯蒂芬・菲尔德曼把现代主义划分为理性主义、经验主义、超验主义和后期危机四个阶段[2]，这为我们更好地认识个体理性、人与自然的关系提供了思想基础。

根据斯蒂芬・菲尔德曼的划分，理性主义是现代主义的第一个阶段。笛卡尔的形而上学的二元论——主体和客体之间的分离，是理性

[1] 高鸿钧 . 现代法治的出路 [M]. 北京：清华大学出版社，2003：3.
[2] 斯蒂芬・M. 菲尔德曼 . 从前现代主义到后现代主义的美国法律思想 [M]. 李国庆，译 . 北京：中国政法大学出版社，2005：35-45.

主义视野的一个突出标志。笛卡尔从机械论、决定论、还原论哲学出发，把自然客体化，强调人的理性、主体和中心地位。所有物质的东西，都是为同一机械规律所支配的机器，没有目的、生命和精神，根据力学原则而运动。物质世界中的一切现象均可以根据其组成部分的排列和运动加以解释。这一机械论的自然观，成了后来科学的主导范式。他认为，认识来源于理性思维，理性比感官的感受更可靠。人类可以使用数学的方法（即理性）来进行哲学思考，从而把握客观规律。他试图通过把严格的批评同精确的演绎逻辑结合起来，把哲学变成“一种对于知识的第一原则的认识论上的探询”。按照笛卡尔的方法，思想的主体或自身通过自省来质疑或怀疑所有的信念，并且通过这一理性的过程，清楚明白的思想就会作为基础性的知识出现。这样，当去除了历史的和传统的偏见之后，理性本身看起来就产生了确定性。[1]个体进行推理和获得基础性知识的能力帮助人类控制世界、产生进步。在理性主义的影响下，法律科学主义开始兴起，具体表现为概念法学或形式主义法学。其基本论点是“法律发展的唯一动力在于逻辑”，社会现实与法律规则无关，形式逻辑秩序才是最重要的，通过推理和演绎可以概念化一套基于抽象理性的法律体系。

经验主义是现代主义的第二个阶段。寻求真理来源的关注点从理性的自我转向了外部世界。经验主义者声称，外部世界中的物理客体塑造着人类的经验。因此，对那些客体的感观经验和理解使自我可以直接获得基础性的知识。约翰·洛克这位现代主义的开创性经验主义者认为：“我们所有的知识都来源于经验。”在这一阶段，理性继续扮演着重要的角色，但已不再是最初前提和基础性知识的来源。在很大程度上，理性变成了工具性的。它是一个倒空了内容的容器，只有经验型的观察可以用有关世界的必要的实质内容填充这一空间。这种不断增长的个体主义同经济上的资本主义的发展交织在一起。亚当·斯

---

[1] 弗·卡普拉. 转折点：科学、社会、兴起中的新文化[M]. 冯禹，向世陵，黎云，译. 北京：中国人民大学出版社，1989：46.

密清楚地阐释道：“每一个个人都自然而然地在经济市场中最大化自己的自我利益。这种对于自我利益的追求不但对个人有利，而且也通过‘看不见的手’促进了社会的善意。通过个人追求效用最大化的行为，会实现民富、国富和社会进步。”[1] 由于人的“自利”和“理性”，追求个人利益最大化的自由行动者可以卓有成效地增进社会的公共利益。因此，应当对经济实行完全的放任自由，政府的干预是多余的，如果个体可以自由地、理性地追求效用最大化，那么社会本身也可以实现以经济上最有效率的方式配置资源和商品。在经验主义的影响下，法律现实主义的支持者以个人的行为为中心，采用量化和行为主义的方法，专注于经验或实证的法律表达，认为“法律的生命不在于逻辑，而在于经验”，用法律强制执行一种自然秩序是不必要的，甚至是有害的。

超验主义是现代主义的第三个阶段。由于认识到基础性的知识可能是无法获得的，主体无法通过理性和经验弥合与客观世界的裂痕，因而转向求助于超验的理性。康德是这个阶段的代表。根据他的观点，超验的理性提供了综合的先验知识——这些知识先验于经验，但仍然能够提供有关客观世界的信息。康德的全部伦理理论都是围绕着个人尊严和自主性的尊重展开的。行为符合道德的绝对命令要求把每一个理性的个人“总是作为目的而非手段”来对待。“人是目的”揭示出人因有理性而神圣，理性可以为自然立法。人的行为无论是对自己抑或他人，总应该把人当作第一位的目的，世界上的一切只对人有价值。[2] 个体主义在此达到了顶点。在这种理念的影响下，法律正当程序理论开始繁荣兴旺起来。什么是使法律成为可能的条件？富勒认为，法律本身的存在也必须以一系列法制原则作为前提，这些法制原则就是法律的“内在道德”，也即自然程序法。法律的“内在道德”的程序构

[1] 亚当・斯密．国民财富的性质和原因的研究：上 [M]．郭大力，王亚男，译．北京：商务印书馆，1997：11–14.
[2] 康德．纯粹理性批判 [M]．邓晓芒，译．北京：人民出版社，2004：611–612.

成了法律之存在和力量的基本条件。[1] 在这个意义上，行政决策只有按照法律程序的指引才能合法地确定实体价值和目标。

后期危机将现代主义推至最后一个阶段。超验主义对于基础知识的描述并没有使之成为现实。由于传统和文化的影响，自我选择所受到的限制，基础性知识看起来甚至比以前想象的更难得到了。在某种意义上，超验主义更像是一个空洞的外壳，它的推理过于简单，甚至无法避免地滑向了唯心论。这一阶段，现代主义已经不再主张完全独立和自主的自我，而是一个相对自主的自我。[2] 根据现代主义的观点，基于线性决定论的生态系统稳定性反映了一个更广泛的、渐次发展的假设，即科学可以告诉我们，当发展成为一个富强的民主国家时为什么要采取和应当如何采取行动保护环境。然而，生态环境问题的复杂性使得作为现代理性典范的科学本身也被证明是一个危险的同盟者，一方面迫使环保运动放弃科学给出正确的答案的观念，另一方面甚至当我们认识到科学已被"拆析"并失去作为真理和启示的可靠来源的合法性时，迫使我们仍然有必要坚持这样的观念即理性要求以科学为基础的决策。[3] 这种悖论不仅体现在对理性的认识方面，也体现在个人自由与公共强制的关系方面，个人自由同时依赖于和不相容于达到这一目标所必须的公共强制行为。"市场失灵"引发负外部性严重、资源配置效率低下、社会不公、发展不可持续，表面的科技进步所产生的环境污染正在缓慢地、偷偷地侵蚀着人类的繁荣。为此，需要通过政府干预加以克服。但官僚制的组织所体现的现代主义的理性观念可能会以某种方式遮住道德，从而产生"政府失灵"。由此，现代主义对人类控制力和无穷无尽的进步的确信所得以维系的社会崩溃了。对于一个合法的决定而言，科学是一个必要但非充分条件。

---

[1] 沈宗灵 . 现代西方法理学 [M]. 北京：北京大学出版社，1992：42.

[2] 斯蒂芬 • M. 菲尔德曼 . 从前现代主义到后现代主义的美国法律思想 [M]. 李国庆，译 . 北京：中国政法大学出版社，2005：45–46.

[3] TARLOCK A D.Environmental law：Then and now[J].Washington University Journal of Law and Policy，2010，32（1）：1–31.

在这种背景下，法律经济学试图用经济分析的方法来发现有关法律制度的客观真理。一个现代主义的基本假设提供了法律经济学研究的起点：所有个人都试图满足自身私利。例如，理性主义的代表人物斯宾诺莎曾指出："依人的本性，每个人总是以最大的热情追求一己私利；……只有在认为有助于加强自己地位的情况下，才会去支持别人的利益。"[1]休谟从利己的角度考察了人类的行为取向，"在很大程度上，人类是被利益支配的，甚至当他们把关切扩展到自身以外时，也不会扩展得很远"。[2]但这一假设在政府行为的研究中却常常被忽略。通常，人们寄希望于行政决策者会天然地倾向于"公共利益"，并主动实现"为人民服务"的宗旨，某种程度上认为其道德能力高于普通公民，以致造成现实中可能的法律约束不足。对于行政决策主体行为动机的分析，构成了相关法律制度设计的逻辑起点。

（二）"方法论的个体主义"及其应用

一般认为，现代公共选择理论是经济学和政治学交叉融合而产生的一种理论。在"经济人"的基本假定下，运用统一的微观经济学分析方法研究传统上被割裂开的经济学和政治学两个学科领域中的选择行为。[3]公共选择理论以"私利"作为起点，以经济学的方法研究西方民主体制下的政治关系，认为政治关系同经济市场一样也存在交易行为，通过分析人们在做出公共决策时的反应，试图在宪法层面构建将个人偏好导向公共利益的政治秩序。

在公共选择理论的分析中，集体行动（collective action）必定由个体行动（individual action）所组成。因此，建构工作的第一步是对个人在社会活动中的动机与行为提出某种假设，于是这一理论就从在组织群体选择（group choice）的过程中行动或决策的个人开始，将个

[1] 斯宾诺莎．政治论 [M]. 冯炳昆，译．北京：商务印书馆，1999：65.
[2] 休谟．人性论：下 [M]. 关文运，译．北京：商务印书馆，1980：574.
[3] 许云霄．公共选择理论 [M]. 北京：北京大学出版社，2006：4.

体行为（individual behavior）作为核心特征，所以把该理论归类为方法论的个体主义理论或许是最好的。[1] 从公共选择理论来看，政府实际上是由作为个人的政府公职人员组成的，做出集体决策的个人与单独的人并无二致。“尽管投票人、政治家和官僚可能有反映‘公共利益’的愿望，正如我们这些人一样，也是从个人的角度看待问题，并按个人面临的诱因行事，这种愿望也只不过是许多诱因之一罢了，很可能被强有力的诱因所压倒。”[2] 如果“根据一种对官员的信任理论来建构政府与公法制度，似是而非地认为个人在经济市场上尽管自私自利，但一旦进入政治领域就是（或应当是）克己奉公的‘公仆’，必然会代表公共利益”[3]，显然是不合乎实际的。在政治过程中，个人也是按照成本—收益原则进行决策的，公职人员同样是从增进自身效用出发来制定政策。[4] 除非存在使个人按照共同利益行事的强制或其他某种特殊手段，否则有理性的、寻求自我利益的个人是不会采取行动实现共同利益的。[5] 依照这种方法论，公共决策不无例外地反映出个人的偏好和意愿，个人才是最终的抉择者。

在“方法论的个体主义”概念的基础上，公共选择理论使用“经济人”的假设来研究政治关系中人的行为动机。个人作为唯一有意义的决策单位，其行为动机是效用最大化的考虑。虽然“经济利益”可能不处在主宰的位置，但此种语境下的行政决策者也是按照自身对成本和收益的分析，倾向于“追求效用最大化”的“经济人”，并不是完全的利他主义者。“当政府机器直接地花掉了近三分之一的国民产值时，当特殊的利益集团清楚地认识到可以通过政府活动取得‘利润’时，以及当全部立法的实质性部分对整个人口中的各独立集团都产生

[1]　詹姆斯・M. 布坎南，戈登・塔洛克. 同意的计算：立宪民主的逻辑基础 [M]. 陈光金，译. 北京：中国社会科学出版社，2000：2–3.

[2]　詹姆斯・M. 布坎南. 自由市场和国家 [M]. 吴良健，桑伍，曾获，译. 北京：北京经济学院出版社，1988：282.

[3]　丹尼斯・C. 缪勒. 公共选择理论 [M]. 杨春学，等，译. 北京：中国社会科学出版社，1999：中译本序言 3.

[4]　许云霄. 公共选择理论 [M]. 北京：北京大学出版社，2006：8.

[5]　曼瑟尔・奥尔森. 集体行动的逻辑 [M]. 陈郁，郭宇峰，李崇新，译. 上海：格致出版社，2011：2.

了可以测量到差异的影响时，经济学的理论在说明某种可以用来最终协调这些冲突着的利益方面，就可能很有帮助。”[1]“经济人”作为分析工具，是人类行为动机的抽象假设，有助于构建法律制度的基本要求。值得注意的是，对决策者“经济人”的假设，并不妨碍其实施高尚行为。

公共选择理论的研究表明，某些情况下，出于“自利”的考虑，公共决策时的个人更倾向于传递对自己有利的信息，做出对自己有益的选择，相应地会表现为行为的“偏好”。安东尼·唐斯在其分析官员行为动机与官僚组织运行机制的经典之作《官僚制内幕》一书中，将经济人的假设运用于官员行为偏好的分析。他认为，在多重目标面前，公职人员的偏好主要表现在以下四个方面：一是他们倾向于歪曲向上传达的信息，夸张地反映对其有利的信息，掩盖对其不利的信息；二是他们倾向于支持有利于增强其利益的政策或项目，反对那些损害或不能增进其利益的政策或项目；三是他们在承担责任和接受有风险的职责方面存在很大差别，这取决于是否有助于实现其自身的特定目标；四是他们在执行上级指示时往往会有不同程度的改变或扭曲，这同样取决于该指示是不是有利于其自身的利益。[2]因此，在缺乏制度约束的情况下，公职人员可能使公共权力的行使偏向其个人偏好，这种偏好也可能转变为他们之间的目标分歧并引发冲突，从而产生公共权力部门化、部门权力利益化等后果。

由此也产生了官僚制之下行政官员的社会职责与私人动机之间的差异和分歧。公共权力与官员个人偏好之间产生差异和分歧的原因，主要是行政部门工作人员一方面在公共生活中要履行法律赋予的公共职责即行政管理职责，另一方面在私人生活中也有一己之私需要考虑。在很多情况下，他们不是将一己之私与公共职责的履行统一到公共利

[1] 詹姆斯·M.布坎南，戈登·塔洛克.同意的计算：立宪民主的逻辑基础[M].陈光金，译.北京：中国社会科学出版社，2000：23–24.
[2] 安东尼·唐斯.官僚制内幕[M].郭小聪，等，译.北京：中国人民大学出版社，2006：82.

益上，而是使公共利益服从于一己之私。公共决策者追求或照顾“私利”的动机，一方面导致行政权力的滥用，另一方面导致工作中的懈怠或效率低下，结果造成行政管理上的越位或缺位。这种结果就是“政府失灵”。克服这种政府失灵的基本办法就是以制度规范和约束公共决策者的行为。

诺贝尔经济学奖获得者乔治·施蒂格勒的研究也表明，政府官僚的行为是受其自身利益支配的，这些管制者并不总是为“公共利益”服务，相反他们往往要为其显然正在试图加以控制的利益服务。[1] 施蒂格勒进而提出了“管制俘虏”（regulatory capture）理论，引发了对政府管制行为的实证研究，并对公共选择理论产生影响。在施蒂格勒看来，基于保障公共利益而建立的行政机关在其所负责进行管制的过程中，往往会牺牲公共利益，而讨好被管制企业或者特定的利益集团。[2]“管制俘虏”是“政府失灵”的一种表现，政府背离了其公共职能的要求，未能解决因“市场失灵”而产生的负外部性问题。片面追求经济增长，也间接导致了环境的恶化，一些地方政府事实上沦为“环境问题的制造者”。政府并没有实现克服市场失灵（market failure）、弥补市场缺陷的目标。相反，行政官员在个人政绩面前，产生了角色的错位，选择以牺牲环境为代价换取任期内的“政绩”，在效用最大化面前，政府的环境保护职能并没有得到很好的履行，造成了环境资源领域的“政府失灵”问题。

由于重大的经济和政治利益，对环境行政决策存在偏见的指控很常见，仅仅是对程序公平性的质疑就会损害行政机关的公信力。[3] 再加上行政决策者在进行决策时呈现出的自身固有的局限性：每个官员的职能使得他们都只关注自己的那部分；进行决策权衡时所使用的信息有限；获得更多信息的成本高昂；投入决策的时间有限；很多重要

---

[1] 库尔特·勒布，托马斯·盖尔·穆尔．施蒂格勒论文精粹[M]．吴珠华，译．北京：商务印书馆，2010：6-7.
[2] 王周户．公众参与的理论与实践[M]．北京：法律出版社，2011：251.
[3] KUEHN R R.Bias in environmental agency decision making[J].Environmental Law，2005，45(4)：957-1020.

信息缺乏——尤其是关于未来事件动态的信息——以致决策的制定面临着不可避免的不确定性。[1] 这样，也就不难理解中国一些地方政府面临的信任危机以及由此而产生的环境群体性事件的深层次原因。因此，一方面需要在现有的理性限度内尽量克服行政决策所面临的不确定性，另一方面则需要以相应的制度设计，对决策者形成约束。

根据“治政”的逻辑，为了纠正“政府失灵”，需要对公共部门进行监督，使其行动受到约束，实现对行政权的控制。戴维·伊思顿将政治过程类比成一种输入与输出的过程。在其对西方政治高度抽象的模型中，作为权威性分配的政治的过程就是获取民众偏好并给出反映偏好的政策。选举制度从输入渠道反映民众偏好、限制官员的输出偏好，从而确保公共部门有效提供包括维护社会秩序、保护生态环境在内的多种公共服务，并提升面对新情况与新议题的规制能力和问题解决能力。在阿普特的政治系统模型中，输出与反馈构成一个政治过程，政治过程开始于政策制定，民众通过各种反应，即反馈的过程，使得政府对决策输出加以调整。[2] 这就从理论上为赶超型政体在输入渠道、司法途径无法满足民众决策参与需求的情况下，以社会权力约束行政权力,促成反映民众偏好、限制官员偏好的决策选择提供了可能，并为“政治”的逻辑提供了基础。根据政府治理的要求，行政机关必须尽其合理之可能通过决策协商互动的标准、原则和规则形成对决策权力的限定、促进公共理性的实现。

二、寻求公共理性的法律之治

（一）“一致同意规则”的理论基础

在缺乏约束的情况下，行政决策者追求效用最大化的行为导致了

[1] 安东尼·唐斯 . 官僚制内幕 [M]. 郭小聪，等译 . 北京：中国人民大学出版社，2006：79–80.

[2] 加布里埃尔·A. 阿尔蒙德，小 G. 宾厄姆·鲍威尔 . 比较政治学：体系、过程和政策 [M]. 曹沛霖，郑世平，公婷，等译 . 上海：上海译文出版社，1987：10–12.

“政府失灵”。“解决个人理性与集体理性之间的冲突，有效的办法不是否认个人理性，而是通过机制的设计，在满足个人理性的前提下实现集体理性”。[1] 因此，在环境行政决策治理规则的设计中，对于人们天然的利益追求，应当强调理性引导而非压制。

事实上，也有可能通过这种理性实现政治市场上的共赢。“新制度主义者在精神上是契约论者，人们之所以需要制度，是因为制度扩大了理性人的福利”。[2] 布坎南和塔洛克指出：“作为个体，无论是在市场活动还是政治活动中，都是追求效用最大化的人，这种方法将政治过程表现为特殊形式的交换，但并不要求以牺牲他人来增强自己的效用；而且，就像在市场关系中那样，有可能使所有各方都互有收获。因此，政治过程可以被解释为一种正和博弈，为使其正当性得到标准的证明，集体行动必须对所有各方都是有利的。这里，政治活动被视为一种手段，通过这种手段，所有参与者的‘权力’都可以得到增加。”[3] 基于“经济人”假设的政治关系，将官员的道德能力视为不高于普通公民，将决策过程还原为交换，以此作为预防最坏情况出现的制度起点，同时告诉我们，理性的“生灵”为了共同的利益，展开合作是可能的，关键在于制度设计。

为了更好地发挥效力，法律必须在可观的范围内获得自愿服从，即必须在整体上获得民众的认同。这种认同以及由此产生的遵守法律的动力，在很大程度上以法律被视作绝对有益的规则为前提。[4] 市场交易中的各方都是有所获益的，政治过程里的交换也应当能让所有各方都得到好处，“可以期望从个人对社区活动的参与得到互有好处”[5]。而唯一能保证让每个人都获利的方式就是“全体一致规则”（the rule

---

[1] 张维迎．博弈论与信息经济学 [M]. 上海：上海人民出版社，1996：11.

[2] 埃莉诺・奥斯特罗姆．公共事物的治理之道：集体行动制度的演进 [M]. 余逊达，陈旭东，译．上海：上海译文出版社，2012：50.

[3] 詹姆斯・M. 布坎南，戈登・塔洛克．同意的计算：立宪民主的逻辑基础 [M]. 陈光金，译．北京：中国社会科学出版社，2000：25-26.

[4] 齐佩利乌斯．德国国家学 [M]. 赵宏，译．北京：法律出版社，2011：24-27.

[5] 詹姆斯・M. 布坎南，戈登・塔洛克．同意的计算：立宪民主的逻辑基础 [M]. 陈光金，译．北京：中国社会科学出版社，2000：273.

of unanimity），除非自己同意，否则任何一项决策都不能通过。为了获得大多数人的接受，法律必须看起来是正当的、获得一致同意的规则。只有让个人明白，即便身处人数众多的群体，自己关于可选对象的选择，对集体中的其他人的行动结果不仅确有影响，而且肯定有重大影响，才会打消其搭便车的想法。[1] 以这样的方式通过的决策不会对任何一个人构成损害，并且能够从通过的决策中获益。“全体一致规则”就如同市场中的交易一样，“收益的相互性”构成了全体一致的基础，进而取得所有相关方的“共识”。

首先，决策中的不确定性使“全体一致规则”成为可能。布伦南和布坎南告诉我们：“对规则或制度的任何选择所引起的不确定性，起着有益的作用，它增加而不是减少了达成协议的可能性。”[2] 由于“不确定性之幕”的存在，个人倾向于达成能够得到普遍接受的协议，这样也就可使“全体一致规则”成为可能。虽然在想问题时，人不可避免地已经知道自己的身份和地位，也就有本身利害的考虑。不过，未来总是充满着不确定性。所以，只要未来存在着这种不确定性，那么，一个人基于自利自保的考虑，就会设想出比较公平合理的制度，因为自己将来永远有可能成为需要别人济助的弱者。也许，追根究底，“民主”就是一种“讲理”和“说服”的过程。[3]

其次，成本与收益是不得不考虑的一个问题。“全体一致规则”真正实施起来并不容易，成本也不菲。为了避免耗费过多的沟通协商成本，可以勉为其难地不采取全体一致规则。因为要求所有人都能达成一致是困难的，多数决原则就成为“次优的”、切实可行的方案：成为最有可能接近所有人均发挥自我确定，并在此基础上形成同意的理想的最佳方案。为大多数人所接受的行为规范，最有可能创造出普遍的法律服从，也最有可能构建起一种有效的、值得信赖的行为秩序。

---

[1] 詹姆斯・M. 布坎南 . 公共物品的需求与供给 [M]. 马珺，译 . 上海：上海人民出版社，2017：85.
[2] 布伦南，布坎南 . 规则的理由：宪政的政治经济学 [M]// 布伦南，布坎南 . 宪政经济学 . 北京：中国社会科学出版社，2012：34.
[3] 熊秉元 . 我是体育老师 [M]. 北京：社会科学文献出版社，2002：168.

但在观念上，不能忽视多数人统治的内在原则性限制要件，要尽可能地照顾到所有人的利益。多数决原则中并不包含废弃那些它所赖以存在的条件的权能：即对于每个人人性尊严，以及与此相应的持续的、平等的参与权能的尊重，在这之中，同样包含着现在的少数意见转化为未来多数决定的可能。这是因为，在多数决定中永远存在着多数人作出不理智和不正确的决定的危险。[1]既然每个人的偏好各不相同，就需要找到彼此都能够容忍的交集，在尊重每个人偏好歧义的基础上寻求大家都能接受的方案。因此，透过互动，寻求“最大公约数”，取得大家共识，就成了现实社会中的重要考量。

（二）自愿合作的实现路径

依个体主义方法论，政府、社会均由自利的个人组成，两者的互动是群体脸谱之下的公共选择。两者及其个体成员均有被污染者或破坏者俘获的风险，而且在环保中的互动可能良性也可能恶性抑或难以互动，政府和社会互动需要在环境法上进行制度设计，以保障互动的良性、有效，特别是微观的个体行为。如果政府与社会不能协调一致，那么政府的行动结果就会受到损害。一方面，作为公共系统“守门人”的官僚本身实际上也处于社会之中，其对社会不同的体系抱有不同程度的忠诚，行政机关对于所忠诚部分的侵犯则意味着公共部门的细胞对于政策的歪曲。另一方面，社会本身是国家力量的一部分，除了为政府提供支持之外，社会能够完成政府不能完成的功能以及补救“政府失灵”问题。因此，政府与社会应当保持一致，并以适当的方式，在适当的层面设定决策规则以便能使分化且利益相对的社会取得一致性。换言之，如果我们所处的社会是一个缺乏共识，价值观念彼此冲突对立的社会，那么行政机关有目的的行动则必然遭受损害。

由于人的利他主义是有限的和断续的，理性之要求就是以适当的

[1] 齐佩利乌斯．德国国家学 [M]. 赵宏，译．北京：法律出版社，2011：170–171.

方式实现系统内的自愿合作。根据布坎南的分析，采取越松的表决规则，决策成本越低；越紧的规则，决策成本越高。比如，100 人的团体，采取二分之一的简单多数或四分之三的严格多数，就隐含不同的成本。相对来说，采取越松的表决规则，外部成本越高；越紧的规则，外部成本越低。因为，越紧的规则，自己越不容易成为落败的少数，因此会承担较少的成本。所以，由决策成本的角度看，表决规则越松越好；由外部成本的角度看，表决规则越紧越好。最好的规则，是让两种成本相加之后，总成本最小的规则。

在实用主义者看来，确认一项决策是否正确，要通过在“什么是最好的做法”这一问题上达成集体共识来实现。决策的正确性并非源于某种外生的“真理法则”（即因为其满足某种“正确”的决策框架）而是因为它是针对当前的情况所能找出的最好的办法。共识不过是集体所得到的关于“在当下什么是最好的行动和选择”这一问题的结论罢了，是所有（大多数）参与者对于当前环境下能做到的最好事情的认定。共识的两个性质，当前情况下的可行性和最优性，代表了那些负责集体行动的人所做出的判断。决策则是一个调和相互竞争的表达和想象的过程。[1] 那么，如何制订出具体的规则呢？帕特里克·敦利威同样假定人们都是“最大化的行动者”，在做出决定时总是寻求可能的最大收益和最低成本，当人们以有效率的方式追求自己的偏好，并将扣除成本后的净收益最大化时，就是在理性地行动。[2] 他将各种行动按成本由低到高的顺序形成一个连续的行动集合（图 3.1）。

从图 3.1 我们可以看到，成本最低的行动是回应例行性的咨询，但由于制度约束不足，事实上导致民众对相关决策不满意而又保持缄默，无法反映出民众的真实意愿。而位于低成本和高成本之间的行动是持续地参与咨询。要使咨询切实发挥效用，就应当将咨询纳入管理

---

[1] 丹尼尔·W. 布罗姆利 . 充分理由：能动的实用主义和经济制度的含义 [M]. 简练，杨希，钟宁桦，译 . 上海：上海人民出版社，2017：163-173.

[2] 帕特里克·敦利威 . 民主、官僚制与公共选择 [M]. 张庆东，译 . 北京：中国青年出版社，2004：4-24.

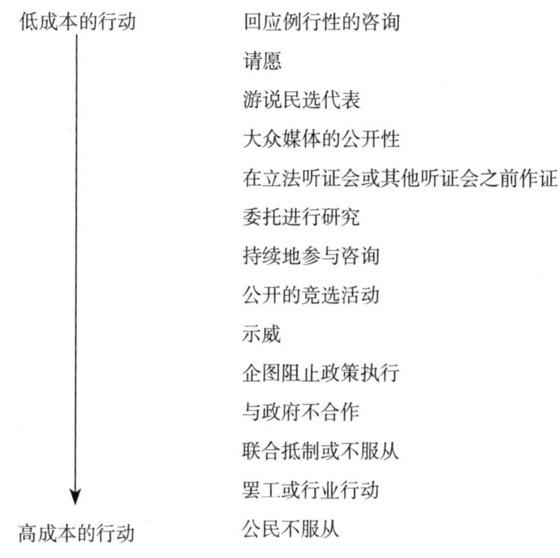

图 3.1　偏好强度

来源：帕特里克·敦利威.民主、官僚制与公共选择 [M].张庆东，译.北京：中国青年出版社，2004.

体系，使其成为日常工作的有机组成部分而持续存在。作为理性的选择，这一方式不仅权衡了成本与收益，而且通过协商讨论的过程能够最大限度地达成共识。

中国行政法学者朱芒教授以厦门 PX 事件为样本，分析了行政机关在决策过程中收集相关信息方面的不同方式。他认为，根据启动程序的压力不同，收集信息的作用本身也会存在差异。中国当前的公众参与，微弱地开始出现有针对性的“征询意见”，这种回应既表现为附加理由的行政决定，有时更表现为对所获意见的分类回答。从发展趋势上看，呈现出由形式性地、机械地适用法定条款，到基于社会运动的压力而实质性地赋予市民参与机会，再到法解释上实质性（实效性）地确定参与方式。[1]

在何种层面取得一致性也会影响到决策的选择。人们对决策结果

[1]　朱芒.公众参与的法律定位：以城市环境制度事例为考察的对象 [J].行政法学研究，2019(1)：3-17.

的预期以及所做出的选择受到其所处的背景的限制。公众参与的范围和参与者的背景不同，对决策结果的选择也会不同。如果参与者被限定在某个范围内，在为了消除不满的首要目的支配下，听取的主要是构成抗议者主体的市民的意见，或许会忽视赋予其他相关人员或者一般公众的意见表达机会，便不是或者不能是全面听取各种意见。而随着公众参与范围的不断扩大，直至一般公众，理解和回应众多行为选择的难度就会加大。

对于先发国家而言，其现代性来源于同意机构与提取机构的互动建构，因而防止权力滥用是“治政”逻辑的应有之义。发展方向是摆脱通过多数决定的偏好压制，而寻求广泛协商以形成公意。对于后发国家来说，虽然防止权力滥用同样是必需的，但这些要件的建构由于其面临的时间压力和特殊状况而不能同时缓慢地进行，受认性来源于短期要素。这意味着首先要做的是在政府治理体系现代化与经济现代化的同时，将权威寄托于强的偏好预测能力与回应能力，建构一套能有效预测偏好的分析工具。从这个角度看，环境行政决策的咨询模式作为制度化的“政治”方式，以克服环境领域的“市场失灵”“政府失灵”以及“社会失灵”为目的，建立常设的互动平台，将各方主体平等地置于协商过程，通过理性协商，达成共识，进而规范和制约行政决策，同时兼顾成本与收益，有助于实现公共理性的法律之治。

第二节　系统建构：治理理论

一、政府管制模式的失灵与治理理论的兴起

（一）政府管制模式的失灵

20 世纪 60 年代之前，各国很少正式考虑人类活动对环境的潜在

影响。始于20世纪50年代后期，经过20世纪60年代，发达国家对于日益受到民众关注的人类活动的环境影响问题做出回应。环境法的管制模式脱胎于这一时期美国和欧洲的环境立法，主要表现为针对各种媒介设定环境标准以及排放标准，强制市场主体遵守，对违反者施以严厉制裁。所采用的方式是基于许可证制度的管理，排污者必须事先向环保部门申请并获得许可证，超出许可证规定的污染行为是被禁止的；同时对特定的污染活动，政府可以要求基于技术的统一控制。[1]

对管制模式的批评主要包括：第一，以管制相对人为主，政府行为约束不足。环境监管结构受到冗繁的程序和复杂的行政管理系统的困扰。信息有选择地流向顶端，决定遵循严格的参数、自上而下地做出，企业和个人作为管制对象，被动地选择是否遵守管制。[2]环境法规、条例和指导文件的结合构建了难以理解的文件、规划和报告的金字塔。遵守这些要求往往取代了可以用来实际减少污染和改善环境质量的资源和能力。第二，管制方式单一，并且能力不足。环境问题的复杂性和多样性决定了行政机关不仅需要适应变化的环境和发展的技术，而且需要面对大量的中小规模污染源、层出不穷的规避行为以及各种实际发生的问题。虽然行政机关造就了日益庞大的管制机器，但“一刀切”的管制方式无法填补管制漏洞，难以掩盖行政管制的疲态。[3]第三，实施效果不佳，造成公共关系紧张。单向度的管制，天然地缺乏沟通与交流，公众和企业被动地接受行政机关管制，未能满足其参与决策的意愿，一方面导致相关决策及其执行的正当性不足，另一方面造成被管制者守法的内生动力不足。环境不断恶化的现实，进一步加剧了各方主体之间的不信任，并将矛头指向政府，以致产生冲突，激化社会矛盾，陷入恶性循环。因此，单靠行政机关的管制无法实现生态环

---

[1] ORTS E W.Reflexive environmental law[J].Northwestern University Law Review，1995，89(4)：1227–1430.

[2] FARBER D A.Revitalizing regulaion[J].Michigan Law Review，1993，91（6）：1278–1296.

[3] STEWART R B.A new generation of environmental regulation?[J].Capital University Law Review，2001，29（1）：21–182.

境目标，必须与多元主体的道德观念和良性互动，以及有效的激励措施相结合。

环境的恶化通常被视为集体行动的问题，私益与公共物品之间的矛盾导致市场与政府都面临着失灵的风险。虽然经济领域可以放松管制，重归市场，但环境领域却很难，仅靠市场本身无法解决环境问题，需要通过政府加以规制，而环境领域的“政府失灵”则丧失了纠正“市场失灵”的机会，导致环境问题的加剧。环境质量的提升需要各级政府作出巨大的努力。但现实的情况是，联邦官员因发布雄心勃勃的环境目标而受到赞扬，而地方官员则因施加监管负担而首当其冲受到批评。面对各地不同的实际状况，环境部门制定和实施国家要求的努力变得徒劳无功。在某种程度上，中国当前的环境危机正是源于“政府失灵”。出于发展经济的考虑，一些地方政府的环境保护职能并没有得到很好的履行，在效用最大化面前沦为“环境问题的制造者”。由于行政决策的失误，直接导致环境问题层出不穷，不仅经济代价高昂，而且严重影响政府的公信力。

管制国家所遭遇的主要挑战乃是对国家机能与角色的重新认知。由于社会的日趋复杂，管制事务内容更见多样化，国家往往无法回应现代管制任务的需要，而必须求助于社会部门的协助。然而，为了克服“政府失灵”而引入的社会权力也可能成为消极的起负效应的权力，误导政府权力与偏离社会公正，这种影响甚至可以是破坏性的，造成国家与社会动乱的公害。[1] 因此，社会也会“失灵”。由于环境集体行动通常是一种无组织、非理性的短暂的社会群体行为，容易在群体情绪感染下导致行为越轨，引发社会动乱。环境公共权力和社会权力都存在突破环境正义底线的可能。根据公共选择理论，社会中的个体同样是经济人，在集体行动中也有失灵的可能。其主要表现形式有骚乱、恐慌、谣传等。亨廷顿曾警告过“民主过度”的风险，即如果公

---

[1] 郭道晖．社会权力与公民社会 [M]. 南京：译林出版社，2009：68–72.

民过度地参与了政府事务治理，那么政府管理的有效性就会受到威胁。“对公民参与最严厉的指责集中在公民参与造成了公共政策的扭曲。第一，由于公民常常不能理解政策质量标准中包含的知识和常识，所以，他们可能会质疑专业领域或科学界认定的政策质量标准。第二，公民参与可能会导致公共项目运作成本的增加。第三，公民参与会阻滞改革。第四，很多代表特定群体的公民在受邀参与公共决策后追逐特殊的利益，从而导致了更广泛的公共利益的缺失。”[1]所以，需要市场、政府与社会之间的双向互动，而非孤立、片面地让一方行动。既然市场、政府、社会均会失灵，在传统路径无法奏效的情况下，则需要寻求新的路径。依照公共选择理论、个体主义方法论所带来的启示，应当寻求形成市场、政府与社会共治的环境治理格局。

（二）治理理论的兴起

自 20 世纪 80 年代起，治理（governance）的概念开始受到越来越多的关注。[2]治理模式出现于这样一个时机，法律界对于“市场失灵”“政府失灵”和“社会失灵”都有了丰富的理解。这种多向度的失灵直接推动了由开放的公共管理与广泛的公共参与整合而成的治理模式的兴起，这代表着以分散权力来集中民意的公域之治的发展趋势，其典型特征是开放性和双向度，[3]解构国家自上而下地单向度向社会输送规制指令的封闭管道，建构各类行政法主体通过平等理性商谈获

---

[1] 约翰·克莱顿·托马斯．公共决策中的公民参与 [M]. 孙柏瑛，等，译．北京：中国人民大学出版社，2010：25.

[2] 治理理论的产生源于 20 世纪 70 年代末西方“新公共管理运动”的兴起。当时，西方国家出现普遍的财政危机，政府统治能力严重消弱。“新公共管理运动”主张摒弃低效的官僚机制，将私人部门引入公共服务，政府应当是“掌舵者”而不是“划桨者”，反映出人们对政府作用的反思。民众提出了更高的要求：一是控制官僚。公民向政治家进行利益表达，但利益的具体实现是通过官僚阶层完成的。公民可以通过选举来制约政治家，对官僚却没有直接的约束力。二是直接参与公共服务的供给过程。三是解决特殊利益集团对政府决策控制的问题。四是设法解决民主机制运作过程中的深层次矛盾。包括政府官员维护公共利益与满足特殊利益集团之间的矛盾；政府官员实现公共利益的角色要求与满足自我利益的矛盾；公民维护个人的合法权益与无线索取的行为倾向之间的矛盾。参见陈振明．政府再造 [M]. 北京：中国人民大学出版社，2003：79-80.

[3] 罗豪才，宋功德．公域之治的转型：对公共治理与公法互动关系的一种透视 [J]. 中国法学，2005(5)：3-23.

得共识的开放场域。[1]一方面是公众日益高涨的环境和民主意识，表现出对环境质量的关注，却忽略治理成本；另一方面则是长久以来形成的封闭的行政决策模式，迫切需要我们在政府和公众之间建立起互动的平台，构建中国的环境法治理模式，弥补政府独立行动的不足。在此情形下，不仅需要对传统国家理论重新加以诠释，行政程序观亦有相应的变化。此时的程序观扬弃昔日的片面性基本构造，转而强调政府与人民间的变向互动，试图借由创设合理的沟通与互动模式，赋予参与各方平等地位，实现共识。[2]

“在处理诸如水资源这样的公共问题时，关键的问题是人们之间的互动，是解决问题的过程，而不是命令与控制的过程”。[3]这意味着传统的、等级制的政府管制模式向具有活力的、多样性的社会治理模式的转变。需要通过政府与市场的共同作用，包括寻求任务和责任分担的平衡，而不是独自行动。政府不再是控制者而是促进者，为自我执行提供协助或激励，提供“交互性守法”（interactive compliance）的制度环境；企业、公众作为环境保护的参与者，以合作的方式、分担的责任共同达成政策目标。治理的客观条件包括：现有和传统权力结构、方式和工具的失效；有足够的利益和目标的聚合，使达到双赢局面或者协作效果成为可能。主观条件包括：相互信任和理解；共同责任的承担；一定程度的政治参与和社会支持。[4]治理理论的基本假设是：在一个多元化、后现代化、网络传播高度发展、复杂化与快速动态化的社会，政府难以一如往昔般维持单一、高权的决策地位。在诸如邻避问题的处理上，聚合地方政府、业者、环保团体、公众、媒体工作者、专家学者，形成一个对话与沟通的机制，方为上策。政府的任务在于促成相关主体的有效互动，并使其了解可供采用的各

---

[1] 参见罗豪才，宋功德．行政法的治理逻辑 [J]. 中国法学，2011（2）：5-26.

[2] 叶俊荣．面对行政程序法：转型台湾的程序建制 [M]. 台北：元照出版有限公司，2010：271.

[3] 文森特·奥斯特罗姆．民主的意义及民主制度的脆弱性：回应托克维尔的挑战 [M]. 李梅，译．西安：陕西人民出版社，2011：序言 11.

[4] FIORINO D J.Rethinking environmental regulation：Perspectives on law and governance[J]. Harvard Environmental Law Review，1999，23（2）：441-470.

种手段，而妥为选用。[1]通过积极引入和支持多层次的协商，治理模式解决了人们对封闭决策过程的不满和社会参与降低的问题，改善了政府管制与公共回应需要之间的紧张。作为参与式民主的一种实现形式，它更强调发挥多方主体的作用，更为关注法律程序的利益，鼓励各层面的参与、协商、回应和公共监督，以共识形成符合整体利益的公共政策。作为综合政府与市场的第三条道路，它以解决问题为导向，通过协商产生创造性的解决方案，在满足所有当事人的同时，避免诉讼的负面效果，带来更好的绩效。

简而言之，治理指的是决定做出的过程和决定实施（或者不实施）的过程。虽然尚无公认的定义，但一些国际组织为了便于操作已经做出定义（表 3.1）。世界自然保护联盟（International Union for Conservation of Nature，IUCN）将治理描述为政治与社会结构、过程、传统间的互动，这决定了权力如何行使，责任如何承担，决定如何做出，以及公民或其他利益相关者如何获得话语权。

表 3.1　国际组织使用的治理定义

国际组织	定　义
非洲发展银行	治理过程涉及国家事务管理中行使权力的方式，以及与其他国家的关系（AFDB，2010）。
亚洲发展银行	治理是关于公民彼此之间以及与政府机构 / 官员互动的制度环境（ADB，1999）。
欧洲经济共同体委员会	治理是指在欧洲层面影响权力行使方式的规则、过程和行为，尤其是关于公开性、参与性、可问责性、有效性和一致性（Commission of the European Communities，2001）。
欧盟理事会	善治是指出于公平和可持续发展的目的，透明和负责任地管理人类、自然、经济和财政资源（Council of the European Union，2003）。
经济合作与发展组织	治理是管理国家事务必需的政治、经济和行政权力的行使（OECD，2007）。

[1]　翁岳生 . 行政法 [M]. 北京：中国法制出版社，2005：102–103.

续表

国际组织	定　义
联合国开发计划署	治理是社会通过国家、公民社会和私营部门内部和之间的互动管理经济、政治和社会事务的价值、政策和制度体系。这是一个社会组织自身做出并执行决定的方式——实现相互理解、共识和行动。它包括公民和群体表达利益、求同存异以及行使法定权利和义务的机制和过程。它为个人、组织和公司设定界限以及提供激励的规则、制度和实践。治理包括其社会、政治和经济维度，存在于人类事业的各个层面，无论是家庭、村庄、都市、国家、地区或者全球（UNDP，2007）。
联合国亚洲及太平洋经济社会委员会	治理是指决定做出的过程以及决定实施或不实施的过程（UN ESCAP，2010）。
世界银行	治理由国家行使权力的传统和制度组成。这包括选择、监督和替代政府的过程；政府有效制定和实施合理政策的能力；以及关于公民和国家之间管理经济和社会互动的体制（World Bank，2009）。

治理模式假定所有主体都只是有限理性的，主张统一采用个体主义方法论，并辅之以集体主义方法论，形成一种互动主义方法论，通过适当的机制设计和制度安排来促使公共机构成为公益代表。[1] 在治理模式之下并不否认私益的存在，而是强调通过适当的制度安排，通过各方主体之间的互动来克服“政府失灵”，从而实现社会整体利益的最大化。

治理模式反对自上而下的层级制，体现参与式民主的理念，主张通过多元主体之间自下而上的咨询和协商，强化民主程序，提高决策质量。广义的治理只是将“政府”作为主体之一。在政府之外，还包含做出和实施决定的正式与非正式主体，以及为实施决定建立的正式

[1] 罗豪才，宋功德. 公域之治的转型：对公共治理与公法互动关系的一种透视 [J]. 中国法学，2005（5）：3-23.

与非正式结构。非国家行为主体的参与会产生更广泛的专业知识，代表更广泛的多样性利益。治理强调公私合作的共同执行，分享决策权，通过协商达成共识，进而提升政府的公信力，最终实现自我治理。奥利·洛贝尔认为，治理模式的特征包括非政府主体的广泛参与、利益相关者的合作、多样性与竞争、权力下放与基层化、政策整合、灵活性与非强制性、适应性与动态学习，以及在激增的规范产生实体中进行法律编排（legal orchestration）。[1]

治理理论强调多元主体的参与，但并不排斥权威性，也更加重视参与的秩序性。正如俞可平所指出的，“治理”是指在既定的范围内运用权威维持秩序，满足公众的需要；治理的目的是运用权力去引导、控制和规范公民的各种活动，最大限度地增进公共利益。他进一步指出，使公共利益最大化的社会管理过程就是善治，是政府与公民合作管理公共生活，是两者的最佳状态，是政治国家与公民社会的新颖关系。善治的基本要素包括：合法性，社会秩序和权威被自觉认可和服从；有效性，管理机构设置合理、程序科学，能够最大限度地降低管理成本；透明性，政治信息的公开；回应性，公共管理人员对公民的要求做出及时和负责的反应，必要时还应主动、定期地解释政策和征询意见；责任性，人们对自己的行为负责；法治性，任何政府官员和公民都必须依法行事，法律是公共政治管理的最高准则。[2]

根据具体环境和探求的最主要目标，“善治”可以包含以下内容：对人权的充分尊重；法治；有效参与；多角色伙伴关系；政治多元化；透明而可问责的程序与制度；高效的公共部门；合法性；知识、信息与教育的可获得性；人民的政治赋权；平等；可持续性；能够增强责任感、团结和包容的态度与价值观。善治也被表述为公共机构开展公共事务、管理公共资源、确保实现人权的过程，且不存在滥用和腐败

---

[1] LOBEL O.The Renew Deal：The Fall of Regulation and the Rise of Governance in Contemporary Legal Thought[J].Minnesota Law Review，2004，89（4）：262-390.

[2] 俞可平 . 治理与善治 [M]. 北京：社会科学文献出版社，2000：5-11.

并尊重法治。“善”政的真正考验在于它在何种程度上兑现承诺的人权：包括公民、文化、经济、政治和社会权利。前人权委员会在第2000/64号决议中，将善治的关键特征确定为透明性、责任性、问责性、参与性、回应性（回应人民的需要）。决议明确将善治与“推进增长和可持续的人类发展”的有利环境联系起来。[1]

在明确善治特征的基础上，盖伊·彼得斯提出了市场化政府、参与型政府、灵活性政府、解除规制政府四种新治理模式（见表3.2）。可以将环境行政决策咨询机制对应为参与型政府模式，在这一架构下，政策领域被科学家、专业协会、利益团体、积极分子等所包围，他们对政策发表意见，政府的任务是平衡及时决策的需要和参与的需要，同时制定出未来参与者提出相关意见的标准。[2] 虽然建立在等级制之上，但是由于其扁平的组织结构，以及涉及公共利益的决策之时广泛的咨询与协商，参与型政府同样成为治理的有效形式。

表3.2　四种新治理模式的主要特征

治理模式	主要诊断	结构	管理	决策	公共利益
市场化政府	垄断	分权	绩效工资制及其他私人部门管理技术	内部市场	低成本
参与型政府	等级制	扁平型组织	全面质量管理，团队	咨询，谈判	参与，咨询
灵活性政府	永久性	虚拟组织	管理临时人事	试验	低成本，协调
解除规制政府	内部规制	没有特别建议	更大的管理自由	企业化政府	行动主义

来源：盖伊·彼得斯，《政府未来的治理模式》

[1] 参见善治与人权[EB/OL].2000[2014-10-13].

[2] 盖伊·彼得斯.政府未来的治理模式[M].吴爱明，贾宏图，译.北京：中国人民大学出版社，2013：47-48.

欧盟已经引入新的治理模式来补充和支持决策。新治理模式激发目标群体的参与，提高了专家和行政机构的作用，推动权能向准独立机构和下级管理层进一步下放。目标群体在治理模式下，已经转化为利益攸关者，成为决策的参与者，并帮助制定和实施政策。欧盟开始以更加灵活的治理方式应对欧盟扩大所带来的复杂性和异质性；通过日益分化的决策工具和决策程序支持欧盟相对平稳地运行。由于治理强调谈判和协商，而不是等级制的决策，因此更容易获得认同。[1]

1998 年，联合国欧洲经济委员会（United Nations Economic Commission for Europe，UNECE）主导通过的《在环境问题上获取信息、公众参与决策和诉诸法律的公约》（也称《奥胡斯公约》）即采纳了善治原则。根据《奥胡斯公约》，通过政府机构间更大的透明度和可问责性，促进政府环境决策中的实质参与。《奥胡斯公约》的目标聚合为对公众的三项主要保证，成为公约的支柱，包括合理获取环境信息、公众参与决策以及在环境问题上诉诸法律（第一条）。每个缔约方应采取必要的立法、规章和其他措施以落实目标，实现三者的相互匹配，以及提供恰当的执行措施（第三条）。欧盟已将《奥胡斯公约》确定的原则应用到各国立法中，以各方主体之间的理性交流和回应，推动行政决策者更好地权衡利弊、合理决策，同时也促进彼此间的学习，增进彼此间的信任，强化决策的正当性。

二、实现良性互动的治理模式

（一）政府和社会的关系

根据现代法治理念，政府和社会是不同的法学范畴，社会是生成的，政府是建构的。[2] 但治理理论强调政府与社会的互动

[1] 参见周弘，贝娅特・科勒 - 科赫 . 欧盟治理模式 [M]. 北京：社会科学文献出版社，2008：77–78.
[2] 张文显 . 二十世纪西方法哲学研究 [M]. 北京：法律出版社，1995 ：273.

（government-society interactions），政府不应是独立于社会之外的控制者，而应是政府与社会互动之更大架构中的参与者，仅扮演社会共演化的推手之一。行政决策应当是政府和社会互动的结果，在互动过程要做到“优化配置有限的政府资源与社会资源”。[1] 互动具有双向性特征，相较于公众参与，互动更加重视相互影响、相互交流、相互作用和回应。蔡定剑教授认为：“公众参与的核心环节是政府与公众的互动，公众参与决策和治理的过程。它不是公众或集体单方面为个人或群体利益表达意见而采取的行动，如信访、维权行动和集体申诉等，也不包括如游行示威罢工等街头行动。街头行动是一种意见表达方式，但不是一个政府与公众互动作出决策和进行治理的过程。意见表达与公众参与是不同的。”[2]

在政府和社会的关系上，邓正来所主张的“良性互动说”和唐士其所主张的“强国家—强社会说”，都是互动说的代表。邓正来提出政府和社会的“良性互动说”。他指出：“透过中国市民社会的建构，逐渐确立国家与市民社会的二元结构，并在此基础上形成一种良性的互动关系。唯其如此才能避免历史上多次出现的两极摆动，推动中国的经济体制和政治体制改革，最终实现中国的现代化……第二阶段为成熟阶段，其间社会成员在继续发展和完善自身的同时，逐渐进入‘公域’，参与和影响国家的决策，并与国家形成良性的互动关系。”[3] 唐士其通过考察国家与社会关系理论和实践的演变，提出“强国家—强社会说”。他认为：“中国应该探索的是一种强国家—强社会的国家与社会协调发展的新型的国家与社会的关系模式，要求建立国家与社会尤其是各种社会组织之间的一种协同合作、互相监督的良性互动机制。”[4] 在行政法学界，也有学者专门提出政府和社会的互动模式。

---

[1] 史蒂芬·布雷耶．打破恶性循环：政府如何有效规制风险 [M]. 宋华琳，译．北京：法律出版社，2009：11.

[2] 蔡定剑．民主是一种现代生活 [M]. 北京：社会科学文献出版社，2010：183.

[3] 邓正来．国家与社会：中国市民社会研究 [M]. 成都：四川人民出版社，1998：4-5.

[4] 唐士其．市民社会、现代国家以及中国的国家与社会的关系 [J]. 北京大学学报：哲学社会科学版，1996（6）：65-72.

例如，陈峰提出公共行政模式应是“政社互动”新模式，政府与社会的关系应该是一种平等合作、信任、良性互动的关系。[1] 他将互动建立在现代行政法的基础之上，即民主行政、合作治理，更强调社会自治与参与。

在环境行政决策中，政府和社会关系应当是这样的：还原环境公共领域之治，将社会从对政府的迷信中解放出来；还原社会对环境的自治，将法律从政府附属成分中独立出来；增强法律的不偏不倚，将社会各主体在环境公共利益之上形成利益共同体，从而“基于主体间性建构一种合作互动的共治共赢格局”[2]。显然，我们不可能只依赖于控制与命令的政府监管模式或经济刺激的市场模式，而应当是政府和社会互动下的环境共治模式。公民个体、环保社会组织的环保行动，新闻媒体的公共舆论监督，既可给予政府来自社会的支持和配合，也可促使社会对政府进行监督。因此，基于合作治理的良性互动可以避免政府和社会的失灵，形成相互监督、相互影响、相互作用，这便是“政治”逻辑的最理想状态。

（二）环境法的治理模式

环境法已经成为新治理试验的前沿阵地。[3] 环境问题的复杂性、多样性以及环境风险的不确定性，决定了没有任何一个主体可以单独应对和解决。治理模式的核心在于以互动的理念取代自上而下的命令与控制模式，由政府、行业与社会共担实现政策目标的责任。

作为较早将治理理论引入环境法领域的学者，丹尼尔·费罗林认为，治理的核心在于政府与其他社会主体间的新的互动形式。这种互动形式是持续的、结构性的，某种程度上是制度化的；公私主体之间的区分是模糊的，界限是不固定和相互交叉的；政府行为不是单向

---

[1] 陈峰．政社互动：创新社会管理背景下的行政法新模式 [J]. 北方法学，2013（6）：66-74.
[2] 罗豪才，宋功德．软法亦法：公共治理呼唤软法之治 [M]. 北京：法律出版社，2009：38-39.
[3] LOBEL O.The Renew Deal：The fall of regulation and the rise of governance in contemporary legal thought[J].Minnesota Law Review，2004，89（4）：262-390.

度地施加于非政府主体，而是双向度地与之共同实施。[1] 简·库伊曼同样认为，治理是基于互动的过程，公私主体为解决社会问题或开创社会机会而共同参与。依各行为者间互动关系之特性，治理分为三类：自我治理（self-governance）、合作治理（co-governance）、层级治理（hierarchical governance）。[2] 卡尔·霍格尔进一步指出，"治理模式"的主要特征包括：竭力提升非国家的民间行为者对环境决策的参与（participation）；尝试改进在横向部门和纵向区域层面的合作（coordination）；以透明和民主问责的方式，在环境决策中努力有效整合不同类型的科学与民间专业知识（expertise）。[3] 他们都强调互动在环境法治理模式中的作用，主张通过非政府主体的广泛参与、多元主体之间自下而上的协商、利益相关者的合作，突出灵活性与非强制性、适应性与动态学习过程，进而提高决策质量和执行效率。

因此，环境法的治理模式应当被理解为，在自上而下的管制和单一地依赖以市场为基础的规范之间，构建以多元主体间的互动为核心的第三条道路，从而克服在环境问题上面临的"政府失灵"。在这个意义上，环境行政决策咨询的机制设计，为环境治理中的各方主体间互动行为提供规范性基础与体制保障，其诸多要素与治理理论是相一致的。

第一，多元化的主体。包括政府、市场主体、专家学者、公众在内的多方主体成为环境行政决策咨询的主体，使互动有了可能的稳定架构。一方面委任最适当的人担任成员，可以就某一问题增加可选观点和角度，促进对问题的理解；另一方面充分代表社会不同阶层和界别的利益，广泛的代表性为环境行政决策咨询的存在提供了合理性，促进公众接受其意见，以此寻求任务和责任的分担平衡。这与"善治"

[1] FIORINO D J.Rethinking environmental regulation：Perspectives on law and governance[J]. Harvard Environmental Law Review，1999，23（2）：441–470.

[2] KOOIMAN J.Governing as Governance[M].London：SAGE Publications Ltd，2003：4.

[3] HOGL K.Environmental governance：The challenge of legitimacy and effectiveness[M]. Cheltenham：Edward Elgar Publishing，2012：5.

的要求是相一致的，在决策之时考虑所有行动者的角色，从政府到私人主体，合作以达到有效治理。

第二，回应性。单向度的政府行为不是治理，各主体之间的互动只有通过回应，合作、沟通才可能产生效果。政府有责任倾听公众的声音，并对此做出回应。由于向民众做出正当性证明的必要性，故而需要对决策的理由做出说明，而给出理由的过程必须小心谨慎，以使给出的理由能够与“受影响”和“感兴趣”的民众所希望的理由相契合。这一活动可以被认为是为达成共识服务的一个正当化过程。[1] 环境行政决策咨询的具体回应，一是各方的问题或意见应当得到咨询主体的回应，二是政府必须对咨询意见或决定做出回应。决策过程也由自上而下、命令加控制的框架转变为源于并适应于地方情势的反思性路径。此即构成互动的内容。

第三，公开性。如今，由少数人关起门来操作的内阁政治，已变成了一种不言自明的罪恶，公开则变成了一种绝对价值，虽然最初它只是一种反抗绝对王权主义官僚化的、专业技术化的秘密政治实践手段。[2] 环境决策咨询机制的运作应公开、透明，以开放的结构，透明的过程，将协商置于公众视野之下。包括事先公开协商会议的时间范围、方式与相关材料，公布参会代表名单；会议全程对媒体、公众开放；会议结束后，及时公开主要意见和协商情况。此即互动的保障。

第四，持续的学习过程。决策最终的结果作为一个利益分配的方案，需要建立在公众和相关利益主体的大量社会知识的基础上，每个利益主体都是一个认识主体，也都是拥有特定知识的主体，通过程序平台，交换、学习、整合关于利益和决策方案的知识，进行平等的、富有尊严的沟通、协商和学习，从而实现公共决策的正当性。[3] 在环

---

[1]　丹尼尔·W. 布罗姆利 . 充分理由：能动的实用主义和经济制度的含义 [M]. 简练，杨希，钟宁桦，译 . 上海：上海人民出版社，2017：171.

[2]　卡尔·施米特 . 合法性与正当性 [M]. 冯克利，李秋零，朱雁冰，译 . 上海：上海人民出版社，2014：189.

[3]　王锡锌 . 公共决策中的大众、专家与政府：以中国价格决策听证制度为个案的研究视角 [J]. 中外法学，2006，18（4）：462–483.

境行政决策咨询机制的实际运作、对话过程中，就一项具体的决策而言，功能的发挥体现在专业知识转化为公众的社会知识，这也是自主学习的过程；就整体的效用而言，政府不仅仅是听取意见，同样具有教育责任，通过辩论的方式，培养公众的法治意识，增强公众的知识理性和责任意识，进而提升对政府的信任感。

总的来讲，治理模式提供了政府、市场、社会等不同行动者之间的互动架构，在此架构之下行动者形成了广泛的沟通和联系，通过强调共识参与，以共同的合力实现“善治”，从而防止各方都可能面临的失败。

第三节 运行保障：协商民主理论

一、通过协商民主优化决策过程

（一）协商民主的基本内涵

所谓协商民主（deliberative democracy），指的是利用理性指导协商的治理形式：自由、平等的公民借助对话、审议和协商，提出各种相关理由，尊重并理解他人的偏好，广泛考虑公共利益，从而赋予立法和决策以政治合法性。[1] 美国学者约瑟夫·贝塞特教授最先提出了这一概念。[2] 在协商民主论者看来，民主就是某种形式的公共协商，如果决策不是强加给公民的话，公民之间的协商就是必不可少的。协商民主是一种公共咨询：“政治治理”的手段，也是一种政治参与的过程，体现为不同行为主体交换信息、辩论、协调相互关系、共同商议的沟通行为，更是一种民主化的、科学化的决策过程；协商民主具

---

[1] 陈家刚．风险社会与协商民主 [J]．马克思主义与现实，2006（3）：95-105.

[2] 戴维·赫尔德．民主的模式 [M]．燕继荣，等译．北京：中央编译出版社，2008：266.

有相对独立的价值目标，即追求政治平等和决策中的审议性，追求每个人的人格、声音及其理性得到充分尊重和体现的公正社会。[1]基于在多元文化的现代社会中达成实质性共识困难的客观事实，协商民主形式尊重个体价值立场差异性的特性显示出优势，不同利益主体之间通过充分交流和平等协商，过滤和排除明显不合理的价值偏好，吸收和重新理解他人的合理观点并对自身主张进行修正，[2]呈现出与少数服从多数的简单民主形态的不同特点。

古特曼和汤普森对协商民主的特点进行了总结。第一，给出理由，公共决策的做出需要公民或其代表的参与，他们应当为赞成或反对的公共决策提出理由；第二，给出的理由是所有公民容易理解的，并且是由接近的公民在协商的过程中所提出的，这样可以使所有陈述对象都是容易接近的，或者说这些理由是大家都可以理解的，从而强化决策的现实基础；第三，经由协商而产生的共识对公共决策具有约束力；第四，协商的过程是动态的，目的是形成一个被证成的决策，但并不预设目标一定可以达成，因此而保证了开放和持续对话的可能性。[3]协商决策，即通过商量、讨论来决策，从利益分配的角度出发，使多个利益主体在一起商量如何分配利益。政府利用公共政策作为手段，对“全社会的价值做权威性的分配”，以此来调整社会各主体的利益关系，实现资源管理政策的有效执行。它所关注的问题是不同利益如何得到有序的集中、传输、协调和组织，以各种同意的方式进入体制，以便使决策过程常规性地吸收社会需求，将社会冲突减低到保持整合的限度。也就是说，协商是为了实现利益共容，取得各方对利益分配方式的决策的认同。具体来讲，可以包括以下三个方面。

首先，协商民主可以作为一种决策形式。大多数协商民主论者将协商视为决策前的讨论，并将其作为阐释决策正当性的基础。戴维·米

---

[1] 何包钢. 协商民主：理论、方法和实践 [M]. 北京：中国社会科学出版社，2008：17.
[2] 詹姆斯·博曼. 公共协商：多元主义、复杂性与民主 [M]. 黄相怀，译. 北京：中央编译出版社，2006：51-59.
[3] 谈火生. 审议民主 [M]. 南京：江苏人民出版社，2007：5-7.

勒认为："当决策是通过公开讨论过程而达成，所有参与者都能自由发表意见并且愿意平等地听取和考虑不同的意见时，这个民主体制就是协商性质的；这样所达成的决定不是简单地反映参与者的重要利益或观点，而是反映了考虑各方观点后做出的判断以及解决分歧时应使用的规则和程序。"[1]陈家刚进一步指出，作为一种决策形式，协商民主要求容纳每个受决策影响的公民，实现参与的实质平等和决策程序上的形式平等，只有满足这些条件的协商过程才能够形成具有民主合法性的决策。[2]环境行政决策咨询的治理规则通过创设协商民主的平台，以公开会议和公开论坛的形式，确保行政机关在决策前认真听取相关利益各方和公众的意见，并在决策中有所反映，借由协商民主强化决策的正当性基础。

其次，协商民主建立在互动的基础之上。在哈贝马斯眼中就是交往行为，他指出，制度的合理性与合法性的关键在于交往行为。生活世界是作为一种通过交往行动而再生产的彼此交叉的文化传统、合法秩序和个人认同而出现在人们面前的。[3]交往行为涉及的是两个以上具有言语和行为能力的主体，在相互谅解基础上的互动，行为者通过行为语境寻求沟通，以计划或行为协调起来。哈贝马斯高度重视互动的作用，认为只有当一种生活世界允许互动存在的时候，它才是合理的，并且主宰这种互动的不是靠强制所达成的共识，而是直接或间接靠交往达成的沟通。[4]可以说，互动是其交往行为理论中的核心概念，而主宰互动的又是沟通，交往理性反映出参与主体之间的相互沟通，哈贝马斯称之为"主体间性"行为，即建立参与者个人动机的基础之上，在同一语境之下通过充足的理由将其协调起来，进而形成相互说服的过程。哈贝马斯进一步将其概括为商谈论。他指出，交往理性提供的

---

[1] 戴维·米勒．协商民主不利于弱势群体？[M]// 毛里西奥·帕瑟林·登特里维斯．作为公共协商的民主：新的视角．王英津，等译．北京：中央编译出版社，2006：139–140.

[2] 陈家刚．协商民主引论 [J]. 马克思主义与现实，2004（3）：26–34.

[3] 哈贝马斯．在事实与规范之间：关于法律和民主法治国的商谈理论 [M]. 童世骏，译 .2 版．北京：生活·读书·新知三联书店，2011：28.

[4] 尤尔根·哈贝马斯．交往行为理论 [M]. 曹卫东，译．上海：上海人民出版社，2004：321–322.

是一种导向作用，引导人们对形成意见和准备决策的诸多商谈——合法行使之民主统治的基础就在于此——所构成的网络进行重构。从这个角度来看，政治意志形成过程、立法过程和司法判决实践的法治国交往形式，表现为处于系统迫令压力之下的现代社会的生活世界的总体合理化过程的一部分。[1] 在商谈建构范式下，专业判断得到了高度信任，其应当“与民主结合在一起”。[2] 借助于交往和商谈这样的互动形式，通过民主的意见与意志形成过程，实现专业知识和参与民主有机结合，构成了“交往权力”，从而为行政决策合理化提供最重要的途径。但哈贝马斯同时指出，通过民主程序而形成的“交往权力”的公共舆论，是无法亲自“统治”的，而只能对行政权力之运用指出特定方向。[3] 环境行政决策咨询机制是包括行政机关在内的各方利益主体互动的平台，建立在理性与民主的基础之上，但经由各方协商做出的建议和意见，仅仅是供行政机关决策参考，本身并不会产生实际的行政效果，只是以“交往权力”（亦即前文提到的“社会权力”，何包钢教授称之为“沟通权力”）的形式对行政权力产生指导和影响。

最后，协商民主旨在获得共识。“协商的理想目标是实现以理性推动共识——发现对所有参与者具有说服力的理由”。[4] 詹姆斯·博曼指出，“与其说协商民主是一种对话或辩论形式，不如说是一种共同的合作性活动，解决那些只有通过人际间的协作与合作才能解决的问题情形”。[5] 实现问题的解决，在哈贝马斯看来，就是通过沟通达成共识：根据交往行为模式，一种互动要想成功地付诸实现，参与者之间就必须达成一种共识；共识的基础是相互信服，是主体间对于有

---

[1] 哈贝马斯 . 在事实与规范之间：关于法律和民主法治国的商谈理论 [M]. 童世骏，译 .2 版 . 北京：生活·读书·新知三联书店，2011：7.
[2] 伊丽莎白·费雪 . 风险规制与行政宪政主义 [M]. 沈岿，译 . 北京：法律出版社，2012：40.
[3] 哈贝马斯 . 在事实与规范之间：关于法律和民主法治国的商谈理论 [M]. 童世骏，译 .2 版 . 北京：生活·读书·新知三联书店，2011：372.
[4] 乔舒亚·科恩 . 协商与民主合法性 [M] // 詹姆斯·博曼，威廉·雷吉 . 协商民主：论理性与政治 . 陈家刚，等，译 . 北京：中央编译出版社，2006：50.
[5] 詹姆斯·博曼 . 公共协商：多元主义、复杂性与民主 [M]. 黄相怀，译 . 北京：中央编译出版社，2006：16–30.

效性要求的认可。他指出，互动一方的言语行为要想取得成功，必须满足如下前提：即另一方接受了他在言语行为中所提供的内容，并且对可以批判检验的有效性要求采取肯定或否定的立场。[1] 这里，知识与理性具有极其重要的作用,共识的达成依赖参与者之间理性的沟通，理性的沟通又是建立在获得相关专业知识的基础之上。决策的合理性取决于充分的知识储备、理性的沟通,以及主体间对于其有效性的认可。

总的说来，有效的协商能够以四种方式影响决策的质量。①通过形成更好的解决方案而带来帕累托效率；②通过为弱势群体提供更好的保护而使结果在分配正义方面更加公正；③能就任何一项决议带来更广泛的共识；④能够产生更加合法的（包括对少数人而言也是如此）决议。[2] 协商民主理论将取得共识作为所追求的结果，更好地照顾到每个人的利益，并将此作为决策合理性与合法性的基础，在这一点上与公共选择理论并无二致。环境行政决策咨询机制正是以此作为指导，试图实现对行政决策合理性与合法性基础的强化。

（二）协商民主理论的流变

当前，代议制仍是主要的民主形式，但公众对于民主权利和公共利益的关心，尤其利益相关者，希望直接参与到决策中心，需要制度化的渠道提出自己的主张和意见，并且得到反馈。这一点从中国当前环境群体性事件的大量爆发可以得到有效印证。议会民主和投票民主要求政府主要扮演“传送带”的角色，但现代政府行使着越来越多的立法功能和决策功能，为了防止“行政专政”，将参与式民主和审议式民主引入行政领域是必然的选择，因此，现代民主的重要特色是民主形式由单纯的议会民主、投票民主向更多参与式民主和审议式民主的转化。[3] 协商民主所要求的多元公共理性包容了其他参与者的理性

[1] 尤尔根·哈贝马斯．交往行为理论 [M]. 曹卫东，译．上海：上海人民出版社，2004：106，274.
[2] 约·埃尔斯特．协商民主：挑战与反思 [M]. 周艳辉，译．北京：中央编译出版社，2009：24.
[3] 沈岿．公法变迁与合法性 [M]. 北京：法律出版社，2010：序 5.

和多样性。这样一种理论弥补了多数主义的不足，使理性凌驾于权力之上，政策之所以被采纳，不是因为最有影响力的利益取得了胜利，而是因为公众倾听和审议了相关理由之后，共同认可该政策的正当性。[1]

协商民主在生态环境领域的发展和运用，与强势民主（strong democracy）、社群主义（communitarianism）等理论紧密相连。其核心观点是，解决生态环境问题与民主能力建设相互交织，由于环境和公共健康的高关联性，促进决策中的民主参与同应对环境挑战一样重要。

具体来看，强势民主强调生态环境和其他公共问题的相互作用以及公众参与在解决这些问题方面的作用。对自然的控制和开发、对生态约束的反应迟钝与人类对彼此的控制休戚相关。由于具有等级分明、反对参与的性质，社会控制和等级制度是对生态健康和自然保存的障碍，应当代之以人为尺度的社群，使其能够自由地为生态环境问题找到技术和行为上的解决办法。当人们从束缚自身的人造结构中解放出来时，他们将自由地学习如何与自然和谐相处。这是因为，生态环境问题的改善常常需要社群所有成员改变行为，人们更有可能遵守他们在制定过程中发挥作用的决策。为此，民众和行政官员必须进行公开对话。“公众 / 公开性”可以被积极地理解为“社会关系的特殊类型”，用来作为合理化的论坛并借此改善行政的决策质量。[2] 政府不只是需要与公众讨论一些极具争议的问题，如危险废物设施的建设等。更为重要的是将利己的个人转变为寻求公共利益的公民。比减少污染更为深层的目标涉及追求公平、正义等价值的权利，以及增强自治能力。因此，有效的公众参与不仅可以解决公共问题，而且可以增进民主能力和自治。

社群主义的核心是公众参与理念的一场根本性革命。它对于当代

[1]　陈家刚 . 多元主义、公民社会与理性：协商民主要素分析 [J]. 天津行政学院学报，2008，10（4）：31–37.

[2]　施密特・阿斯曼 . 秩序理念下的行政法体系建构 [M]. 林明锵，等译 . 北京：北京大学出版社，2012：104.

自由主义以及管制主导模式都提出了批评。在社群主义者看来，个人无法脱离社群而存在。解释者总是处在一个社群的“传统”之中，这个传统给个人灌输着偏见和利益，而这些偏见和利益又限制和指导着对任何文本的理解。个人在社群或其传统中的生活必然限制着这个人的视野。社群传统能够帮助塑造解释者的“地平线”：“包括了从一个特定的制高点可以看到的所有东西的视野”。“在自由主义的基本原则中，没有什么东西能够使它成为一个静止的教条，也不存在一成不变的一劳永逸的规则。在安排我们的事务时，应该尽可能地运用自发的社会力量，而尽可能少地借助于强制，这个基本原则能够作千变万化的应用。”[1]然而，自由主义者没有认识到“我们普遍认可、甚至珍视的、对彼此负有的道德和政治义务”，无法“确保它承诺的自由，因为它无法维持自由所要求的那种政治共同体和公民参与”。由于缺乏责任感而将“强烈的社群或成员观念”视为对优先重视个人权利的一种威胁，自由主义为环境法提供了一个薄弱的基础：我们的“法律和政治词汇可以轻松应对有权利的个人”，但似乎无法有效地处理环境退化。自由主义“阻碍对我们最紧迫的公共问题进行创造性的长期思考”，它与资本主义的交织，对于扩张、增长和消费的持续驱动，注定了在面对稀缺、限制和污染的时候会走向灭亡。[2]社群主义主张民众直接参与政策制定，这些政策是开放政治进程的结果，而不是由技术官僚或政治精英严格管理的政治进程。相较于管制模式中有限的公众参与，社群视域下真正的公众参与使人们能够在管理自己的过程中确定公共利益和优先事项，并做出权衡。这些理念通过社群主体间的良性互动得到实现。

为了确保公共问题得到有效解决，强势民主和社群主义不约而同地将注意力集中在权力下放，要求将更多的政策权威和决策权下放给

[1] 弗里德里希·奥古斯特·哈耶克.通往奴役之路[M].王明毅，冯兴元，等译.北京：中国社会科学出版社，1997：24.

[2] BRYNER G C.Policy devolution and environmental law：Exploring the transition to sustainable development[J].Environs：Environmental Law and Policy Journal，2002，26（1）：1–32.

基层政府。权力下放被认为是一种让公众参与到解决问题的过程中，并获得他们对改变行为的承诺的方式。例如，环境保护需要民众改变行为，通过节约能源和增加使用公共交通来减少排放，而这不能简单地自上而下地强制执行，应当采取参与式决策方式，以响应民众在影响其健康和生活质量的决定中发挥作用的要求。基层民主为自我负责的行为留存了充分的空间，也正通过这种方式，政治系统的生命力，尤其是创造力得以加强。因为要在共同体所能承受的范围内，最大限度地激发政治系统的创造力，就必须尽可能广泛地允许其作出自我负责的行为。如果赋予子系统广泛的、须自我决定的权限和处理事项，人们就会运用其能力和创造力，自己解决所遭遇的问题。人们也因此常常会找到不同的解决方法，例如，在不同城市发展出不同的垃圾清理方案。之后，人们会对这些解决方法的优劣进行检验。通过这些试验和比较，总系统的学习能力也会得以提升。与此同时，处于系统下层的公民的自我负责意识也得到激发。而上位阶的规范层级亦从繁重的任务负担中解放出来，只需在必要的情形下，参与总系统所欲追求的目标的协调、引导和纠偏，特别是确立下层级的规范权限开展的框架性条件。[1] 因此，权力下放在促进参与式决策的同时，也提升民众的责任意识。

然而，权力下放并非没有风险。生态系统与政治边界往往发生冲突，环境影响也会溢出管辖范围。例如，城市空气污染问题是本地污染源和远距离污染源共同作用的结果。因此，地方的权力下放，如制定地方空气污染防治规划，必须与防治空气污染和控制机动车排放的区域与国家规划相结合。随着自治权力的下放，一些地方可能会出现倒退，污染行业会找到办法，更大胆地在地方政府中行使决策影响力以减少监管义务。支持减少环境监管、强化经济增长和消费不受限制者，会利用权力下放的契机来影响政府决策。但从长远来看，一种更

[1]　齐佩利乌斯．德国国家学 [M]. 赵宏，译．北京：法律出版社，2011：27–28.

具雄心的、防止污染的监管方式需要广泛主体的更多参与，民众、相关行业和政策制定者的密切合作需要地方层面的政府论坛。

事实上，关于权力下放的争论很难以在哪个政府层级上应采取何种具体政策提供明确指导的方式加以解决。尽管存在问题，但在环境政策制定方面有着对权力下放的强烈支持。很明显，中央层级根本无法发布所有的行为规范。各级政府在生态环境决策方面都有一定的作用。决策的分散化允许各地根据不同的生态、经济和社会差异来调整国家目标的实施，这与要求公共服务水平更加统一的集中化解决方案相比可以提高社会福利，因为人们可以自由选择如何平衡相互冲突的关切。因此，权力下放有助于制定更贴近实际的公共政策，让不同的基层政府有机会在经济增长和降低环境风险等相互竞争的政策目标之间取得平衡。

在西方，代议制民主先于协商民主而发展，似乎中国也应当按此路径发展协商民主。然而，西方所谓的民主精神似乎与中国的传统并不相符。在钱穆先生看来，中国政治上的传统观念，对意见的从违抉择，往往并不取决于多数，而是取决于贤人。他指出："春秋时即有'贤均从众'之说。那一人贤，就采纳那一人的意见。假若双方均贤，则再来取决于多数。'贤'属质，'众'属量，中国传统重质不重量。中国人认为只要其人是贤者，就能够代表多数。不贤而仅凭数量，是无足轻重的。这一观念，反映在汉代的选举制度上，便极明显。所以国家的选举权，并不托付于社会一般民众，而径由地方长官行使之。照理，地方长官应该择贤而任。他既是一位贤长官，自能博采舆情，为国家选拔真才。"[1]

因此，中国的协商民主呈现出与西方不同的路径，在选举民主不完善的条件下，也有可能发展协商民主。党的二十大报告提出，"健全各种制度化协商平台，推进协商民主广泛多层制度化发展"。鼓励

[1] 钱穆 . 中国历代政治得失 [M]. 北京：九州出版社，2012：42.

协商民主的发展是一个民主化战略选择，民主协商和咨询模式比自由民主的选举和竞争模式要好，发展协商民主是一个明智选择。采用协商民主解决最棘手的问题是一种创新，也是基层官员化解社会矛盾的一种新的思路和方向，政府不再是与公众对立的利益集团，而只是搭建协商民主的平台，扮演了中立、公正的角色。[1]通过构建"公共领域"的协商平台，环境决策咨询机制将公众和利益相关者引入协商过程中，经由公开陈述、交换观点，引导参与各方理性看待自己的选择和偏好，进行批判性的反思，进而形成社会共识。

二、形成社会共识的制度安排

中国的协商民主是指，在既有的基本制度框架下，围绕政治社会生活中的议题，所有受到决策影响的行为主体，通过咨询、商议、讨论的方式，达成共识的一种民主形式。[2]达成共识，是协商民主理论所追求的结果。

所谓共识，就是相关利益团体对资源环境管理的目标和方法基本达成一致的看法，至少是没有强烈的反对，体现出科学与民主决策。[3]共识原则，也可谓一种策略，指在复杂的或高度危险领域的管理中，行政机关于事前的规划、风险的衡量、可能性的决定等，以及新的决策的准备过程等，必须与相关的社会主体以共识的方式加以完成，否则将难以有效治理。[4]证明客观可靠事物，最重要的确认手段就是共识，原因在于其真实性，共识并不是通过想象方法而获得，而是聚合，数个相互独立的主体就同一客体达成客观上聚合认识的情境，它是真实性的固有标准。[5]共识构成了环境行政决策合法性与合理性的基础，

---

[1] 何包钢．协商民主：理论、方法和实践 [M]. 北京：中国社会科学出版社，2008：33–45.

[2] 齐卫平，陈朋．协商民主研究在中国：现实景观与理论拓展 [J]. 学术月刊，2008，40（5）：13–20.

[3] 任勇．日本环境管理及产业污染防治 [M]. 北京：中国环境科学出版社，2000：229.]

[4] 翁岳生．行政法 [M]. 北京：中国法制出版社，2005：82.

[5] 阿图尔・考夫曼．法律哲学 [M]. 刘幸义，等译 .2 版．北京：法律出版社，2011：297.

建立在有效的咨询、沟通、讨论之上的协商民主是达成共识的重要方式。

良好的沟通确保了合作的意愿以及相互之间共识的达成。信息社会在一个多元民主以及朝向个人化与个人自主决定的社会，具有高度重要性：经过资讯化之后，对于行政而言，其管理的模式应强调沟通、反思与经由程序进行调控。行政机关不应当是唯一的或核心的治理者，而仅属于行动者所构成的网络中的一个行为者而已，行政机关与当事人在该网络中是合作伙伴，在互动与谈判中均具有各自的利益，核心价值在于追求“官民”间的合作与共识，而不是单方做出自认为正确的决定。[1]

当前，中国环境行政决策的汇纳技术理性与社会理性的途径尚不明确。一方面是环境问题涉及的专业性和复杂性，容易产生决策失误。另一方面则是长期以来形成的以政府为中心的决策模式，不透明的决策过程，民众往往对于行政决策存在疑虑。通过环境决策咨询平台，首先是将咨询提至决策之前，其次是将专业知识与公众参与有效结合，引入协商民主理论，通过理性的讨论取得共识，以此产生制约行政权力的“社会权力”，提升环境行政决策质量。

“专家文化所发挥出来的认知潜能本身必须继续和日常交往实践联系起来，并充分应用到社会行为系统当中。”[2] 在意见和意志形成过程的第一阶段，一定的专家知识是必不可少的，第二阶段则体现了常常处于竞争之中的利益状况和价值取向，这样在对描述、预见和可能的行动取得共识的基础上，就有可能在有待解决之问题的不同方案之间做出一个选择。[3] 同样，何包钢教授也指出，任何重大决策都含有两个基本要素。第一，涉及技术性的因素，需要专家思考，并提出解决方案；第二，涉及民主性的因素，需要公众和相关利益者的参与，重大决策与民生利益相联系，如果仅从专家技术手段论证科学决策，

---

[1]　翁岳生．行政法 [M]．北京：中国法制出版社，2005：84–85.

[2]　尤尔根・哈贝马斯．交往行为理论 [M]．曹卫东，译．上海：上海人民出版社，2004：230.

[3]　哈贝马斯．在事实与规范之间：关于法律和民主法治国的商谈理论 [M]．童世骏，译．2 版．北京：生活・读书・新知三联书店，2011：201.

则会忽视决策中的民主利益。[1] 由此也可以看出，专业性和民主性的结合在决策中必不可缺，专业知识是开展协商民主的第一步，在此基础上才可能进入共同的语境，可能受到影响的各方通过沟通、讨论从而取得共识，这样就构成协商民主的完整过程。

在发生冲突时，交往行为者面临这样的选择：或者是中断交往，或者是转向策略性行为——尚未解决的冲突要么拖延不决，要么见个分晓。走出这条困境的一条出路是对策略性互动的规范性调节，对此行为者之间要达成理解。[2] 一是解释，解释的核心意义主要在于通过协商对共识的语境加以明确，言语者和听众同时从他们的生活世界出发，与客观世界、社会世界以及主观世界发生关联，以求进入共同的语境；二是协调，行为者通过寻求行为语境的沟通，在相互谅解的基础上把计划和行为协调起来。[3] 在制度的互动过程中，冲突的存在是必然，然而由于建立在理性协商的基础之上，冲突的出现并非坏事，一方面将问题呈现给各方，为其有效解决提供契机，另一方面体制内的冲突，处于可控状态，有助于宣泄非理性的因素。冲突解决的重点在于专业和合理的解释，以及有效的利益和观点的协调。

事实上，专业性和民主性是相辅相成、互为补充的，缺乏专业性的民主将可能导致民粹，而缺乏民主性的专业则无法摆脱“政府失灵”。在构造合理的专家咨询和论证制度方面，最重要的是充实专家和公众的参与权、话语权，打破政府在决策体制中的“知识—权力”垄断性结构。[4] 这就包括多元社会主体的互动机制，公众和社会组织的权利得到确认，充分体现其主体地位，由协商和讨论而产生的“交往权力”对行政机关形成压力。政府责任将由此转变为以回应公众、满足公众要求为核心，而不再是一味地追求 GDP 的增长。

---

[1] 何包钢．协商民主：理论、方法和实践 [M]．北京：中国社会科学出版社，2008：41.

[2] 尤尔根・哈贝马斯．在事实与规范之间：关于法律和民主法治国的商谈理论 [M]．童世骏，译．2 版．北京：生活・读书・新知三联书店，2011：32.

[3] 尤尔根・哈贝马斯．交往行为理论 [M]．曹卫东，译．上海：上海人民出版社，2004：84.

[4] 王锡锌．我国公共决策专家咨询制度的悖论及其克服：以美国《联邦咨询委员会法》为借鉴 [J]．法商研究，2007（2）：113–121.

法治秩序可以建立互动得以进行的规则、程序以及制度框架。借用美国政治学家卡尔·科恩所提出的参与司法程序的三个维度，决策互动的三个维度包括广度、深度和范围。广度指实际参与程序的人数。一个具有充分参与性的法律秩序应该是这样一个秩序，在这种秩序中，所有受到某个决策影响的公民都可以并确实参与决策过程。当前这只是一种理论状态。深度是衡量参与者对各种活动介入程度的指标。这些活动包括“确定问题、陈述意见、在各方进行的辩论中权衡证据、表达信念和解释理由，或者笼统地说是促进和强化对问题的深思熟虑与回应”。回应的程度越深，决策程序也就越民主，但很少一部分人的深入参与不能代替许多人的参与。范围是指公众参与的问题的范围。参与的范围越广，法律秩序就越民主。

应当注意协商过程中的几个要点环节。第一个是抽样，抽样意味着在概率上是平等的，实现了政治参与机会和权利平等的一种方式。第二个是解决信息不对称的情况，向公众提供说明材料。第三是保证发言的平等机会，采用大小组穿插的形式，平等审议才体现民主原则。第四是主持人制度，让利益不相干者组织会议，保证会议的公正性。[1]这样，才能确保以集体民主的压力，使公众自己说服自己，以理性的力量达成共识。

在理论上，一个充分民主的法律秩序会就大多数问题接纳公民的意见，并对公民遇到和希望提出的大多数类型的问题进行回应。[2]协商民主关注民众的权利诉求，但民意所产生的“沟通权力”并不能取代行政权力。[3]如前所述，经由各方主体协商得出的结论，因而表现出一种社会整合力，因此能够形成对行政决策的影响，也生成了人们遵守决策的基础。

---

[1] 何包钢．协商民主：理论、方法和实践［M］．北京：中国社会科学出版社，2008：40–41.

[2] 戴维·凯瑞斯．法律中的政治：一个进步性批评［M］．信春鹰，译．北京：中国政法大学出版社，2008：78–79.

[3] 何包钢．协商民主：理论、方法和实践［M］．北京：中国社会科学出版社，2008：27.

第四章　环境行政决策的程序规范

上文从理论上阐述了环境行政决策的治理逻辑，而将这一逻辑从理念转变为现实，必须依靠相应的规则，将环境行政决策纳入法治化轨道。综观各国防止行政权力滥用、促进政府与社会良性互动的规则，呈现出鲜明的共通性。保证行政机关正当决策、坚守法治，行政正当程序可以被视为“内部”规则，但却不能与司法审查相脱离。行政决策的司法约束即司法机关对行政决策的司法审查制度。现代法治发达国家均设有行政之司法审查制度，作为行政权运行的一种基本方式，行政决策并不具有免予司法审查之法定理由，属于司法审查的当然范围。[1] 现代社会，一个强有力的政府必然离不开大量的裁量权，为了阻止权力引擎任意地肆虐咆哮，法院应当承担起控制政府权力滥用的功能。[2] 反过来，对行政决策的司法审查又极大地依赖于行政机关应当遵从的规则。科林・戴弗对行政规则的制定标准给出了经典分析。根据他的分析，一项有效的规则应当具备透明性（transparency）、可及性（accessibility）和一致性（congruence）三个要素。透明性指规则能为受众所理解，为此应当明确界定相关用语，且其含义得到普遍认可。可及性指将规则适用于具体情况不需要过多的困难或努力，即易于适用。一致性指规则与基本政策目标相符，文本和适用之间具有

---

[1]　黄学贤，桂萍．重大行政决策之范围界定 [J]. 山东科技大学学报：哲学社会科学版，2013（5）：35-45.

[2]　威廉・韦德，克里斯托弗・福赛．行政法 [M]. 骆梅英，苏苗罕，周华兰，等译．北京：中国人民大学出版社，2018：4.

契合度，从而产生预期的行为。规则应当能够适用于决策者预期的所有情形，且不适用于任何落在预期之外的情形。[1] 该分析模式同样适用于为了实现环境法和政策所规定的目标而采取的一系列行政决策行动和措施。对于行政决策施加这种结构控制，一方面确保行政机构能够促进实体性目标的实现，另一方面也提供司法体系所要求的客观理性和法律依据。本章从行政程序和司法审查的双重视角出发讨论环境行政决策的治理规则。

第一节　环境行政决策的正当程序

一、行政正当程序的作用机理

（一）行政正当程序的功能定位

程序控制是一种法律手段，为环境行政决策的司法约束提供基础，是环境行政决策法治化的底线。这是由法律程序的作用所决定的。法律程序对法律行为的作用方式体现在以下六个方面：第一，抑制。通过程序的时间、空间要素来克服和防止法律行为的随意性和随机性。第二，分工。法律程序通过时空要素实现程序角色的分配。第三，间隔。通过程序形成了一个解决纠纷的相对的空间。第四，导向。通过程序的时空要素来指引人们的法律行为按照一定的指向和标准在时间上得以延续，在空间上得以进行。第五，缓解。通过法律程序的时空要素来缓解人们原先的行为与心理冲突，消除紧张气氛，为解纷行为提供了有条不紊的秩序条件。第六，感染。法律程序能使行为主体对程序所造成的某种心理状态的无意识服从。[2]

[1]　DIVER C S.The optimal precision of administrative rules[J].Yale Law Journal，1983，93（1）：95-110.

[2]　张文显．法理学[M]．北京：高等教育出版社，1999：338-339.

现代社会的发展，公共行政的内涵日趋复杂多元，行政职能内容也随之得到极大拓展。行政程序作为法律程序的一种，日益成为人们关注的焦点。[1]行政程序的基本内涵包括：其一，行政程序是行政权力的运行程序。其二，行政程序是行政主体作出行政行为的程序。其三，行政程序的构成要素包括方式、步骤、时间和顺序。其四，行政程序的运行结果是制定行政法规、规章、其他规范性文件，或者作出行政决定。其五，行政程序是一种法律程序。为了保证行政权力的有序运行，许多重要的行政程序往往为法律所规范。[2]因此，许多程序性规定并不是阻止政府的活动，而是要求由特定的政府机构作出决策或采取行动，或者要求决策或行动必须通过特定的程序作出。[3]从行政过程的角度分析，任何行政行为的行使客观上都必须经历一定的实践，经过一定的步骤和方式。也就是说，行政主体行使行政权力由行政主体中的公务员经过一定的形式，以一定的步骤和方式作出，不可能一蹴而就。[4]传统上，这种程序性的规定只能作为实体的补充，行政程序本身并不具备独立价值。但现在这一观念发生了转变，行政正当程序（Administrative Due Process）受到越来越多的关注。对此展开讨论，有必要首先了解正当法律程序（Due Process of Law）的意涵。

正当法律程序主要是英美法上的概念，建立在政府不得专横、任性地行事的原则之上。它意味着政府只能按法律确立的方式和法律为保护个人权利对政府施加的限制进行活动。美国宪法中的两个正当程序条款经常被用来指责政府的行为缺乏程序上的或实体上的公正性。程序性正当程序（Procedural Due Process）着重从形式上审查政府的行为方式，保证政府施加限制和惩罚方式的公正性。在任何剥夺自由或财产的行为发生之前，必须给人以正式通知并提供获得公正审判的机会。实体性正当程序（Substantive Due Process）侧重于审查政府政

[1]　王万华 . 行政程序法研究 [M]. 北京：中国法制出版社，2000：2.
[2]　应松年 . 行政程序法 [M]. 北京：法律出版社，2009：5-6.
[3]　杰瑞・L. 马肖 . 行政国的正当程序 [M]. 沈岿，译 . 北京：高等教育出版社，2005：5.
[4]　湛中乐 . 现代行政过程论：法治理念、原则与展望 [M]. 北京：北京大学出版社，2005：174.

策和行为的合理性，法院能积极地干预政策决策。程序性正当程序与实体性正当程序的区别直接涉及司法审查的性质。正当法律程序要求行政活动过程有序可循，以此来贯彻公正性，避免政府的专断、不合理行为。[1]

目前，针对行政正当程序存在两种代表性认识。一种是工具理性视角，将法律程序理解为提升行政决策正确性的手段和工具，借由程序参与将决策失误出现的可能性降至最低。另一种是本体论视角，认为法律程序象征着一种价值宣示，传达出宪法对人之尊严保护的肯定立场，相关当事人参与程序的本身即是法治精神的体现。[2]美国行政法学家杰瑞·马肖针对现代行政规制的程序爆炸（process explosion）以及正当程序革命（due process revolution）现象提出了一套尊严理论（the dignitary model）。其核心观点是，过分强调形式参与是官僚主义盛行的弊端表征，未必对当事人实际有利，应当在富有浓厚自然法意味的人性尊严维护上寻找到理论突破。马肖反思了偏重利益衡量的工具理性程序架构，认为行政正当程序应当超越工具理性视角下对行政决策正确性的唯一追求，确立行政权存在的正当性基础，将程序价值内化于日常行政活动之中，在形式性的参与程序中注入人性尊严的内涵，强调包括平等（equity）、理性（rationality）、参与（participation）在内的深层的尊严程序价值（dignitary process values）。[3]这就从形式和实质两个方面赋予了行政程序以价值，目标是实现程序正义，即公权力通过公正、公开、参与等程序民主的运作模式确立其行为的形式合法性，在个案情境中保障基本权利得以实现，并在兼顾行政效率的前提下赢得公众信赖，奠定行政行为的实质正当性。由是观之，行政正当程序包括以下两个方面的功能。

第一，防止行政权力滥用的原旨功能。法律必须为限制行政权力的

[1] 彼得·G. 伦斯特洛姆 . 美国法律辞典 [M]. 贺卫方，樊翠华，刘茂林，等，译 . 北京：中国政法大学出版社，1998：15-16.

[2] 叶俊荣 . 环境行政的正当法律程序 [M]. 台北：翰芦图书出版有限公司，2001：13.

[3] 杰瑞·L. 马肖 . 行政国的正当程序 [M]. 沈岿，译 . 北京：高等教育出版社，2005：170-184.

滥用提供一套行之有效的判断方法。这里的法律可以作广义的理解，不仅包括最高立法机关制定的“狭义的法律”，还包括了地方性法规以及行政法规、行政规章。但行政立法并非毫无限制，而是应遵循“法律保留原则”，即“凡属宪法、法律规定只能由法律规定的事项，则只能由法律规定，或者必须在法律有明确授权的情况下，才能由行政机关作出规定”。[1] 行政正当程序作为法定的程序则从形式上为行政决策权力的行使提供了具体的判断依据，通过规定行政决策的权限以及所遵循的方式和步骤，提升行政权力行使的规范性，避免滥用权力、侵害相对人及公共利益的情形发生，达到消极保障主观权利的规范目的。

第二，保护公民合法权益不受公权力侵犯。行政程序不仅是实现行政决策目标的工具，它还拥有独立的内在价值。这种内在价值，即程序自身的“正当性”，在一定程度上取决于程序本身是否符合正义的要求，而并不取决于通过该程序所产生的实体结果如何，相反，程序的正义甚至决定着实体结果的正当性。[2] 在这一理念的支配下，行政权力的行使不仅必须依据法定的程序进行，而且必须依据“正当”的程序进行。这实际上是在程序法定的基础上对行政权力的行使提出了更高的要求。在干预公民基本权利之前，必须考虑该程序的正当性问题，通过赋予公民知情权、参与权、表达权、监督权，主动保护公民合法权益。

行政正当程序为行政决策权力的行使预定了理性的轨道，只有在正当程序的框架下才能确保权力理性、民主地行使。由于程序与实体权利之间呈现相互交错的关系面貌，程序过程的正当性既作为担保实体决定内容正当性的手段，亦有助于实体权利的保护。所以说，行政正当程序本质上是一种“限权”和“赋权”的复合机制，最终达成保护公共利益的目的。正因为行政程序具有上述两个方面的重要功能，所以在环境行政决策的规范中处于不同寻常的地位。

---

[1] 奥托・迈耶 . 德国行政法 [M]. 刘飞，译 . 北京：商务印书馆，2002：72.
[2] 周佑勇 . 行政法基本原则研究 [M]. 武汉：武汉大学出版社，2005：239.

（二）环境行政决策程序的双重结构

面对各种不同的现代社会风险，可以对不同的风险进行类型化。有学者指出，在科学领域可以区分为单纯的风险问题、复杂的风险问题、不确定性的风险问题。前两者在进行评估与证据判断时可以观察到一定的因果连系或复杂关联，而后者因风险不确定性牵涉科学解释与价值规范上的模棱两可，使得进行风险评估的证据与专业价值判断有高度困难性。因而，对于不确定性风险又可以区分为“由于高度未解决的不确定性而带来的风险问题”和“基于解释或规范的模棱两可带来的风险”。前者是对于复合及高度不确定性的风险，由于科学上的模糊性与未知程度高，故对风险的评估与管理决策仅能允许通过有限的失误来学习，以规避风险并寻求安全上的维护，对此，在进行决策时会倾向于“反省性的论述”；而后者则是一方面由于科学的不确定性，另一方面由于不同的科学风险评估或不同风险承担者知识背景或价值取向的差异，对风险的解释会有不同，或者何者需要先予保护或保护的优先顺序有不同的意见，对此，在决策时会倾向于“参与式的论述”。[1]

现实中，环境风险规制决策于未知的特点，诸多环境立法采取“目的式”规范进路，即法律并不明确规定构成要件，只描述所欲达成的规制目的，由行政机构在目的指引下根据个案情形决定规制手段的选择。立法赋予了行政机构较为宽泛的决定形成空间，使法律保留原则对行政权的拘束力遭到弱化。以防止权力滥用为本位的程序框架难以全面回应风险社会的变迁，当决策涉及的公共性越高，则所牵涉的利益越多，为了不使个体利益对社会带来危害，其规则设计应当同时满足形式和实质两方面的要求。

从形式上看，环境行政决策程序大体可分为六个阶段：第一，目标制定阶段。根据人类社会生存和发展的需要，对现实存在或潜在的

[1] 辛年丰．环境风险的公私协力：国家任务变迁的观点 [M]. 台北：元照出版有限公司，2014：208.

环境问题的性质、起因、危害程度、影响范围等各个方面加以研究，进而根据社会经济水平提供的可能提出环境决策所需达到的目标。第二，信息调查阶段。搜集决策过程中所需的各种资料和数据。第三，方案设计阶段。分析与实现目标有关的各种因素，从技术、经济、社会等方面的条件考虑，拟订各种可能达到目标的方案。第四，方案评估阶段。对制订出的各种方案进行分析、比较、做出评估。第五，方案选定阶段。在确保能实现环境决策目标的前提下，选择一个现实社会经济技术条件能接受的方案作为实施方案。第六，反馈调整阶段。在出现所有可能的方案均不能为当时的社会经济技术条件所接受的情况时，必须对环境目标加以修正或调整。[1]

从实质上看，环境行政决策程序所针对的主要是“社会对风险的容许”以及“风险的科学评估”。如何通过程序处理经过风险评估后所产生的结果？行政效能提升表现为目的与手段之间的复杂性递减，通过最少的手段投入取得最大的行政规制效果。在环境影响评价行政程序框架下强化公众参与程序建构，一方面可以借助透明化的公众参与程序，允许公众在行政过程中充分地说明理由表达意见，减少公众因焦虑不满情绪酿成非理性的集体行动或是不服行政决定寻求司法救济，提升行政决定的可接受性；另一方面有利于行政决策者把握利害关系人的关注焦点，针对多元主体的利益诉求尽早采取针对性的解决措施，以最少的时间、人力与物力的投入，经由正当法律程序提升环评行政效能，平衡环境保护与经济建设二元目标。

二、行政程序法的规范

（一）美国行政程序法的规范

1946 年《美国联邦行政程序法》（*Administrative Procedure Act*,

[1] 威廉·P. 坎宁安 . 美国环境百科全书 [M]. 张坤民，译 . 长沙：湖南科学技术出版社，2003：297.

APA）的制定是美国行政法发展的一个重要里程碑。它统一了联邦政府的行政程序，规定了联邦机构行动的最低程序要求，详细说明行政决策和内部操作程序何时应当公开以及如何公开，从而规范了行政过程，使得行政决策更加可靠。

第一，为行政裁量权的行使规定了最低限度的程序保障。包括：

①行政机关决定的给予私人的制裁，必须得到立法机关的授权；

②行政机关必须依循法定程序；

③行政机关的决定程序必须使司法审查的进行更为便利；

④司法审查必须是可以获得的。

第二，对个人权利的保护。规定公民参与行政决策主要围绕三个核心环节展开：公开会议、通知与评论和裁决程序。通过赋予受到行政机关决定影响的利益相关者以程序性参与权利，并将此与司法诉讼程序相联系，确保对行政权力形成制约，避免对个人利益的侵犯，平衡个人利益和公共利益的冲突。

根据《行政程序法》的规定，任何受到行政行为侵害的个人都有当然的诉权提起司法审查。虽然利益相关者具有相应的诉讼资格，但是法律并未将其与环境利益相联系。在早期的环境保护实践中，当环保主义变成群众运动时，环保团体根据这一规定采取法律诉讼策略，通过向法院提起诉讼，经由判决在普通法中发现环境价值。环境律师们遵循普通法传统即对社会边缘群体开放的传统并实行法治诉讼策略（rule of law litigation strategy），促使法官创造性地解读法律，放宽公民参与及提起对行政决策进行司法审查的当事人资格，并将环境利益纳入司法判决。1965 年的哈德逊风景保存联合会诉联邦电力委员会案（*Scenic Hudson Preservation Conference v. Federal Power Commission*）具有典型意义。该案源于一场为制止在纽约州哈德逊河上游的斯道姆·金山上修建水力发电站的斗争。环保团体向法院起诉，主张联邦电力委员会未考虑项目的环境利益因素，从而成功地将联邦电力委员会颁发许可证的行为发回重审。判决书一改先前以私法承认之权利与经济上之损失为依据的适格性标准，承认环保团体得以自然、美学之利益为其所受损害提起诉讼。[1] 由此将“受侵害的个人”扩展为：不仅指身体或经济利益受到损害的人，而且包括审美、自然保护或娱乐利益受到损害的个人。上诉法院创造性地对行政机构课以考虑环境价值（当时的法律并未明文规定环境利益的文字）并对不保护环境价值的决定做出更加充分的论证的强制性义务。丹・塔洛克教授将通过法律诉讼干预政府项目开发决策的环境运动模式，称为法律游击战略（Legal Guerilla Warfare）。[2] 环保团体运用这种策略，依据《行政程序法》对行政决策展开攻击。公众参与机构决策，诉诸司法审查，法院严格审查行政机构的决定，同时具备了规则的透明性、可及性和一致性要求，构成了现代行政法的特点。[3]

因此，行政正当程序给行政决策带来了更多的精确性和客观性。严格的程序要求和司法审查可以适用于从行政裁量权到行政政策制定的种种行为，行政正当程序因既被作为行政服务主义的解药，又被作为同行政机关的专业知识和组织职责相关的狭隘政策取向的解药而受到欢迎。然而，该法中关于法规制定的程序性要求和相关司法审查的标准只是为行政机关政策制定的自主权确立极为松散的控制，它对法规制定和行政裁决的规定又受到普遍的例外情形的限制，再加上司法审查的有限性，使其适用面基本局限于行政管理的管制行为。把约束程序和司法审查从原先作为确保行政裁定准确与连贯性的手段延伸至对行政决策的控制，也会产生捉襟见肘的现象。[4]

---

[1] *Scenic Hudson Preservation Conference v.Federal Power Commission*，354 F.2d 608（2d Cir.1965）.

[2] TARLOCK A D.The future of environmental “Rule of Law” litigation and there is one[J].Pace Environmental Law Review，2002，19（2）：611–618.

[3] TARLOCK A D.Environmental law：Then and now[J].Washington University Journal of Law and Policy，2010，32（1）：1–31.

[4] 威廉・F. 韦斯特 . 控制官僚：制度制约的理论和实践 [M]. 张定淮，白锐，译 . 重庆：重庆出版社，2001：21–29.

（二）美国行政程序法的局限性

传统的管理领域与正在不断扩大的社会福利和环境保护领域相比，可谓“小巫见大巫”。人们对环境保护事务越来越关注，这导致了具有更大权力的新机关的诞生。法律把这些新领域塞进司法化了的制定和执行章程的程序模式之中，行政程序仿效法庭如同东施效颦，它在决策领域中越来越失灵，却要硬套在不断扩大的行政机器上。[1]具体表现在以下四个方面。

第一，程序的意义在一定程度上出现了偏离。程序规制在对行政机关决策施加了限制的同时，也对行政管理的内部结构和效率产生了重要的影响。一个组织的复杂程序及其决策动因会反映出产生决策的“任务环境”的复杂性。行政监督程序和司法审查的不断严格，带来的一个后果就是，行政决策的时间延长了。虽然程序性要求可以保证各主体的有效参与，但却是建立在以记录为准的反向听证和审查为目标的基础之上。行政机关在满足程序规范的形式要求上花费大量时间，以经受反对者的质疑和法官更高标准的审查，从而规避诉讼风险，保证行政决策在可靠的事实依据和准确的法规解释下所具有的正当性。[2]

第二，源于立法内容的模糊性，正式程序要求行政人员为自己的行为提供严密的、因果关系清楚的证明，而这往往也是弹性指令必然要求协调利益冲突的地方。因此，行政正当程序的恰当性取决于行政管理在多大程度上是或者能够是客观的，也取决于反向程序和司法审查在多大程度上能够有益于符合专业要求。行政决定制作过程中出现了系统性的偏见问题（不公正地偏向有组织的利益）和行政机关“失灵”问题。含糊的、概括的或模棱两可的制定法引发了行政裁量权，并且威胁到以行政法“传送带理论”为依据的行政行为的合法性。

第三，社会公众在影响行政决策者方面处于不利地位。在绝大多

---

[1] 佰纳德·施瓦茨．行政法 [M]. 徐炳，译．北京：群众出版社，1986：174.

[2] 威廉·F. 韦斯特．控制官僚：制度制约的理论和实践 [M]. 张定淮，白锐，译．重庆：重庆出版社，2001：56-57.

数环境决策中，只有在正式规则提出很久之后的最后阶段，公众参与才成为主导力量。听取公众意见的会议往往安排在程序后期，以至于受行政决策影响的公民在日益复杂的环境领域提出的科学证据过晚，而无法影响决策。大多数公众只有在行政机构决定为水力发电站或其他开发活动颁发许可证时，才会意识到环境问题。然而，在正式规则被采纳，地方政府的土地使用和分区决策被考虑，以及法律得到程序性遵守之后，公众通常很难对行政机构据以做出决定的事实、推论和假设质疑和反驳。对于联邦行政程序法规定的公开听证会的主要批评包括：①与会者并非来自广泛的普通公众；②大多数公众意见无法对行政决策构成实质性影响；③最成功的公众参与是那些需要最少科学专业知识的决策。此外，有效的公众参与也存在其他方面的障碍，包括：①结构性障碍，行政程序和规则未设定公众参与环节；②经济障碍，如聘请专家和律师的费用；③科学壁垒，如质疑环境风险数据的负担；④沟通障碍，如在与公众沟通环境风险时所使用的专业术语。[1]一种先入为主的假设是，公众会在参与过程提出一些行政机关无力接受的要求。公众无法影响环境决策者，直接关系到科学决策过程无法在机构决策中容纳文化和社会理性。虽然《行政程序法》规定的公众参与程序使非专业人士能够合法地参与机构的诉讼，但专业语言和科学证据的需要严重阻碍了非专业公民影响卫生或环境机构行动的能力。[2]

第四，法院在行政过程中的作用是有限的。就行政决策的专业基础而论，有效的司法审查往往受制于法官们对专业知识的缺乏，也受制于不允许就经验问题进行适当对话的程序结构，法院往往只审查合法性而忽略了合理性。法官们通常认为他们无权去审查行政决策，除非他们明确地被法律赋予这种权力。在确实需要进行审查的地方，其效果会被程序上的核心问题所限制，也会被实际问题中对专业知识的

---

[1] CROSBY N，KELLY J M，SCHAEFER P.Citizen panels：A new approach to citizen participation[J].Public Administration Review，1986，46（2）：170–178.

[2] LATIN H.Good science，bad regulation，and toxic risk assessment[J].Yale Journal on Regulation，1988，5（1）：89–148.

倚重所限制，选择遵从行政机构的专业判断。换句话说，由于环境行政决策所涉及的科学和法律问题，即使公众有经济资源聘用科学家和律师来挑战行政决策，但法院却只能有限审查行政决策是否在其职权范围内，或该机构的行动是否武断或恣意，而无法排除“偏见”进入决策的可能性。

总之，这种公民团体自发组织的以法院为主战场的诉讼策略，利用了人们日益增长的对发展和所有技术的应用都是进步的想法的挫击感，[1]经由政治人物的推动，迫使忽视环境保护的国会与政府采取行动，推动了环境立法的发展。从这个意义上看，美国环境法体系的形成是20 世纪 60 年代末 70 年代初独特的环境主义政治的副产品，是环境运动制度化的结果。

三、环境影响评估程序的规范

（一）美国的环境影响评估程序

1969 年，美国通过《国家环境政策法》（*National Environmental Policy Act*, NEPA），确立环境保护政策、设定目标，并提供程序性手段。一是将环境保护列为国家目标；二是建立规范和约束环境行政决策的专门程序，要求对所有对环境有重大影响的联邦行动编制详细的环境影响说明，即环境影响报告书（Environmental Impact Statement, EIS）。观察美国环境影响评估的程序设计，深入认识程序背后的法学理念与互动结构，可以为完善中国环境影响评价制度规则提供有益的借鉴。

1. 目的

NEPA 宣布确立的一项国家环境政策：“创立和维护人与自然和

[1] TARLOCK A D.The future of environmental “Rule of Law” litigation and there is one[J].Pace Environmental Law Review，2002，19（2）：611–618.

谐共生的生存条件，满足当代及后代本国人民社会、经济及其他方面的需求。”为了实现设定的政策目标[1]，“联邦机构与各州、地方政府以及其他有关公共和私人团体合作，采取包括财政和技术上的援助在内的一切切实可行的手段和措施”。环境影响评估程序是一项更广泛的、把科学整合进联邦机构规划和决策系统的法律表述。它还为可能因决策的环境影响而接受影响者提供信息。这些潜在受影响者包括所有可能参与公共决策或者在其决策中使用报告书中的信息的联邦机构、州、县、市、机关团体和个人。该法进一步要求每个联邦机构审查其法定权限、行政法规、政策和程序，以查明其是否存在有妨碍充分执行法律宗旨和规定的任何缺陷或矛盾。[2]环境质量委员会（Council on Environmental Quality，CEQ）的任务是进行一般性的审查和评价，颁布协助各机构编制环境影响报告书的指南。

NEPA 的程序性要求规定，联邦机构对人类环境质量具有重大影响的各项拟议立法、建议报告和其他重大联邦行动，均应由负责官员提供一份包括下列事项的详细报告书：①拟议行动的环境影响；②拟议行动付诸实施对环境所产生的不可避免的不良影响；③拟议行动的替代方案；④对人类环境的区域性短期使用与维持和提高长期生产力之间的关系；⑤实施拟议行动可能引起的任何不可逆转的和无法恢复的资源耗损。[3]NEPA 要求行政机构在决策时“尽一切可能”（the fullest extent possible）考虑环境影响[4]，希望通过编制环境影响报告书这一程序性手段实现法律规定的实质目标。环境影响报告书是作为一

---

[1] 《国家环境政策法》所列举的目标包括：为了下列国家目标，改进并协调联邦的计划、功能、规划和资源：（1）每代人应履行作为下代人之环境托管人的职责；（2）保障所有美国人享有安全、健康、具有生产力，以及美学上和文化上令人愉快的环境；（3）实现对环境的最大范围的有益利用，不产生恶化、危害健康或安全或者其他不良和不欲的后果；（4）保存重要历史、文化、自然遗迹，尽可能地维持一个支持个人选择的多样性和差异的环境；（5）在人口和资源利用之间达到一种允许高质量生活和共享生活舒适的平衡；（6）增强可再生资源的质量并追求可枯竭资源循环利用的最大化。

[2] 42 U.S.C.A.4333.

[3] 42 U.S.C.A.4332（c）.

[4] CEQ 条例将“影响”明确为“直接影响”和“间接影响”，其中“间接影响”包括引诱增长的影响（growth-inducing effects）和与用地方式、人口密度或人口增长率等改变相关的影响，以及相关的空气、水及包括生态系统在内的其他自然系统所受的影响。See 40 C.F.R. § 1508.8.

种强迫行动的手段以确保法律界定的政策和目标得以贯穿到联邦政府现行规划和行动中去。它应当完全而公平地讨论重大环境影响，并让决策者和公众知晓那些可能避免或最小化负面影响或提高人类质量的合理替代方案。联邦机构应当聚焦于重大环境问题和替代方案，减少文书工作和无关紧要的背景数据的堆砌。报告书应简明、清楚、扼要，并应有环保部门已做必要环境分析的证据的支持。环境影响报告书不仅仅是一份披露信息的文件，也连同其他有关材料一起被联邦官员用于谋划行动和决策。[1]

环境影响评估作为一种程序性立法，其背后的理念是对环境行政决策施加限制，优化和协调联邦行动，进而改善决策质量。作为NEPA之父的印第安纳大学布卢明顿分校的林顿·考德威尔教授认为，环境问题的整体（comprehensive）特性使得行政机构分散、片面的决策与组织方式无法妥善应对。应当确立新的机制，将环境保护贯穿所有联邦机构的职责范围，使人与环境关系的复杂议题能够在所有的行政决策中得到考虑。[2]后来，考德威尔教授把这一观点进一步提炼为“内化原则”（Internalizing Principle），即有必要将环境保护内化到不同的行政机构，才能妥善应对环境议题，而环境影响评估程序为各行政机构在决策过程中必须考虑环境议题提供了制度约束。[3]通过环境影响评估程序，一方面使得国家环境政策和目标能够统一纳入行政机构的决策过程，从而改变了行政机构在环境问题上消极涣散、各行其是的局面；另一方面迫使环境行政决策公开化，允许其他行政机构、公众和社会团体表达意见，从而提供了合法、有序、有效的参与渠道。

2. 适用范围

根据NEPA的规定，“联邦机构对人类环境质量具有重大影响的

[1] 40 C.F.R. § 1502.1.
[2] CALDWELL L K.Environment：A new focus for public policy?[J].Public Administration Review，1963，23（3）：132–139.
[3] CALDWELL L K.NEPA at twenty：A retrospective critique[J].Natural Resources and Environment，1990，5（1）：6–9.

各项拟议立法、建议报告和其他重大联邦行动”必须编制一份环境影响报告书。对这一用语的每项内容的解释一直都是争论的焦点。尤其是“联邦行动”和“重大”两个术语。[1]要确定 NEPA 是否适用于一项行动，首先需要确定它是否属于一项联邦行动。如果属于，则需确定其环境影响是否重大。

“联邦行动”包括由联邦控制和负责的行动。美国国家环境质量委员会制定的《〈国家环境政策法〉程序性规定实施条例》进一步明确“重大联邦行动”包括“由联邦机构完全或部分资助、协助、进行、管理或批准的项目和计划；新的或修改的联邦规则、条例、计划、政策或程序；以及立法建议。”可以分为以下几种情况：①制定官方政策，例如依据《行政程序法》制订的规则、条例、解释；条约和国际公约或协议；确立导致或实质上改变机构计划的机构政策的正式文件。②制订正式计划（formal plans），例如由联邦机构编制或通过的官方文件，该文件将指导或规定自然资源的替代利用并会成为未来机构行动的基础。③制订规划（programs），例如一系列执行某一政策或计划的协调行动；为实施特定法定规划或行政命令而做出的分配机构资源的系统的、相互联系的机构决定。④批准具体项目，例如在某特定地理区域的建设或管理活动。这种项目包括由许可或其他管理决定批准的行动以及联邦的和由联邦协助的活动。[2]也就是，对于需要联邦许可或其他管理决定才能进行的行动，要求联邦机构遵守 NEPA。因此，环境影响评价程序的适用范围明确包括制定政策、计划、规划和批准项目。

编制环境影响报告书的要求取决于联邦行动是否会对环境质量产生“重大”影响。大多数联邦行动对环境有一定的影响，确定遵守 NEPA 程序需要查明影响的程度。但 CEQ 条例并没有列出有重大环境

---

[1]　根据 CEQ 条例，“重大联邦行动”（major federal action）中重大（major）一词增强并在含义上与重大（significant）一词相关。

[2]　40 C.F.R. § 1508.18.

影响的具体项目类型，也没有明确定义“重大”。相反，条例要求各机构根据项目的背景和强度，在个案的基础上确定项目影响的重大性质。确定项目的背景需要分析其对作为整体的社会、受影响地区、受影响利益或地点的影响的重大性质。[1] 重大程度取决于项目的位置和范围等因素。具体项目需要分析项目的地方重大性，而规划行动则可能具有全国重大性。强度是指影响的严重性。虽然可以在个案基础上确定用于评估影响强度的因素，但 CEQ 条例给出了必须评估的最低因素。[2] 由于必须评估影响的强度以确定项目的重大程度，这种评估可能基于主观判断。因此，为证明机构适当确定了项目影响的重大程度，通常认为清晰的行政记录是必要的。

3. 评估程序

环境影响评估程序要求，有关拟开展联邦行动的重大环境影响的“详细报告书”应与拟议行动的建议“一并”通过现行机构的审查。[3] 这里的“一并”，不仅指同时提交文件给审查官员，而且能够实际地服务于决策过程，而不是用来证明已经制定的决策的合理性或正当性。为此，联邦机构应在尽可能接近开发或提出提议的时刻开始编制环境影响报告书，以便编制能够及时完成，使报告书终稿被纳入拟议行动的建议之中；采用确保综合利用自然科学、社会科学以及环境设计工艺的系统性和多学科的方法，确保不可量化的环境价值与可量化的经济、技术因素在决策中均得到考虑。

[1] 40 C.F.R. § 1508.27（a）.

[2] 这些因素包括：（1）环境影响既可是有利的，也可是不利的。即使联邦机构认为总体来说行动是有利的，重大影响仍然可能存在。（2）拟议行动影响人类健康或安全的程度。（3）地理位置的特殊性，例如邻近历史及文化资源、公园土地、基本农田、湿地、原生态的和风景优美的河流或者在生态上很重要的地区。（4）对人类环境的可能影响可能引起高度争议的程度。（5）对人类环境可能影响的高度不确定或涉及特殊的或未知风险的程度。（6）为未来有重大影响行动建立先例的某种决定的程度。（7）行动是否与其他某些单独看没有重大影响、但累积地看具有重大影响的行动相联系。如果可以合理地预见对环境的累积的重大影响，则重大成立。不能通过将行动称为临时的或者将其分解为小的组成部分来规避其重大性。（8）行动可能对街区、场地、高速路、建筑物以及列入或有资格列入《国家历史场所名单》的标的造成负面影响的程度或者可能引起重要的科学、文化或历史资源损失或毁坏的程度。（9）行动可能对濒危或受威胁物种及其栖息地造成不利影响的程度。（10）行动是否可能违反联邦、州或地方保护环境的法律或要求。See 40 C.F.R. § 1508.27（b）.

[3] 42 U.S.C. § 4332.

CEQ 条例明确了行政机构应如何履行这一法定要求：①行政机构必须确定其拟议行动是否将“对人类环境产生重大影响”，如果拟议行动属于类型排除（categorical exclusions），这种行动被定义为“既不单独地又不累积地对人类环境产生重大影响的一类行动”，则不需要编制环境影响报告书；②如果不属于类型排除，就必须完成一份环境评估文件（Environmental Assessment，EA），确定该行动是否可能构成重大环境影响；③如果确定不产生重大环境影响，行政机关需要编制无重大环境影响认定（Finding of No Significant Impact，FONSI）；④如果确实产生重大环境影响，行政机关必须编制环境影响报告书（Environmental Impact Statement，EIS），记载环境影响和替代行动；⑤行政机构需要将报告书草案和最终稿提交联邦、州和地方行政机构的环境专业人士和公众进行评论；⑥当行政机关回应了所有评论，认为环境影响报告书足够充分，环境影响评价程序结束。[1]

4. 信息披露

信息披露是 NEPA 的核心要求。环境信息可能引发争议，在缺乏强制要求的情况下行政机构很自然地倾向于不去披露。NEPA 迫使政府与公众分享这些信息。环境影响报告书是信息披露的载体。信息披露是一种对社会监督的邀约。各联邦机构公告有关听证会、公开会议和环境文件，以便可能与拟议行动有利害关系或受其影响的公众知情。与公众参与程序有关的文件（例如，公众评论或听证笔录）必须纳入环境影响报告书终稿。[2] 司法审查程序的加入使得政府信息披露义务成为一个通过法律程序问责的义务。一旦这些信息披露，就很难被忽视，促使公众采取行动。但如果没有接触到这些信息，公众可能永远不会采取行动。从这个角度看，环境影响评估程序就是政府披露环境信息的程序，NEPA 可以说是一部政府环境信息披露法。

NEPA 全面披露环境信息的要求为联邦机构敲响了警钟。相关信

[1] 40 C.F.R. § 1502.10 - 1502.18.
[2] 40 C.F.R. § 1506.6.

息的公开，促使行政机构自行将环境价值纳入权衡考量之中，而且其他机构与公众能够利用此信息，对行政决策的过程产生压力。这种要求建立在承认公众参与潜力的基础之上，在公共参与程序中提出实质的论点，或沟通诉求与主张，并在这一过程中为决策增加了一个新的层面，使对公众的态度和偏好产生了一种新的敏感性。尽管有相当大的行政困难、大量的文书工作和重大项目的拖延，但 NEPA 对各机构决策程序的影响是实现该法目标的一个积极步骤。信息披露与公开评议相辅相成，共同预防政府在有关环境决策上的失误。

5. 公开评议

公开评议和公众参与是贯穿美国环评程序的一根红线。NEPA 和 CEQ 条例把环评程序的各个阶段和环节都置于公开评议和公众参与之下。目的是在作出决策和采取行动之前，为公众提供有意义的机会，以便了解和评论联邦政府的拟议行动。在这方面，NEPA 已经成为使公众能够参与联邦决策过程的主要机制之一。“公众”的概念在美国的环评中是被有意地宽泛使用的，在“谁应当参与”这一问题上，立法以“感兴趣和受影响的人”来宽泛界定“公众”，并要求联邦机构邀请、通知、鼓励和促进各方参与和协作，试图通过信息规制（informational regulation）而不是传统的命令控制型规制工具或者市场手段来提升环境决策的合理性和正当性。正是基于这些考虑，鼓励最大限度的参与成为环评公众参与的应有之义。[1] 在编制环境影响报告书初稿之后和终稿之前，联邦机构应邀请公众评议，积极征求有利益关系或受影响的个人或组织的意见。在最终决定之前，其他机构或个人都可以对环境影响报告书终稿提出意见。[2] 可能对联邦行动发表意见的公众利益相关者会因行动的不同而异。可以包括预期从项目中获益或受到不利影响的个人或团体，或关注项目环境影响的环保团体、

[1] 张晏．“公众”的界定、识别和选择：以美国环境影响评价中公众参与的经验与问题为镜鉴 [J]. 华中科技大学学报：社会科学版，2020，34（5）：84-93．

[2] 40 C.F.R. § 1503.1.

感兴趣的一般公众。如果对项目的环境影响有顾虑，他们的评论几乎可能针对项目的任何部分、NEPA 程序或相关文件。为了避免在项目进入开发的高级阶段后发生冲突，CEQ 建议在整个决策程序中保持与非机构利益相关者的持续联系——从最早的项目规划阶段到特定替代方案的选择，包括确定目的和必要性，以及开发一系列可能的替代方案的中间阶段。

联邦机构必须对公众评议作出回应。在环境影响报告书终稿的编制中，回应和考虑个别的或集体的评议意见。[1] 所有收到的关于报告书初稿实质性评议，无论其是否值得由机构在报告书中给予单独的讨论，都应附在报告书终稿中。这种公开评议—回应的方式极大地推动了良性互动的形成，避免事后的无序参与和争议，减少决策实施障碍，有利于正确决策的顺利实施。因此，美国环境影响程序并非由“专业判断担保实体的正确性”，而是在设计一个“能产生正确结果的互动程序”，通过环境信息公开以及行政程序，甚至后段诉讼程序形成的论辩场域（forum），追求环境保护规范目的的实现。这个论辩场域的运作，是默认了公民社会的积极参与所形成的。事实上，没有人可以独断地判断什么是实体的正确，但是一个充分揭露信息、反复思辨、负责任的论理说明记录的过程，可以得到人类社会所能得到最好的结果。环境影响评估程序很典型地反映了多元主义理解下法规范的设计与运作，而此多元主义的认知框架，也引导了有关环境影响评估司法审查各种原则的发展。

6. 实施效果

总的来看，NEPA 是一部程序法，与 CEQ 和各机构的条例一起，规定了联邦决策过程中必须遵循的程序。除了要求机构在采取行动之前考虑其行动的环境影响并使公众参与这一过程外，它没有任何其他

[1] 联邦机构应以下列一个或多个方法作出回应并在终稿中予以陈述：（1）修改包括拟议行动在内的替代方案。（2）开发和评估之前没有被机构认真考虑的替代方案。（3）补充、改善或修改其分析。（4）做事实更正。（5）解释为什么意见没有得到机构进一步回应，引用支持机构立场的资料、权威或理由。See 40 C.F.R. § 1503.4.

要求。它并没有指明必须做出什么决定。更具体地说，它不要求机构选择环境损害最小的替代方案，也不需要将环境关切放在首位。但NEPA改变了政府的决策方式。在这部法律实施四十年后，一项针对联邦程序和活动的调查表明，重大改进应当归功于法律的远见。以前未把环境保护和可持续发展作为职责的一部分来考虑的机构和部门，现在有了环境程序和目标。[1] 该法分散了保护和改善环境的权力和责任。这种权力和责任没有留给某一个中央机构，各联邦机构都必须出具环境影响报告书。这意味着环境价值得以融入每个机构，使其在以狭隘的部门任务为关注焦点的决策时能够考虑环境价值。通过要求决策者和项目发起者在作出决定之前考虑行动的环境影响可以帮助各机构以负责任的方式规划和管理联邦行动。同时，环境影响评价程序确立了向公众提供机会参与机构规划工作的重要机制，将政府决策开放给公众监督，构建起全社会共同参与的环境治理体系。这种机制对行政机构的决策方式施加了某种程度的控制，迫使决策者将环境问题纳入决策，查明拟议行动的环境后果，并使它们能够同其他因素一起加以权衡，进而改善了行政决策质量。因此，NEPA也被称为环境法律的“宪章”。

但有学者认为NEPA诞生于相信官僚综合理性的时代，即相信对大量种类的行政决定的预测性分析将产生把环境影响考虑在内的合理决策，而法律实施的困难事实上限制了这一目标的实现。[2] 一方面该法复杂而冗长的实施程序延缓了行政决策，给行政机构履行法定职责的能力带来负面影响；另一方面将该法的适用范围限定在具体的行政决定和项目中，妨碍了它在更大范围的应用。为进一步提升该法的有效性，有必要调整这种程序来消除冗长，使行政机构更加关注在行政计划和规划层面考虑环境影响报告书中的替代方案范围和行动的间接

---

[1] BOLING T.Making the connection：NEPA processes for national environmental policy[J]. Washington University Journal of Law and Policy，2010，32（1）：313-332.

[2] DIVER C S.Policymaking paradigms in administrative law[J].Harvard Law Review，1981，95(2)：393-434.

影响。[1] 也有批评者指责，这项法律创设了一系列复杂的规定，从组织上延误阻碍了机构行动。有时，延迟足以扼杀一个项目。这也是为什么存在“精简”NEPA 程序的提议。

（二）中国的环境影响评价制度

作为对人口迅速增长、城市化、工业化、农业发展以及技术进步等因素引起的环境污染和资源枯竭的反应，环境影响评价的概念得以形成，并在国际上获得广泛重视，至少有 120 个国家采纳了这一制度。[2] 环境影响评价立法的出现是经济基础运动规律的必然，有其必要性。环境影响评价立法和环境觉悟是社会的上层建筑，它们是社会经济基础的反映。经济基础中的某些变化，如污染和生态破坏、环境支撑力和环境生产力、人口经济结构的变化，或迟或早会引起上层建筑的变化，例如发生环保法律和环评立法。它们说明了环评立法的必然性和演进趋势。因此，在环评立法逻辑起点上，中美两国的环评立法都因环境问题的严重化而产生，两国环评立法的逻辑起点是一样的。两国的环评立法都是经济基础运动规律的必然产物。它来自经济基础，又服务和反作用于经济基础。环境影响评价程序反映出权衡经济发展与环境保护的需要，要求在行动前必须查明拟议开发活动的潜在环境影响并加以考虑。[3] 由于其本身具有科学技术性、前瞻预测性、内容综合性和民主参与性等优点，已成为贯彻风险预防原则的最主要的措施，是环境行政决策中主要的科学、民主依据。[4]

在中国，根据法律的规定，“环境影响评价是指对规划和建设项目实施后可能造成的环境影响进行分析、预测和评估，提出预防或者减轻不良环境影响的对策和措施，进行跟踪监测的方法与制度”。该

---

[1] 丹尼尔·R. 曼德尔克 . 美国《国家环境政策法》：经验与问题评述 [J]. 卢锟，译 . 甘肃政法学院学报，2018（4）：114–125.

[2] GLASSON J，THERIVEL R，CHADWICK A.Introduction to environmental impact assessment[M]. New York：Routledge，2005：36.

[3] 联合国环境规划署 . 环境法教程 [M]. 王曦，译 . 北京：法律出版社，2002：417–418.

[4] 汪劲 . 中国环境法原理 [M]. 北京：北京大学出版社，2000：138.

制度起步于20世纪70年代。1979年颁布的《中华人民共和国环境保护法（试行）》第六条规定："一切企业、事业单位的选址、设计、建设和生产，都必须充分注意防止对环境的污染和破坏，在进行新建、改建和扩建工程时，必须提出对环境影响的报告书，经环境保护部门和其他有关部门审查批准后才能进行设计；……"但法律的可操作性并不强，也没有相应的罚则。1998年国务院颁布实施《建设项目环境保护管理条例》，对环评范围、内容、程序等事项进行了补充规定，明确了对建设项目的环境影响评价未报批的相关罚则。作为专门规范环境影响评价事项的单项法，2002年颁布的《中华人民共和国环境影响评价法》（以下简称《环境影响评价法》）区分了规划环境影响评价和建设项目环境影响评价，对环境影响报告书的编制和环保部门的审批都做了较为详细的规定。为贯彻落实《环境影响评价法》，行政主管部门相继制定了配套的规章、技术导则和规范。2014年修订、2015年生效的《环境保护法》第十九条规定："编制有关开发利用规划，建设对环境有影响的项目，应当依法进行环境影响评价。未依法进行环境影响评价的开发利用规划，不得组织实施；未依法进行环境影响评价的建设项目，不得开工建设。"经过四十年的发展，环境影响评价的相关规定逐步完善，形成了以《环境保护法》为基础，以《环境影响评价法》为核心，包括行政法规、规章、规范性文件、技术导则在内的具有自身特色的制度体系。

从整体上看，中国的环评制度采用的是环评行政程序规范与行政许可相耦合的特殊建构。环境影响报告书经过行政审批作为项目建设施工的前置程序，明确了环境影响评价在行政审批程序中的独特地位，是对《行政许可法》在环境行政许可领域适用的有力补充。中国环评行政程序启动时间点的立法前置选择与世界诸国防范环境风险于未然的风险规制精神不谋而合。[1]就建设项目环境影响评价文件审批权的

[1] 汪劲．环保法治三十年：我们成功了吗[M]．北京：北京大学出版社，2011：80.

配置而言，目前主要是根据项目类别、投资规模采用目录方式进行划分。对于国家环境保护行政主管部门的权力配置相对明确，生态环境部负责审批涉及跨省（区、市）、可能产生重大环境影响或存在重大环境风险的建设项目环评文件；而对各级地方环境保护行政主管部门的权力配置则主要是授权性规定，省级生态环境部门结合本地区实际情况和基层生态环境部门承接能力，依法划分行政区域内环评分级审批权限，调整公告目录以外的建设项目环境影响评价文件审批权限。

从比较法研究的角度看，中美两国的环评立法都规范和约束政府有关环境的行政行为。其中美国《国家环境政策法》专为此目的而制定。中国的环评立法是先有建设项目环境管理，后有规划环评。因此，中国的环评立法含有规制企业行为和规范政府行为双重目的。其中只有规划环评旨在规范和约束政府有关环境的行政行为。与美国的《国家环境政策法》相比，中国的规划环评显得简略而可操作性不强。由于两国国情不同，中国的环评立法不应当也不可能照搬美国的环评立法。但如何通过环评立法，提高各级政府对其决策的环境影响的认识，预防决策可能对环境带来重大不利影响，仍然是一个有待进一步解决的问题。

在环评程序与政府规划活动的关系上，中美两国的环评和政府规划的实践都表明环评不是一个孤立活动，而是整个政府规划活动的组成部分。作为一项旨在预防环境问题产生的制度，环评制度要实现其预防目的，就必须建立在政府和企业可能对环境带来重大影响的决策的有实际意义的早期阶段。为了使环评程序发挥预防政府决策失误的作用，就应当将环评程序与政府的规划活动更紧密地结合起来。美国CEQ条例不仅规定环评程序应尽可能早地启动，而且列举了若干种使环评程序的启动与政府规划活动予以早期结合的情况。美国将环评程序作为政府建设项目规划活动的前期组成部分的做法是值得我们借鉴的。对于中国而言，建设项目与政府规划活动的相关关系在法律上缺乏清楚的规定。因而建设项目环评实际上往往沦为一种事后（或决策后）论证。这种事后的论证使得建设项目环评失去了确保科学决策的基本作用。

相比之下，中美两国环评“审批”机制的区别很大。美国的环评“审批”是包括司法审查在内的“社会审批”，而中国的环评审批是政府审批。美国的方式是基于社会的方式，体现了社会理性的选择。这是对美国自移民时代就形成的乡镇自治和乡镇精神的社会自治传统的发扬。而中国的方式则是基于政府的方式，体现了技术理性的选择和中国历史上一贯的精英治理的传统。这两种方式都是基于本国的国情和历史文化传统，都有存在的理由，很难说孰优孰劣。就环评制度的完善而言，重要的是发扬各自的优点并弥补各自的缺点。

环评公众参与范围的确定体现了社会理性和技术理性的不同面向。社会理性突出向受影响的公众和感兴趣的公众征集意见，技术理性则强调受影响的公众。中国在实证法上采用了以“利害关系”作为公众参与主体范围的判定标准，包括《环境影响评价法》在内的环评立法将环境权益受规划或建设项目影响的公众作为应当参与的主体。这是因为，环评行政决定往往是针对某个特定区域范围内的开发行为所作出，涉及的存在利害关系的公众范围相对确定，保障受到相关环境行政决策影响或存在影响之虞的公众享有公众参与权限，体现出维护主观权利的基本立场。2002 年《环境影响评价法》、2009 年《规划环境影响评价条例》和 1998 年《建设项目环境保护管理条例》均以“有关”公众的措辞模糊化处理。2006 年《环境影响评价公众参与暂行办法》第十五条突出了“受影响”的判断标准。2014 年修订的《环境保护法》第五十六条采用了“可能受影响”的表述，要求应当编制环境影响报告书的建设项目的建设单位应当向可能受影响的公众说明情况、充分征求意见。2018 年《环境影响评价公众参与办法》延续了可能造成不良环境影响并直接涉及公众环境权益的标准，同时增加“环境影响评价范围”的限定，结合相关技术标准，将“评价范围”等同于“影响范围”[1]。尽管该办法鼓励感兴趣的公众参与建设项目环评程序，但并非强制性规定，如果环评组织者未邀请无利害关系但感兴趣的公众或环保团体参与至环评行政程序之中，也不属于违反公众参与程序规定。

依照环境行政决策正当性提升的公众参与功能定位，公众范围不应局限于和环境行政决策有实际利害关系的个人，但凡有利于信息沟通、辅助行政决策客观功能实现的主体皆可被视作妥当的公众参与主体。从比较法上看，美国采用以“受影响”和“感兴趣”作为界定“公众”的标准，1998 年《奥胡斯公约》采用了“利害关系人 + 环保团体”的复合型参与主体判断标准，相关公众既包括与环境行政决策有直接利害关系或潜在利害关系者，也包括符合各缔约国法定资格要件的环保团体。相比之下，中国的公众范围显得过于狭窄。在具体制度设计层面对公众参与主体及其范围界定的模糊处理，加剧了环评实践中公众参与主体遴选的随意性，使得公众参与实践效果与制度建构初衷相偏离。再加上环评程序中的信息披露的要求比较“原则”，不够细致。这都导致在实践中出现由于参与渠道不畅和政府信息披露不够而引起一些环境群体事件。

就功能和作用而言，环评程序从性质上是鼓励和帮助公众有序参与环境公共事务的法律。从环境觉醒的驱动力上看，民众的环境觉悟与社会经济发展水平呈正相关关系。随着市场经济改革的深化，中国中产阶级持续发展壮大，人民的权利主体意识不断提高，公众对包括环评在内的环境保护公共事务的参与热情持续提高。虽然中美两国公

[1]　这种判断标准，已经在先前的司法实践中得到确认。例如，北京市第一中级人民法院在裁定书（2014 一中行初字第 5534 号）中称：环境影响评价要“遵照国家发布的环境影响评价技术导则所规定的标准进行，其中，包括评价范围的确定”。本案中，罗某某的居住地“并未在涉案项目环境影响评价范围之内”，故其与环境保护部对《关于中国石油云南 1000 万吨/年炼油项目环境影响报告书》的批复行为“不存在法律上利害关系”。依据最高人民法院《关于执行〈中华人民共和国行政诉讼法〉若干问题的解释》第四十四条第一款第（二）项之规定，认为罗某某无原告诉讼主体资格，无权提起本案之诉，因此，法院驳回其起诉。

众环境觉悟具有相同的内因——对人类健康、安全和生存的担心，但也存在一个重要的区别，即政府在公众环境觉悟过程中所起的作用。相比之下，美国公众环境觉悟主要是一个自下而上的过程，政府所起的作用较小。而中国公众环境觉悟是一个自上而下和自下而上相互作用的过程，其间政府一直发挥着启蒙和教育作用。这种政府的引领和教育为民众依法有序参与公共环境事务打下了比较好的基础。近年来，中国政府大力倡导生态文明理念和生态文明制度建设，深得人心。应当预见到，随着中国深化改革开放，深入发展社会主义市场经济和中产阶级发展壮大的前景，公众的环境觉悟和参与环保事务的热情将继续高涨。适应新时代的要求，应当大力加强关于环评的公开评议和公众参与的规定，把环评的公开评议和公众参与更好地纳入法治的轨道，为公众有效、有序参与规划环评和建设项目环评提供更加完善的程序性保障。

第二节　环境行政决策的司法审查

一、美国环评程序的司法审查

NEPA 是一项带有强迫行动条款的政策宣言，而不是一项与旨在保护空气、水、湿地或濒危物种的其他环境法律相当的管制法。[1] 它建立了将环境考虑纳入联邦决策的基本框架。然而，法律本身并没有提供应当如何完成这一程序的细节。由于最初没有指明具体实施程序的规定，也没有执行其要求的授权机构，联邦机构对 NEPA 的要求作出了不同的反应。有些最初难以遵守 NEPA。另一些认为，他们根本无须遵守 NEPA 的规定。结果，强迫机构遵守 NEPA 命令的诉讼几乎

[1] CALDWELL L K.The National Environmental Policy Act：An agenda for the future[M]. Bloomington：Indiana University Press，1998：2.

立即开始。美国环评司法审查制度的产生反映出社会与司法制度的互动轨迹。关于环评的司法审查案例产生了美国环境法上的一系列重要发展。在环境运动高涨的年代，法院采取了有利于环保团体的观点，引导形成以诉讼为主的策略，使环评成为影响行政机构决策的重要制度，其行政法体系也随之打开。

几乎从 NEPA 颁布以来，法院就在解释和实际执行 NEPA 要求方面发挥了突出的作用。差不多立即开始并持续到 20 世纪 80 年代初，法院强调机构遵守 NEPA 的程序性 EIS 要求但却很少说明与实质性环境政策目标相关的具体合规要求。1983 年，美国最高法院明确：NEPA 有两个目标，即 NEPA 是一部有两个主要目的的程序法。第一，它要求联邦机构在采取行动之前考虑行动对环境影响的每个重要方面。第二，它确保负责采取行动的机构将告知公众行动内容且已在其决策过程中考虑了环境关切。然而，国会在制定 NEPA 时并没有要求各机构将环境问题置于其他适当考虑之上。相反，它只要求机构在采取重大行动之前“严格审查”环境后果……当然，国会颁布 NEPA，并非为了使机构把考虑行动的环境影响作为一种抽象操作。相反，国会打算将“严格审查”纳入机构决定是否采取特定联邦行动的程序。[1]

NEPA 的“双重目标”和“严格审查”要求经常被联邦机构和环境倡导者援引来阐明 NEPA 的命令。1989 年，美国最高法院重申，NEPA 没有规定具体的结果，只是规定了一个程序。如果拟议行动的不利环境影响得到充分确认和评价，NEPA 并不限制机构作出其他价值超过环境代价的决定。法院进一步澄清，“其他制定法可能会对联邦机构施加实质性的环境义务，但 NEPA 只是禁止不知情的而非不明智的机构行动”。[2] 因此，作为一部程序法，NEPA 并不要求各行政机构将环境问题置于其他问题之上。相反，NEPA 只要求行政机构在

[1] *Baltimore Gas & Electric Co.v.Natural Resources Defense Council*，Inc.，462 U.S.87，97，100（1983）.
[2] *Robertson v.Methow Valley Citizens Council*，490 U.S.332（1989）.

采取行动之前评估行动及其替代方案的环境后果。如果拟议行动的不利环境影响得到充分确认和评价，行政机构断定其他利益大于环境代价并继续采取行动则不受 NEPA 的限制。

除了查明实体与程序问题之争外，法院还确定了遵守 NEPA 的许多具体程序要件。例如，对于单独行动，法院规范了机构对“联邦行动”“重大影响”和“人类环境”等词义的解释。此外，法院在确定如何以及何时要求联邦机构编制 EIS 方面也发挥了重要作用。法院明确的一些问题涉及诸如单独 EIS 的充分性、谁必须编制 EIS、什么情况下必须编制 EIS，以及应如何处理各机构的负面评论等。这些决定至少在一定程度上构成了 20 世纪 70 年代发布的 CEQ 指南的基础，而后在 CEQ 颁布其条例时加以考虑。

（一）案件成熟原则的发展

成熟原则（ripeness doctrine）是对司法审查时机的控制，目的是防止法院过早地介入行政过程，使行政机构在作出正式决定前免受司法干预，体现出司法权对于行政权的谦抑。根据该原则的要求，在法院审理案件之前，争议问题必须是“成熟的”，即“可管理的比例及其实际组成部分得到具体化”。《行政程序法》规定的可以进行司法审查的行为指的是法律规定的可审查行为和在法院不能得到其他充分救济的终局行政行为。如果法院认为这些问题不具备审查的成熟条件，案件就会被驳回。

在雅培公司诉加德纳案（*Abbott Laboratories v.Gerdner*）中，美国联邦最高法院提出了行政行为可审查的“成熟”标准：一是审查适合性（fitness），争论点主要是法律问题，无须进一步的事实发展加以具体化；二是救济必要性（hardship），行政行为已经对当事人产生直接影响，如不及时进行司法救济，会产生不当的负担。[1] 虽然，该

[1] 387 U.S.136（1967）.

案确立了案件成熟原则的判断标准，但对于终局行为的具体判断，还需视实际情况而定，在很大程度上取决于权利的性质和法律的结构。实践中，法院以务实和灵活的方式处理成熟原则的要求，审查已经或可能侵害权利的案件。

由于环境影响评价程序建立在对环境产生影响的行政决策之上，针对的是行政机构处于决策阶段的拟议行动，还需要后续行为，也不直接影响相对人，很容易成为行政机构提出反驳的理由，认为不具备司法审查的成熟条件。但如果没有审查，行政机构会削弱信息公开这一最低的法律目的；行政机构可以得出结论，拟议行动不会产生重大环境影响，不需要编制环境影响报告书。[1] 因此，判断环境影响评估程序进行司法审查的时机，取决于环评程序与原本的行政决策程序可否分离。

对此，NEPA 并没有作出明确规定。该法表明了国家环境政策，但与司法机关的联系并不明确。有迹象表明，环境影响评价要求被认为是自助性的，行政机构将自己决定是否遵守，法院不得审查行政决定。但这个愿望没有实现，法院在 NEPA 的实施中扮演了积极的角色[2]。法院认为，为了确保遵行 NEPA 确立的环境政策及其程序性规定，对行政机构合规情况进行审查是必要的。[3] 在 1971 年的卡尔弗特・克里夫斯协调委员会诉原子能委员会（*Calvert Cliffs Coordination Committee v. Atomic Energy Commissions*）的判决中，斯坎利・怀特法官指出，“NEPA 建立了一项必须由审查法院严格执行的标准。第一百零二条规定了一个考虑周全和公告周知的特别决策程序，创设了司法上的强制履行义务。除非行政机构专断地打破了事实上的成本收

---

[1] NOTE.Threshold determinations under section102（2）（C）of NEPA：The case for “Reasonableness” as a standard for judicial review[J].William and Mary Law Review，1974，16（1）：107–134.

[2] 丹尼尔・R. 曼德尔克 . 美国《国家环境政策法》：经验与问题评述 [J]. 卢锟，译 . 甘肃政法学院学报，2018（4）：114–125.

[3] JACOBSEN K A.Environmental law—Judicial review under NEPA[J].Villanova Law Review，1978，23：1170–1186.

益平衡，或者明显没有给予环境价值足够重视，否则法院在审查过程中可能无法根据第一百零一条按照事情的是非曲直推翻行政机构的实质性决定。但有责任推翻在程序上未能充分、善意地考虑和平衡环境影响的行政决策”。[1] 此案明确了行政机构在决策时必须充分考虑环境因素，而法院的作用在于监督行政机构是否遵守环评程序。NEPA 中关于环评司法审查的缺陷，由联邦哥伦比亚巡回上诉法院的这个判决所填补。

1998 年，在俄亥俄州林业协会诉塞拉俱乐部（*Ohio Forestry Association Inc.v.Sierra Club*）案中，虽然美国联邦最高法院对于系争联邦森林地管理方案采取较为严格之认定，认为欠缺成熟性，不得对之请求司法审查。然而在判决理由中特别提到有关环境影响评估瑕疵之司法审查的问题。法院认为 NEPA 与其他法律不同“只确保一个特定的程序，而不是一个特定的结果。因此一个具有适格性的当事人，主张其受有行政机关未遵循环评程序之损害，在此一违失发生之时即得诉求，因为其请求永远不可能更成熟”。此案确立了环评程序需请求司法审查之时点与其原本行政决定程序独立分离判断的审查模式。

在司法审查激活之前，NEPA 似乎处于休眠状态。为了迫使行政机构履行法律规定的环评程序，法院在实践中对成熟原则采取了灵活的态度，把环评行为与决策行为进行了区分，承认了它的相对独立性，将无重大影响认定或环境影响报告书终稿作为最终行政行为进行审查。这意味着，当行政机构发布环境影响报告书终稿和决定记录后，它的环境审查程序义务就完成了。如果可能受到影响的公众和环保组织认为行政机构没有充分履行该义务，就可以向法院提起诉讼。

（二）诉讼资格的扩展

赋予私人向法院控诉行政官员的权利，是美国普通法传统之下防

[1] 449 F.2d 1109（D.C.Cir.1971）.

止行政官员滥权的主要方式。[1] 在 NEPA 颁布的头些年，推动其实施的是法院和公众。法院的介入需要公众将案件提交给它，对行政机构决定持有异议者则往往需要寻求法院的帮助，以推翻他们认为偏离立法授权的决定。未参与决策程序的环保组织或个人经常质疑对行政决策的环境影响。例如，内政部与一家私企签订了有关公共土地的采矿协议。如果对该行政决策的环境影响有异议的第三方主体想要提出司法审查，则需要具备诉讼资格。虽然该法没有明确说明两者所承担的作用，但由于环境影响评价程序是作为一项法律要求拟订的，因此包括司法审查在内的其他工具得到了有效利用。

由于 NEPA 本身并未涉及对行政程序或决定的司法审查，因此有必要参考《行政程序法》的相关规定。根据《行政程序法》的规定，因行政行为而遭受法律上的侵害或因有关法律规定之行政行为而受到不利影响或侵害的个人，有权对该行政行为提起司法审查。但该法规定的司法审查不适用于：①法律排除司法审查的行为；②法律赋予行政机构裁量权的行为。由此奠定了《国家环境政策法》中的行政行为适用于司法审查的法律基础。

法院意识到，NEPA 的执行离不开公众和社会组织的监督。出于自身利益或片面考虑，行政机构和相对人对于违反规定的行为也许会保持缄默。这时，如果没有第三方指出其中存在的违法情形，具有不利环境影响的政府决策就有可能实施。[2] 实践中，社会组织和公民团体在促使行政机构遵守 NEPA 方面起到了至关重要的作用。结果，司法审查成为质疑联邦行动的必要法律工具，依据 NEPA 的诉讼构成了对政府提起环境诉讼的重要组成部分。公众或环保组织提起诉讼，法院审查并执行，NEPA 成为一项有效的法律。[3] 此前禁止的环境公益

[1] STEWARD R B，SUNSTEIN C R.Public programs and private rights[M].Harvard Law Review，1982，95（6）：1193–1322.

[2] 王曦.美国环境法概论 [M]. 武汉：武汉大学出版社，1992：235.

[3] VOLLERTSEN R E.The NEPA and energy legislation：The preemption of judicial review[J]. University of San Francisco Law Review，1980，14（3）：403–438.

诉讼的原告资格得到放开。

从理论上看，关于环评的司法审查案例推动了美国环境法的一系列重要发展。传统模式之下公众参与的意义在于制约政府权力，防止行政机关滥用权力，这在本质上是一种消极机制，并未触及政府“积极行政的一面”。政府的这一面“必须有个人和利益的代表参与”，必须为他们的利益而制定政策。[1] 而在环境保护等领域，许多行政机关失于履行维护公共利益的职责。为促使行政机关“积极行政”，以行政决策程序作为不同意见争辩的论坛，形成环境法的利益代表模式，使受影响的利益得到公平的代表。公众参与成为行政权力正当性的来源之一。

但在学者看来，诉讼——尤其是试图维护自身权利的弱势群体所提出的诉讼——是一件有好有坏的事情。一方面，这种诉讼表明并再一次确认了这样一个事实，即让人们继续享有权利就可以防止出现更加激进的政治行动，并且那些相对无权的弱势群体仍在效忠于一个造成其弱势地位的社会和政治制度。另一方面，这种诉讼具有一种危险，那就是经常暴露写在纸上的权利与实际享有的权利之间所存在的差距；正像围绕所谓的诉讼爆炸问题而展开的争论一样，对于这种情况，某些人会认为，这表明社会的非正式控制手段已经不正常地崩溃了。[2] 环境诉讼的司法实践也面临这种困境，在 1970 年代，联邦最高法院做出了有利于环保团体的两个判决，降低了环境决策司法审查的障碍；1990 年的判决则对环保团体的诉讼资格作出了限制。[3] 然而，环境影响评价程序的一个更为根本的弱点是，提起 NEPA 诉讼的是公众。这种挑战仅限于属于“任何其他重大联邦行动”范畴的项目，这是因为只有当提案进入项目阶段，公众才会意识到它的存在。

---

[1] 理查德·B. 斯图尔特 . 美国行政法的重构 [M]. 沈岿，译 . 北京：商务印书馆，2011：29–30.

[2] 戴维·凯瑞斯 . 法律中的政治：一个进步性批评 [M]. 信春鹰，译 . 北京：中国政法大学出版社，2008：77.

[3] GLICKSMAN R L，MARKELL D L，BUZBEE W W，et al.Environmental protection：Law and policy[M].New York：Wolters Kluwer，2014：157.

（三）审查强度

在 NEPA 诉讼中，第一百零二条第二款中 C 项所规定的编制环境影响报告书的要求成为法院解释的关键。在法院的解释下，这条宽泛的法定要求，逐渐转变成较为清晰的标准，并为环境质量委员会制定条例提供了参考。

虽然 NEPA 规定，行政机构在提出任何对人类环境质量有重大影响的行动时，都需要进行环境影响评估，但该法赋予各行政机构广泛的裁量权，以决定何时需要进行评估。如果行政机构确定一个很高的阈值，把他们的行动贴上“行动或建议”以外的标签，而不管所涉活动是否会对环境产生真正的、不可逆转的影响，就可以大大减少需要进行评估的情况。然而，法院的干预限制了这种行政裁量权，从而扩大了《国家环境政策法》的适用范围。法院赞成对“联邦”和“重大”的门槛要求进行降低，结果大多数活动，甚至是最低限度的联邦参与和有可疑意义的活动都包括在内。

在 NEPA 实施初期，法院对行政机构设立了较高的审查标准。法院倾向于实质性的遵守，确立了以善意为基础的充分性审查标准，审查行政机构编制的环境影响报告书是否充分的问题，并逐步演变成“尽可能充分地”。在卡尔弗特·克里夫斯协调委员会诉原子能委员会案的判决中，美国哥伦比亚特区法院法官斯坎利·怀特为环评制度“装上牙齿”。法院显示出严格审查环评程序之完整性的立场，并认为国家政策法是具有一定实体法意义的。[1] 法院应在审判时仔细审查澄清行政机构的责任和义务。

后来，环评司法审查制度通过联邦法院的判例得到确认和细化。在 1972 年的自然资源保护委员会诉莫顿案（*Natural Resources Defense Council v. Morton*）中，针对尼克松总统所批准的能源计划的组成部分的土地租借权出售，法院认为，在确定哪些可供选择的替代方案应当

[1] 449 F.2d 1190（D.C.Cir.1971）.

在环境影响报告书中加以讨论的司法审查中，应采取“合理性原则”，同时环境影响报告书必须讨论所有的可供选择的替代方案将产生的环境影响。[1] 此案不仅涉及规划环评的司法审查，而且确立了拟议行动替代方案进行司法审查的原则——合理性审查原则。在布瑞特诉美国工程兵团案（*Britt v. United States Army Corps of Engineers*）中，法院认为，审查行政机构环评合规情况时，需要考虑其是否遵守了应当适用的程序、所做出的无重大影响认定（无须编制环境影响报告书）是否合理，以及需要编制的环境影响报告书是否充分。[2] 虽然法院确立了对规划环评行为进行司法审查的可能和范围，但并非所有人都可以依据 NEPA 提起诉讼，除非原告有法律上承认的利益。纯粹的经济损失不在此范围内，如果原告唯一的损失是行政行为造成的经济影响，那么不能以此提起诉讼。这就将 NEPA 诉讼限制在对真正威胁环境利益的政府行为提起诉讼。为了证明这种利益的存在，原告必须指出可能遭受实际的或即将发生的损害、行政机构的行动是该损害的原因、如果胜诉能够对该损害进行救济。[3] 救济措施通常包括撤销行政机构决策，发布禁止令，暂停编制和发布环境影响报告书。[4] 其严厉性迫使行政机构必须一丝不苟地履行 NEPA 程序，制定全面的环境影响报告书。因此，认为美国的环评制度是由法院判决所逼出来的，并不为过。同时，对环评程序司法约束的强化，也有效提升了公众对政府决策的接受度。然而，联邦最高法院在罗伯逊诉梅特豪山谷公民委员会（*Robertson v. Methow Valley Citizens Council*）案中“把牙齿磨钝”，认为环评纯粹为程序性之规定，无任何实体法上之效力。

总体而言，美国的环评制度是经由法院诉讼，对环评报告及其程序之完整性进行严格审查而形成的现在的运作模式。如果某一受到影响的公众认为机构没有充分履行该义务，就可以提起诉讼，将该程序

[1] 458 F.2d 827（D.C.Cir.1972）.
[2] 769 F.2d 84，90（2d Cir.1985）.
[3] 130 S.Ct.2743，2752（2010）.
[4] 555 F.2d 817，823（D.C.Cir.1976）.

提交法院审查。法院审查环境审查要求的履行情况时，需要考虑行政机构是否遵守了应适用的程序、做出的不需要编制环境影响报告的结论是否合理，以及需要编制环境影响报告时环境影响评价是否充分。以上述事项为基础，法院判断行政机构是否在环境审查中出于“客观善意”，并对环境结果和替代方案采取了“严格审查”。除非行政机构违反 NEPA 的程序性要求，法院的审查要与所谓的“合理原则”相调和，该原则给予行政机构广泛的裁量空间来确定环境影响报告的内容，包括对环境影响和合理替代方案范围论证的深度这一最重要的内容。

美国的环评制度从改革行政决策方式入手，以司法审查作为保障，取得了成功。中国在一定程度上借鉴了美国环评制度的经验，将其纳入《环境保护法》，并制定了专门的《环境影响评价法》和《规划环境影响评价条例》来规范政府的规划行为，要求行政机构在编制规划时纳入环境因素。与美国相同的是，中国法律没有规定环评司法审查的内容，也未涉及相关的诉讼。但美国法院面对环评制度遭遇的困境、环境运动的高涨，能够通过判例避免制定法的不足，很快地确立起对环评的司法审查，解决了诉讼资格、受案范围、审查标准等问题，并推动了行政法理念的变迁。而中国则囿于既有行政诉讼相关规定和实践的束缚，无法确立对规划环评的司法审查。

二、德国的环境公益诉讼制度

（一）德国的环评司法审查

自 20 世纪 70 年代起，德国国内开始出现移植美国环评程序的立法提议。1975 年，以行政规则的形式制定《公共措施环境影响评估的基本原则》，但在实践中未能发生效用。环评法制进程在德国的正式开启，与欧盟法制一体化密切相关。1985 年，欧洲经济共同体公布

《环境影响评价评估指令》（Council Directive 85/337/EEC），要求各会员国必须制定相关国内法规范，对可能产生重大环境影响的公共建设或计划实施环评，且各成员国有权订立范围或程序更为严格的国内环评规范。[1] 根据欧盟法上的“有效原则”（Effektivtätsgrundsatz），各缔约国有义务采取适当的方式将指令的规定转化为具备实际规范效力的本国法律。在此背景之下，1990 年，德国联邦议院制定出台《环境影响评估法》，并于 2001 年、2006 年、2010 年、2017 年进行了四次修订。随着欧盟 1996 年《整合防止和减轻环境污染指令》（96/61/EG）和 2003 年《公众参与指令》（2003/35/EG）相继出台，德国于 2006 年 12 月 7 日和 12 月 9 日通过《环境权利救济法》（*Umwelt-Rechtsbehelfsgestz*）和《公众参与法》（*Öffentlichkeitsbeteiligungsgesetz*），环评司法审查制度得到完善。

在德国，运用司法审查的方式促进环评的实施，体现出行政法理念多元主义的转型，以及由主观诉讼到客观诉讼的转变。与美国信仰程序价值的土壤不同，在德国行政法体系中，程序的意义在于对实体合理性的“服务”功能，行政被理解为法律“执行”，其正当性在于法律授权，公众参与的意义在于给行政机关提供信息，从而提升实体决策的合理性，参与本身并无提升行政决策正当性的意义与作用。《环境救济法》赋予利害关系当事人以主观权利，得就应实施而未实施环评或是个案预审的程序瑕疵，提起诉讼请求法院撤销。这种规定来源于德国行政诉讼制度采取的主观诉讼模式，在对个人利益受损予以救济的前提下附带对行政行为合法性进行司法审查，侧重于对个人主观权利的保护，以受害人之诉为其实质。

环评司法审查从主观诉讼向客观诉讼的转变，主要是为了弥补法律的实施不足。实施不足的原因主要是环境法律中缺少执行监督，不

---

[1] 《环境影响评价评估指令》第六条规定，各成员国的有关行政机关在决策前，应当基于职责发表其对该决策的意见，并接受一般相关事务或者特定申请之咨询。任何计划申请的审批流程都应当透明化，并向一般公众公开，在计划实施前应当确保一般公众有发表意见的机会。See Council Directive 85/337/EEC，Art.6.

能被起诉的领域总是导致执行不力。客观诉讼以维护法律秩序为核心，将监督行政行为的合法性视为首要目标，诉诸司法并不以权利受损为前提，因而可以起到预防作用。在内部，受到普遍高涨的环境保护意识和政治议题绿色化的压力；在外部，则是由欧盟法的转化要求与欧洲法院的一系列重要判决的推动，共同促进主观诉讼向客观诉讼的转变。2013 年，德国对《环境法律救济法》第四条"环评程序之司法救济"进行了修改："在开发项目许可作出前，按照环评法的规定负有环境影响评估义务或环评个案预审义务的主管行政机关未实施相关程序者，环境保护社会团体和法律上具有利害关系者可以根据环评程序瑕疵请求撤销该开发项目许可。"因而，符合《环境权利救济法》的规定要件且以环境保护为章程宗旨的社会团体应当得到同等认可，扩大了可以进入司法审查程序的环境影响评价相关行政决定的范围，使原本无法进入司法审查过程中的诸如公众参与不足之类的程序性瑕疵能够得到司法审查。[1] 这一方面保障了由《奥胡斯公约》确立的公众参与行政决定程序的权利，另一方面也使环境团体诉讼中的司法审查力度得以加强。德国司法实践中大量的环境公益诉讼都是涉及环境影响评估或建设规划过程中公众参与不足导致的行政瑕疵，此时由参与到行政程序过程中的环保团体提起诉讼更符合该制度的目的。

（二）推动环评司法审查的环境公益诉讼

德国的环境公益诉讼有健全的立法保障，在促进政府正确决策、保障公民环境权益、改善环境质量方面发挥了很好的作用。环保团体由此成为促进环境法律实施和行政决定贯彻落实的重要力量，德国的环保团体及其开展的环境公益诉讼得到德国社会的欢迎和支持，被视为德国行政、司法文化的组成部分。

---

[1]　吴宇 . 德国环境团体诉讼的嬗变及对我国的启示 [J]. 现代法学，2017，39（2）：155–165.

1. 德国环境公益诉讼的受案范围

在德国，环境公益诉讼是指，为维护环境公共利益，根据有关法律规定，由与被告行为没有直接利害关系的环保团体向法院提起的诉讼。目前，德国法律仅承认环保团体针对政府机关的环境公益诉讼，即“团体诉讼”（association suit）。环保团体针对污染企业的民事公益诉讼，尚未得到德国法律的承认。这主要是因为环境保护是政府的一项重要职责，但在经济利益面前可能出现环境保护领域的“政府失灵”，政府没能很好地监管企业的环境违法行为，于是需要引入作为公共利益代表的环保团体，通过政府和企业之外的第三方主体提起行政公益诉讼，督促政府履行职责。

因此，德国环保团体提起的环境公益诉讼主要聚焦于基础设施建设许可（如修建公路和扩建机场）。此类诉讼还聚焦于对有关活动免予自然保护区管制的行政决定。另外一个案发数量较少但增长较快的领域是对引起污染活动的行政许可，例如，对火力发电厂的建设和延期的许可，以及对家畜饲养场的许可等。[1]

这里所遵循的逻辑是，如果环保团体发现环境违法行为，首先应敦请政府履行环保监管职责；如果政府怠于履行职责，环保团体则可以提起环境公益诉讼，通过司法权来纠正行政机关的行政懈怠。这项制度的作用在于，为环境行政行为的司法审查提供一种法律程序，促使行政机关尽职尽责地实施和执行法律，矫正损害环境的错误决策或行政不作为，补充行政机关执法的不足，提高环境法律的实效。

2. 环保团体的确认条件

德国法律规定环境公益诉讼的诉权或起诉资格只能授予“经确认”的环保团体。环保团体由德国联邦或者州（省）的环保部门确认。确认的条件有以下三方面：

首先，作为诉讼主体的环保团体必须是符合《民法典》第二十一

[1] 谢伟．德国环境团体诉讼制度的发展及其启示 [J]. 法学评论，2013（2）：110-115.

节规定的非营利的私法人组织。该法详细规定了建立私人社团的基本条件，如最低成员数额、社团章程、成员的集会权、社团的代表机构等。

其次，环保团体不得违反《宪法》第九条关于禁止“结社之目的或其活动与刑法抵触或违反宪法秩序或国际谅解之思想”的规定。另外，根据《社团法》（*Association Act*），非法的社团应当由有关当局予以禁止，其财产予以没收。环保团体不在这类受怀疑的社团之列，因而政府对环保团体不进行经常性的监督（permanent supervision）。

最后，环保团体必须符合《环境救济法》所规定的具体条件。这些条件包括：

（1）组织必须是为了促进环境保护的目的而建立。为处理某一特定纠纷而成立的非政府组织，因其追求的是临时性目标而不具备起诉资格。

（2）在“被确认”时至少已经存在三年。

（3）综合考虑其先前行为的性质、程度、成员以及财务状况，确信其能够适当履行职责。

（4）符合税法所界定的公共利益的目的。

（5）具备开放性，允许支持其宗旨的任何人加入。

另外，基金会不具备起诉资格。但是其有权加入某一环境组织的联合会，并通过该联合会享有起诉资格。条件是在该联合会中基金会成员仅占少数。

《环境救济法》没有规定不再具备上述条件的环保团体诉讼资格的撤销，但根据《行政程序法》（*Administrative Procedure Act*）这一撤销是完全有可能的。

虽然，在实践中对环保团体诉权的确认十分宽松，但《环境救济法》仍然规定了对团体诉讼的一些重要限制，例如环保团体只能就环境法律而不是其他法律的滥用提起诉讼；程序瑕疵诉讼的提起只限于利益相关人；排除过期或者无事实根据的异议；提起复议的事项必须包含在其宗旨和活动范围内。

3. 德国环境公益诉讼的发展历程

德国环境公益诉讼法律制度的发展，以欧洲国家于 1998 年签订《奥胡斯公约》为分界线，经历了漫长而曲折的过程，有很大发展但至今仍未结束。

从 20 世纪 70 年代开始，德国社会对环境公益诉讼的优缺点进行了广泛的讨论。在看到环境公益诉讼对环境保护的促进作用的同时，当时的德国社会普遍厌恶环保团体自封为公共利益守护者的行为，担心赋予环保团体诉权的扩大会造成诸多不良影响，如破坏行政机关及法律机关的权力平衡，增加法院负担，以及导致投资项目因诉讼而延期，等等。

到 80 年代初期，州一级的自然保护立法开始建立环境公益诉讼制度，承认环保团体有权对有关自然保护的政府行为提起诉讼。2002 年，经修改的《联邦自然环境保护法》最终确立了这一制度。但该法将其范围限定在针对有关自然保护法律规定的政府行为。该法规定，满足一定条件的，经联邦或州政府正式“确认的”自然保护或环境保护团体，有权就其组织章程所涵盖的，违反自然保护法律规定的政府行为起诉。

《奥胡斯公约》的签订，有力地推动了德国环境公益诉讼的发展。依据《奥胡斯公约》和欧盟 2003 年第 35 号指令，德国于 2006 年制定了《环境救济法》。该法扩大了团体诉讼的适用范围，将需做环境影响评估的行政决定、适用相关法强制性公众参与规定的排放设施许可（facility permit）、废物处置许可和依据《环境责任法》做出的行政决定等政府行为都纳入了团体诉讼的范围。然而，受德国传统法律理论的影响，该法对环保团体的这种诉权规定了一个限制条件，即只有在上述各种政府行为违反了有关保护个人权利的法律规范的情况下才可起诉。这使得环保团体的诉权大打折扣。

直到 2013 年，由于欧洲法院 Trianel 案的判决，德国终于放弃了《环境救济法》对团体诉讼的限制，环境组织对有关环境的政府行为提起的环境公益诉讼不再受到“违反保护个人权利的法律规范”这一限制。如今，针对政府行为的环境公益诉讼制度在德国已经成形。实证研究表明，环境公益诉讼的数量是每年 25~30 件。相对德国人口，这是一个不算小的数字。平均而言，团体诉讼的胜诉率（包括部分胜诉和调解）达到 43%，完全胜诉率达 20%，大大高于个人提起的诉讼。关于基础设施建设项目的诉讼往往是部分胜诉，而关于污染设施的诉讼的胜诉率则高达 48%。环境公益诉讼起到了纠正和改善政府有关环境的决策的作用。[1]

德国环境公益诉讼制度下一步的发展方向是开放环保团体对作为污染者的企业的环境公益诉讼。《奥胡斯公约》第九条第三款可能引起这项发展。欧盟委员会于 2013 年发布 2013/396 号一般性建议，建议成员国在国内引进一项可用于制止污染者的团体诉讼的制度，并赋予环保团体以代表污染受害者起诉的权利。

4. 德国环境公益诉讼制度的经验和启示

总的看来，德国有关环保团体和环境公益诉讼的法律和制度比较健全，为环保团体依法开展环境公益诉讼提供了比较有力的保障。

第一，明确限定环境公益诉讼的受案范围。现阶段，德国法律明确规定环保团体所提起的环境公益诉讼的被告是政府有关部门，主要聚焦于政府有关基础设施建设的许可、自然保护区管制的豁免和污染防治上。这就把环保团体视为规范和约束政府行为的重要力量，通过促进有关环境的政府决策质量的提升，遏制环境污染和生态破坏。

第二，明确规定环保团体的起诉资格。德国法律为确认享有环境公益诉讼诉权的环保团体规定了明确而宽松的条件，从而明确了环境公益诉讼原告的身份和资格，解决了环境公益诉讼制度的一个基本问题。

第三，建立起环保团体宽松的生存环境。《奥胡斯公约》为环保

[1] 艾卡・雷宾德 . 欧盟和德国的环境保护集体诉讼 [J]. 王曦，译 . 交大法学，2015（4）：5-14.

团体的生存和发展提供了最重要的政治和法律保障。德国环保公益诉讼的发展，离不开该公约的推动。该公约的“三大支柱”即环境信息获取、公众参与决策和诉诸司法，无一不是对环保团体和环境公益诉讼的巨大保障。其中作为第一大支柱的环境信息获取，是有效团体诉讼的先决条件。《奥胡斯公约》承认环保团体是“公众”的一部分，从而承认它们诉诸司法的权利。其次，德国政府对环保团体持支持和鼓励的态度。德国政府给予组织各种财政优惠，如税收豁免。政府允许它们接受社会捐赠。政府还以项目的形式对环保团体提供资金支持。环保团体与政府之间确立起相互尊重的良好伙伴关系。在这样的条件下，环保团体能够组建专家团队，进行环境公益诉讼。环境公益诉讼已经成为德国行政文化的一部分，得到政府和社会的普遍认可和支持。

从美国和德国的经验看，强化对环评程序的司法约束，可以有效提升公众对政府决策的可接受度。完善中国的环境公益诉讼制度，不仅要重视环境民事公益诉讼，还要积极推动环境行政公益诉讼，将环境行政行为纳入受案范围。通过培育、引导和管理环保团体，发挥其特殊的社会功能，从而推动政府勤勉履行环保职责，企业自觉承担环保社会责任，环保团体积极参与志愿服务，形成政府、企业和环保团体良性互动的多元环境治理格局。

第三节　中国规划环评司法审查机制的构建

规划环境影响评价（以下简称“规划环评”）制度通过将环境因素纳入政府决策，防止决策可能造成的环境污染和生态破坏。事前预防是解决环境问题的有效方式。但遗憾的是，规划环评作为一种可以在事前预防不利环境影响的制度措施在中国却屡屡失守。一方面规划环评违法现象比较普遍，要么“未评先批”被行政机关作为可有可无的工具，要么“评而不用”沦为规划通过审批的程序，规划环评意见难以形成刚性约束；另一方面公众环境权益的保障与救济程序付之阙如，规划布局问题引发大量环境矛盾和纠纷，甚至演变为群体性事件。如何强化规划环评的制度功能，成为摆在制度设计者面前的一个突出问题。

规划环评司法审查是由司法机关对行政机关规划环评行为的合法性进行审查监督的制度。它的价值在于通过公众和法院等主体的外部监督，确保政府规划决策环评程序的合法性。与建设项目环评不同，规划环评不是一项单独的行政许可，对于规划这样一种可能带来重大环境影响的行政行为，中国没有为之建立司法约束。《环境影响评价法》没有相应的司法审查规定，《中华人民共和国行政诉讼法》（以下简称《行政诉讼法》）也未将行政规划列入受案范围。行政机关的规划环评行为事实上处于法网之外。在这样的背景下，有必要对规划环评的司法审查展开研究，为规划环评制度的有效实施设立司法防线，推动旨在对私益进行救济的传统诉讼向旨在预防和救济“对环境本身之损害”、维护和增进环境公益的现代诉讼的转变。[1]

一、规划环评司法审查的制度功能

依照中国现行法律规定，对于违反规划环评的行为，主要是对行政机关的主管人员和其他责任人，由上级机关或监察机关给予行政处分。[2] 这种行政追责当然十分必要，但仅有这种内部监督，尚不足以使行政机关真正遵守规划环评的要求。在现实中，规划编制机关不做环评报送规划草案、审批机关无环境影响报告书批准规划草案的违法

---

[1]　黄锡生，谢玲．环境公益诉讼制度的类型界分与功能定位：以对环境公益诉讼“二分法”否定观点的反思为进路 [J]. 现代法学，2015（6）：108–116.

[2]　具体而言，一是针对环评编制行为的责任，例如，《环境影响评价法》第二十九条规定，“规划编制机关违反本法规定，未组织环境影响评价，或者组织环境影响评价时弄虚作假或者有失职行为，造成环境影响评价严重失实的，对直接负责的主管人员和其他直接责任人员，由上级机关或者监察机关依法给予行政处分”；二是针对规划审批行为的责任，例如，《环境影响评价法》第三十条规定，“规划审批机关对依法应当编写有关环境影响的篇章或者说明而未编写的规划草案，依法应当附送环境影响报告书而未附送的专项规划草案，违法予以批准的，对直接负责的主管人员和其他直接责任人员，由上级机关或者监察机关依法给予行政处分”。

较为普遍甚至“常态化”。[1] 据统计，规划环评实施的前 5 年（2003—2008 年），规划环评执行率不足 10%；2009—2013 年，开展规划环评约 3 700 项，但仍不足应开展的 1/3。[2] 规划环评司法审查的制度功能就在于确立外部监督的矫正机制、提供体制内的救济途径。

（一）监督行政机关履行规划环评程序

规划环评司法审查具有监督行政机关履行规划环评程序、事前避免或减少决策可能造成的不利环境影响的功能。原因有三个：第一，规划环评是事前的预防性制度设计。这也就使得规划环评司法审查自然具备了预防性质，从而有助于贯彻预防为主这一环境保护的首要原则，避免事后救济所需的高昂的经济、社会和环境代价。第二，规划环评司法审查针对的是行政机关规划环节的行为。根据公共选择理论的分析，行政机关和行政官员作为理性的“经济人”，在决策时同样倾向于“追求个人效用最大化”。对于发展中国家而言，具有法律约束力的环境影响评价程序尤为重要。因为在社会、经济发展的压力下，行政机关为了吸引对经济发展至关重要的资本投资，很可能会忽视植根于行政裁量权的环境影响评价程序。[3] 中国一些地方的规划和产业布局问题深刻印证了这一点。规划环评形同虚设，不仅引发了大量环境矛盾和纠纷，而且由于功能不相容，导致矫正成本过高、矫正难度极大。对规划环评进行司法审查，有助于克服政府在规划环评环节的不作为或乱作为，使规划环评真正成为政府决策的依据，预防和减少决策可能产生的环境损害。第三，规划环评司法审查具有强制性。这种强制性表现在司法审查是由立法机关确定的在一定条件下可以对行政行为提起的诉讼，由国家强制力保证实施。在行政内部监督难以奏效的情况下，这种具有强制性的外部监督不可或缺。

---

[1] 包存宽 . 基于生态文明的战略环境评价制度（SEA2.0）设计研究 [J]. 环境保护，2015（10）：17-23.
[2] 郑欣璐，李志林，王珏，等 . 我国规划环境影响评价制度评析 [J]. 环境保护，2017（19）：20-25.
[3] 联合国规划署 . 环境法教程 [M]. 王曦，译 . 北京：法律出版社，2002：394.

政府是预防生态环境破坏和环境污染的第一责任主体。规划环评的制度设计就在于落实政府的这种预防职能。从运作理念上看，中国的规划环评制度偏向于专业性认知，希望借由有关部门代表与专家所组成的审查小组来建立制度公信力。但审查小组的行为并非最终的实体决定，仅为程序行为，规划的通过仍需核发许可。这一方面使得非专业性的公众参与程序价值有所削弱，另一方面由审查小组扮演“黑脸”承担妨碍重大经济建设的压力难免有“螳臂当车”之嫌。在这样的制度设计面前，行政机关失于履行维护环境公共利益的职责也就不足为奇。通过确立对规划环评的司法审查，法院可以借助社会力量，对行政机关依法行政形成威慑，为规划环评制度装上“牙齿”，从而强化规划环评的指导和约束作用，时刻提醒行政机关勤勉履职，在作出有关环境的决策时增加一份审慎、减少一份恣意。法院通过依法审理这些案件，在行政机关没有依法履行事前监管职责时，督促其及时正确履职，防止生态环境破坏和环境污染结果的发生。[1]

（二）提供制度内救济途径

没有司法审查提供制度救济途径，无论在程序上，还是在实体上都无法得到保障公众环境权益的实现。公众有理由期待政府保护作为公共利益的环境和生态，一旦这种预期被打破，就应当能够通过合理的渠道反映诉求。但行政权力具有强制性，失去司法控制，就有可能偏离公共利益，导致作为在话语和资源方面都处于弱势地位的利益相关公众之权益得不到公正对待。[2] 公众的环境意识和权利意识日益增强，希望参与有关环境的政府决策，这对国家治理体系和治理能力提出了更高的要求。规划环评涉及环境公共利益，如果行政机关怠于履行可能给调整范围内的人们带来不利影响，加上环境风险的长期潜伏和损害的不可逆转，更容易在社会层面产生负面影响。近年来，在环

[1]　江必新．用司法的力量保护环境公共利益 [N]. 人民法院报，2017-11-22（5）.
[2]　朱芒，陈越峰．现代法中的城市规划：都市法研究初步（上）[M]. 北京：法律出版社，2012：305.

评公示和征求意见阶段发生的一系列环境群体性事件，[1] 充分暴露出现行环评制度的缺陷。街头抗议容易引发大规模抗争，结果常常是“所发出的声音越大，所用手段越激烈，越有可能获得满足”。临时抱佛脚式的应对方法往往治标不治本，导致政府陷入了决策—抗议—妥协的困局。这种情况极大地损害了政府的公信力。与逐年上升的环境信访数量相比，中国的环境行政诉讼案件数量显得微不足道，大量环境行政争议未能进入司法程序。诉讼渠道不畅，必然导致上访增多，非理性行为加剧。畅通行政诉讼渠道，方能引导公众以理性方式表达利益诉求，增进公众与政府之间的理解与信任。[2] 规划环评司法审查制度的确立，提供了公众在体制内对抗行政权力的渠道。公众借助于法院的力量参与有关的决策，避免因诉求无门而动辄走上街头抗争，促进公民理性和法治思维的提升。

当前，通过司法途径推动环境保护的障碍还很多。虽然《行政诉讼法》的出台初步确立了中国的司法审查制度，“但由于外部的压力、审判权的欠缺，法院在受案范围问题上进退维谷”。[3] 环境保护的一大问题是法院“无奈的缺席”，管辖权狭隘，在协助社会变迁上功能不彰，这是整个社会的损失，而且此种损失是深远的。[4] 法院被奉为“解决行政纠纷的最后一道防线”。法院在监督环境行政方面的缺位，直接影响到规划环评行政纠纷在法治轨道上的解决。生态文明建设的推进对法院提出了更高的要求，[5] 专门环境资源审判机构的设立，为开展规划环评司法审查提供了便利条件。

---

[1] 例如，2015 年 6 月上海市金山区部分民众针对上海化工区的规划（修编）环评的街头抗议事件等。

[2] 参见最高人民法院，作出环评批复时是否需要考虑建设项目占地范围内土地使用者的权益？最高法行申〔2016〕172 号行政裁定。

[3] 谭炜杰．行政诉讼受案范围否定性列举之反思 [J]. 行政法学研究，2015（1）：89–98.

[4] 叶俊荣．环境政策与法律 [M]. 北京：中国政法大学出版社，2003：245.

[5] 最高法院 2014 年 6 月发布的《关于全面加强环境资源审判工作 为推进生态文明建设提供有力司法保障的意见》指出，各级人民法院要积极回应人民群众对环境资源司法的新期待新要求，通过依法审理环境资源类案件，切实维护公众环境资源权益。

二、规划环评行为的可诉性分析

在中国，规划环评行为尚未进入行政诉讼的受案范围。原因在于，法院认为行政诉讼的对象应是对权益产生确定效力的行政行为，行政机关作出行政处理决定之前的阶段性或预备性行为，由于尚未产生对权益的“实际影响”，因而不属于受案范围。[1] 但也有学者对此提出了质疑，认为规划环评中的公众参与程序符合中国有关行政诉讼受案范围的制度要求，如果规划编制机关或规划审批机关的行为违反规定对公众的程序性权利造成影响，应当允许对该行为单独提起诉讼救济。[2] 笔者认为，在对行政行为的可诉性做出判断之前，首先需要查明法律上的可诉性标准，然后根据规划环评行为的性质做出具体认定。

（一）行政行为可诉性的判断标准

《行政诉讼法》概括规定了可诉的行政行为，并以肯定和否定方式列举了行政诉讼的受案范围。根据《行政诉讼法》的规定[3]，可诉行为需要满足三个要件：行为主体是“行政机关和行政机关工作人员”，非行政主体所作出的行为不具可诉性；行为内容是与行政职权相关的行为，与行政职权无关的民事行为和个人行为不具可诉性；行为后果是侵犯公民、法人和其他组织的合法权益，这意味着行政指导等不确定当事人权利义务的行为不具可诉性。出于对防止滥诉和司法权谦抑性的考虑，《最高人民法院关于适用〈中华人民共和国行政诉讼法〉的解释》将“对公民、法人或者其他组织权利义务不产生实际影响的行为”排除在行政诉讼的受案范围之外。在满足上述要件的同时，可诉的行政行为还应不属于具有普遍约束力的决定、命令等排除

---

[1]　参见湖北省武汉市中级人民法院，武俊生、肖军、史纯敏等 7 人与武汉市国土资源和规划局土地行政管理行政裁定书，鄂武汉中行终字〔2015〕第 00517 号。

[2]　沈跃东．论程序行政行为的可诉性：以规划环境影响评价公众参与为视角 [J]. 行政法学研究，2012（3）：9–16.

[3]　《行政诉讼法》第二条规定：“公民、法人或者其他组织认为行政机关和行政机关工作人员的行政行为侵犯其合法权益，有权依照本法向人民法院提起诉讼。”

事项。

按照上述标准，可能构成对规划环评行为提起诉讼产生障碍的有两点：第一，规划环评行为是否对“合法权益”产生“实际影响”；第二，规划环评行为是否属于行政机关制定、发布的具有普遍约束力的决定、命令。这就需要依据不同规划的性质作出具体认定。

（二）规划环评行为可诉性的证成

法律对两类规划提出了环评要求，一类是综合性规划，一类是包括指导性规划和非指导性规划在内的专项规划。[1] 对于综合性规划和指导性专项规划，规划编制机关需要编写环境影响篇章或说明，并以规划草案组成部分的形式报送审批机关。此类规划的涉及范围广，无具体的实施方案，有关环境影响的篇章或说明不是独立的文件，只是规划的一部分，没有直接约束力，因其所具有的指导意义而不会对公民、法人和其他组织的合法权益产生实际影响，因而不具可诉性。

对于非指导性专项规划，规划编制机关需要在规划草案报送审批前，组织环评、征求公众意见并提出环境影响报告书，由审查小组提供审查意见。环境影响报告书结论及审查意见是规划审批部门决策的重要依据。笔者认为，从理论上看此处的规划环评行为应当具有可诉性，理由有三点。

第一，诉之利益的客观存在。法律规定了公众环境权益，[2] 却未对其内涵做出具体界定，学者也众说纷纭。但对于主张特定利益的程序制定的参与者而言，至少应可以就规划程序的瑕疵、违反适当利益衡量的要求等方面，给予司法救济的权利。[3] 而此类程序性权利在司

---

[1] 根据《环境影响评价法》和《规划环境影响条例》的规定，国务院有关部门、设区的市级以上地方人民政府及其有关部门，对其组织编制的土地利用的有关规划和区域、流域、海域的建设、开发利用规划，即综合性规划，以及工业、农业、畜牧业、林业、能源、水利、交通、城市建设、旅游、自然资源开发的有关专项规划，即专项规划，应当进行环境影响评价。

[2] 《环境影响评价法》第十一条规定：“专项规划的编制机关对可能造成不良环境影响并直接涉及公众环境权益的规划，应当在该规划草案报送审批前，举行论证会、听证会，或者采取其他形式，征求有关单位、专家和公众对环境影响报告书草案的意见。”

[3] 莫于川．行政规划法治论 [M]. 北京：法律出版社，2016：232.

法实践中也得到了承认。法院认为，如果法律要求行政机关考虑原告诉请保护的利益或是征询、听取其意见，那么应认定原告与被诉行政行为之间存在利害关系。[1]这背后隐藏的价值判断是对公众参与的意义的考量。公众参与的意义是为行政机关的决策提供相应的参考信息，还是以决策程序作为不同意见争辩的论坛，其本身亦具有价值。不同的视角决定了这种程序权利是否可以得到司法救济。在多元主义的视角之下，由于代表了不同的受影响利益，公众参与程序成为行政权力正当性的来源之一。从环评制度设计的初衷来看，一个很重要的目的就是为公众意见的表达提供沟通程序，使政府在涉及环境的决策时能够考虑各方的意见。因此，在这个层面上，司法机关应当可以通过现实的司法路径实现对公众程序性环境权益的保护，[2]依法保护公众有关规划环评的知情权、参与权、表达权和监督权，免受可能的不利环境影响。

第二，“实际影响”的扩张解释。除了提供事后救济，司法审查还具有事前的预防功能。为了避免行政决定的实施给当事人造成不可弥补的权益损害，可以在损害发生之前提起行政诉讼。[3]规划环评司法审查正是此类预防性行政诉讼，突出表现为在行政行为作出之前，预防可能产生的环境影响。如果在规划环评的编制阶段行政机关已经违反规定可能造成环境影响，却要等到规划具体实施时才能进入救济程序，显然不符合规划环评的立法初衷。一方面“未评先批”行为一旦成为既定事实，就很难再做出改变；另一方面以物质赔偿或者补偿为主的事后救济不可能完全弥补公众的环境损害，更难弥补对政府的信赖。既然规划实质上决定着有利害关系者将来的权利关系，如果有非法的地方，早期纠正违法行为，无论是对于规划的编制机关，还是对于公众而言，都是有百利而无一害的，过分地强调诉的成熟性和实

---

[1]　参见最高人民法院，作出环评批复时是否需要考虑建设项目占地范围内土地使用者的权益？最高法行申〔2016〕172 号行政裁定。

[2]　江必新．环境权益的司法保护 [J]. 人民司法（应用），2017（25）：1-5.

[3]　胡肖华．论预防性行政诉讼 [J]. 法学评论，1999（6）：91-95.

际影响，有时会导致诉的“腐烂”[1]。因此，规划环评行为具有审查适当性，可以对“实际影响”作出扩张解释使之纳入法律上承认的“可能影响”，允许在规划具体实施之前提起诉讼。

第三，此类规划环评行为不属于行政诉讼的排除事项。根据相关司法解释，具有普遍约束力的决定和命令是指行政机关针对不特定对象发布的能反复适用的规范性文件。这类行为被排除在行政诉讼的受案范围之外。判断规划环评行为是否属于这类行为，要看对象的确定性及其反复适用性。以产业园区规划环评为例，[2]其评价范围相对特定、目标明确，有具体的实施安排，能够确定受到影响的相对人，虽然涉及的对象可能较多，但并非对任何人都能适用；其效力受到时间、空间的限制，具有相对的独立性，不能多次适用，因而不具有普遍约束力。

综上，尽管在一定程度上体现了对行政行为成熟原则的突破，但从理论上看不应当存在对非指导性专项规划的环评行为进行司法审查的障碍。同时，鉴于此类司法审查所涉及的公益性质，充分发挥其制度功能，有必要从立法上加以明确，通过公众参与和监督的强化以及法院审查功能的加强，建构整套制度。

三、规划环评司法审查的制度设计

司法审查的目的在于对行政行为的合法性作出判断。“法院只对能够审查的行为，由合格的当事人在适当的时候提起的诉讼才能受理”。[3]司法本身虽然无力成为环境问题的最终裁决者，但通过司法审查的过程，我们有机会调整环境风险决策过程中行政机关、专家学者与公众之间的互动关系，实现回应权力互动与环境正义的功能。从《行政诉讼法》的规定看，法院的审理对象落脚在行政行为，受案范

[1] 盐野宏．行政诉讼法 [M]. 杨建顺，译．北京：北京大学出版社，2008：82-83.

[2] 环境保护部确定的重点领域的规划环评包括：产业园区规划环评，公路、铁路及轨道交通规划环评，港口、航道规划环评，矿产资源开发规划环评，水利水电开发规划环评。参见环境保护部《关于加强规划环境影响评价与建设项目环境影响评价联动工作的意见》（环发〔2015〕178 号）。

[3] 王名扬．美国行政法：上 [M]. 北京：中国法制出版社，1999：602.

围包括“法律、法规规定可以提起诉讼的其他行政案件”，这就为将规划环评纳入司法审查范围提供了可能。因此，可以在《环境影响评价法》中对司法审查的原告适格、受案范围做出明确规定。

（一）原告适格

《行政诉讼法》允许检察机关以公益诉讼人身份提起行政公益诉讼，这显示出突破行政公益诉讼原告适格要求的积极信号。规划环评司法审查的一项重要功能是为公众监督规划环评提供新的合法渠道。可以将提起规划环评司法审查之诉的原告规定为任何参与规划环境影响报告书草案意见征求的公民或者社会组织；未参与规划环评征求意见者，如果有初步证据证明专项规划可能造成不良环境影响并直接涉及其环境权益的，有资格向法院提起司法审查。规划环评司法审查是为了督促行政机关在决策时充分考虑环境因素，而不是为了求偿索赔。因此，可以规定原告在提起诉讼时，应将起诉书的副本提供给相应的检察机关和行政机关。如果经由公民、社会组织和检察机关的告知，行政机关努力着手按照法律规定进行环境影响评价，就已经达到了此项制度的目的。

（二）受案范围

受案范围决定了何种行政行为应当受到司法监督，其实质是行政权与司法权之间的关系问题。规划环评司法审查的范围直接反映了行政机关规划行为受到法院监督的广度。从他国已有的经验看，当环境问题多发和环境运动高涨时法院会扩大受案范围，反之则有所限缩。在美国，环境运动风起云涌的 20 世纪 70—80 年代，环保组织可以对近乎所有的联邦政府决策以环境保护为由提起诉讼，而诉讼也将环境运动纳入理性的轨道。在德国，针对政府的环境社团诉讼涵盖范围广泛的政府决定，其中包括关于环境影响评估的决定。环境团体诉讼类型呈多样化趋势，行政法院的诉讼对象呈集中化趋势，主要是行政计划批准、行政许可豁免等行政行为，[1] 即环境团体对抗行政计划之诉和对抗行政许可之诉。结合中国的实际，可以规定对于规划审批机关违法审批专项规划的，适格主体可以向相关法院提起司法审查。司法审查请求应当在规划颁布之日起 90 日内提出。这样的规定，一方面可以督促规划审批机关有效监督规划编制机关的行为，避免法院过多地干预行政行为，另一方面针对规划提起诉讼也在一定程度上满足了行政行为成熟原则的要求。

总之，规划环评司法审查不以实际损害为要件，对于各级行政机关疏于执行规划环评的行为，符合条件的公民或社会组织可以向法院提起行政诉讼。规划环评司法审查对强势的行政权无疑是一大挑战。推动国家治理体系和治理能力的现代化，迫切需要我们正视这一挑战。我们应当以环境影响评价制度改革为契机，着手确立中国的规划环评司法审查制度，从而将环境保护和经济发展孰轻孰重的窠臼提升至依法行政的面向。

---

[1] 谢伟．德国环境团体诉讼制度的发展及其启示 [J]. 法学评论，2013（2）：110–115.

第五章　环境行政决策的社会咨询

环境行政决策的社会咨询以社会为面向构建决策的合理性与正当性基础。为了更好地理解环境行政决策社会咨询的演变和所面临的挑战，有必要审视建立咨询委员会制度的时代。回顾和总结咨询委员会制度的演进历程与功能变迁，可以看到当时活跃着的甚至延续至今的种种思想、思潮、观点和辩论。从早期提供单纯技术支持，到成为公众参与和找寻共识的平台，其制度变迁也体现出行政决策的科学化与民主化进程。因应这一发展趋势，环境咨询委员会制度得以建立并不断完善。行政机关如何从法律上保证公众参与决策的能力正在成为日益重要的目标？深入开展国别分析和比较研究为我们理解这一制度设计的关键点和平衡点提供了一扇宝贵的窗口。

第一节　迈向共识的社会评议：环境咨询委员会的演进历程与功能变迁

一、咨询委员会的概念与溯源

（一）咨询委员会的概念

根据《现代汉语辞海》的解释，咨询“多指行政当局向顾问或特设的机关征求意见”。[1] 欧盟委员会秘书长对咨询一词的权威定义是：“在政策形成阶段，欧盟委员会在作出决策之前所进行的，旨在激发外部相关各方表达意见的过程。”[2] 在学者看来，咨询是指提出问题和接受询问并提出适宜建立和解决方法的对立统一的过程。[3] 日本行政法学者盐野宏将咨询程序定义为“对于某种行政决定，在该处分厅之外设置作为合议体机关的审议会，就一定的案件向审议会咨询，在审议会审议的基础上，处分厅做出正式决定”。[4] 麦克·卡多佐认为，咨询委员会（the advisory committees）是指对政府问题进行审议并为政府机关或官员提供见解或结论的若干个人的合称。[5]《北京大学法学百科全书》将咨询组织（advisory body）定义为，向政府提供咨询意见的一种非政权性组织。此种咨询组织便于沟通政府与居民之间的意见，有利于政府拟定施政方针和各项政策。[6] 咨询委员会是一种被普遍采用的公共参与形式。由政策制定机关选择知识渊博和具代表性的公民，组成公民咨询委员会，再由此委员会决定政策方案的先后顺序，这种方法在欧美先进国家的运用相当普遍。[7] 这种制度形式实现了促进公众参与的“社会目标”，包括教育公众、将公共价值（public values）引入政府决策、实质性地提升决策质量、增加对政府机构的信任以及减少冲突。[8] 从上述定义我们可以看出，作为一种非政权性组织，咨询委员会是在决策之前向行政机关提供专业建议，同时也是公众参与的有效载体。

因此，可以将环境咨询委员会定义为，由行政机关设立的，就有关环境的行政决策进行协商，向行政机关提供意见和建议的非政权性

[1] 现代汉语辞海编辑委员会 . 现代汉语辞海 [M]. 北京：中国书籍出版社，2003：1410.
[2] 吴浩 . 国外行政立法的公众参与制度 [M]. 北京：中国法制出版社，2008：94.
[3] 余明阳 . 咨询学 [M]. 上海：复旦大学出版社，2005：2.
[4] 盐野宏 . 行政法 [M]. 杨建顺，译 . 北京：法律出版社，1999：228.
[5] CARDOZO M H.The Federal Advisory Committee Act in operation[J].Administrative Law Review，1981，33（1）：1–62.
[6] 北京大学法学百科全书编委会 . 北京大学法学百科全书 [M]. 北京：北京大学出版社，1999：816.
[7] 约翰·克莱顿·托马斯 . 公共决策中的公民参与 [M]. 孙柏瑛，等译 . 北京：中国人民大学出版社，2010：9.
[8] LONG R J，BEIERLE T C.The Federal Advisory Committee Act and public participation in environmental policy[EB/OL].Washington，DC：RFF Discussion Paper 99–17，1999[2015–06–10].

组织。其组成人员由行政机关任命，以非政府人士为主，包括专家、学者、社会团体、居民等，兼具专业性和代表性，负责提供专业知识，组织公众协商，收集公众意见，为政府决策提供参考。

（二）咨询委员会制度溯源

行政活动征求咨询机关意见，是当代行政趋向民主化和技术性加强的结果，行政机关借此可以获得专门知识和联系群众。[1]在现代国家，咨询委员会被广泛使用，在行政决策过程中引入专业知识，协调社会矛盾，促进行政的民主化，确保政务的透明性和公正性。虽然环境咨询委员会制度广泛使用的背景是行政国家的发展，但行政机关征求政府以外人士的意见，在许多国家都有着悠久的历史。

在美国建国的早期，就已经开始吸收外界人士参加行政活动。1794 年，乔治·华盛顿总统为平息威士忌暴乱就设立了此类咨询委员会。[2]但直到第二次世界大战以前，美国咨询委员会的作用有限，数量也不多。第二次世界大战以后，由于行政事务技术性的增加，行政机关数量的增长，以及行政民主和扩大公民参加行政活动趋势的发展，咨询委员会的影响和数量大为增加。[3]从那时起，大量的咨询委员会得以设立，为政府有效行政提供意见和建议。

然而，也随之产生了许多问题。一些国会议员认为行政部门咨询机构数量过多、作用重叠、效率过低。一些市民认为，许多委员会都以闭门会议的形式运作，不对公众开放，并没有反映公众意愿。于是，国会呼吁加强对咨询委员会监督，控制其数量的激增，增加其运作的透明度。1957 年开始着手规制咨询委员会的立法，众议院政府工作委员会（House Committee on Government Operations）的报告承认咨询委

---

[1]　王名扬 . 法国行政法 [M]. 北京：北京大学出版社，2007：66.

[2]　GINSBERG W R.Federal Advisory Committees：An overview[R].Washington，DC：Congressional Research Service，2009：2.

[3]　王名扬 . 美国行政法：下 [M]. 北京：中国法制出版社，1999：1050.

员会的价值在于“作为有效行政的帮助”。[1]1972 年国会颁布了《联邦咨询委员会法》（Federal Advisory Committee Act，FACA），规范了咨询委员会的设立和管理，尤为强调公开会议、公众参与和发布报告。利用咨询委员会成员的专业知识，行政决策者能够获得拟议政策和项目的相关信息和建议。同时，也为公众提供了机会，以参与到政府决策形成过程。

1977 年《联邦咨询委员会法》为适应《阳光下的政府法》（*Government in the Sunshine Act*）进行了修改，使会议过程更加透明，并方便公众参与。因此,《联邦咨询委员会法》又被称为“开放政府”法。1993 年 2 月 10 日，克林顿总统发布第 12838 号行政命令，要求每个行政部门到 1993 财政年度结束，根据 FACA 终止不少于三分之一的咨询委员会（非法律要求的）。[2]1994 年 10 月 5 日，行政管理和预算局时任主任爱丽丝·M. 里夫林发布通告，详述对咨询委员会的管理政策，制定行政事务管理局（General Service Administration，GSA）评估现有咨询委员会效用的标准，并要求 GSA 创建咨询委员会操作与报告的指南。[3]

1995 年，国会颁布了两项与 FACA 相关的法律。第一项将政府间的咨询行为从 FACA 中排除（P.L.104-4）。第二项是在 1998 年取消 GSA 向国会提交年度报告的要求（P.L.104-66），但 GSA 官员将继续收集和检查咨询委员会的相关数据并在年度全面审查（Annual Comprehensive Review）上发布。审查是 FACA 所要求的附加监督文件，用来确定委员会是否遵守法律和执行任务，或者是否需要改善或废除。[4]1997 年的《联邦咨询委员会法修正案》规定了美国国家科学院（National Academy of the Sciences）或国家公共管理研究院（National

---

[1] CARDOZO M H.The Federal Advisory Committee Act in operation[J].Administrative Law Review，1981，33（1）：1-62.

[2] Executive Order 12838.

[3] U.S.Office of Management and Budget.OMB Circular No.A-135 as Applied to FACA[EB/OL].（1994-10-05）[2015-07-06].

[4] 5 U.S.C.Appendix § 7（b）.

Academy of Public Administration）下属咨询委员会对其成员的公共评论和会议的公众参与。

目前，美国约有 1 000 个咨询委员会的 6 万多名成员在环境保护、核废料处置、臭氧层损耗、艾滋病防治以及学校、高速公路、住房的改善等问题上，向总统和行政部门提供意见和建议。委员会数量众多，也源于英美文化的传统，即有事大家商量着办，公开而不独裁。[1] 虽然对咨询委员会有各种各样的批评，但政府从外部获取建议的重要性是无可否认的。总的趋势是，法律对委员会的设立和管理不断细化，对工作绩效的评估逐步加强，使其朝着越来越开放和透明的方向发展。

在英国，政府架构以外同样提供公共服务的其他组织类别，普遍统称为 quangos（quasi-autonomous nongovernmental organizations），即半自主非官方机构（以下简称“半公营机构”）。半公营机构执行一项或几项公共政策，资金来源于公共财政，但是远离中央政府运作，且与部长或直属上级机关并无直接的上下层级关系。[2] 半公营机构并没有取代政府机构，而只是变成了辅助性的执行代理人；政治家建立半公营机构的主要动机是获得效率收益；向半公营机构转移执行权力符合延续专业化或分工的想法。[3] 咨询委员会是半公营机构的一种形式，是行政机构理性化的表现。

20 世纪以来，英国法律和条例经常规定成立一些咨询机构，对部长提供意见。咨询机构的设立和咨询程序的采取有时是必须的，有时是任意的，他们的意见只具有参考的效力。成立咨询机构的原因：①行政工作越来越复杂，需要多种技术和情报，政府通过咨询机构利用外界专家知识。②行政机关干预公民生活和私人企业的行为越来越多，通过咨询机构听取利害关系人的意见，取得他们的合作。③加

[1] 张越．英国行政法 [M]. 北京：中国政法大学出版社，2004：434.

[2] THIEL S V.Quangos：Trends，causes and consequences[M].Aldershot：Ashgate Publishing Ltd，2001：5.

[3] CAMPBELL C C.Discharging congress：Government by commission[M].Westport：Praeger Publishers，2002：8.

强行政机关之间的联系和协作，咨询机构成员多为社会各界代表和专家，也可能由各部的代表参加。[1] 据英国政府文官部（Civil Service Department）1978 年的调查，在中央政府层面，1978 年共有"quangos"252 个，1971 年有 196 个，1959 年有 103 个，而 1900 年前只有 10 个。[2]

进入 21 世纪，布莱尔政府十分倚重咨询委员会的工作，其原因在于：首先，咨询委员会可以体现布莱尔对政治的包容态度，将不同背景的个人和团体纳入政策考虑范畴是使问题"非政治化"的一个重要方法，从而加强政策的支持基础和认受性。其次，咨询委员会可以被视为在制定公共政策过程中提供专业知识的重要途径，通过专家的介入改善决策质量。最后，布莱尔希望联合民间人士来解决一些棘手的难题，以消除政府内的"部门主义"现象及确保政策能够得到多角度的全部考虑。[3] 但随着 2008 年金融危机的到来，为了消减预算赤字，政府不得不消减包括咨询委员会在内的一系列半官方机构。

总的来看，在咨询委员会的发展历程中，呈现出知识合法化向参与合法化转移的趋势。行政机关在处理现代社会行政事务之时，相较于其他组织具有明确性、稳定性及纪律严格和可信赖性，但是专业性与民主参与的要求无法满足公众期待，于是以独任制机关为主的官僚组织引进更多的专业知识，并倾听公众意见。于此思维下，专家参与的委员会应运而生，其成员本身具备有专门知识，来源则为各领域之专家、学者或公正人士，亦有代表本身利益成员的加入，所组成的团体则称为"委员会"。[4] 现代社会倾向于支持参与式民主和决策中的专门知识同时发展，但两者之间可能存在抵消关系，结果是对于参与要求和解决问题的技术要求来说都不那么令人满意。尽管存在对抗性，

[1] 王名扬 . 英国行政法 [M]. 北京：中国政法大学出版社，1987：66.
[2] DERBYSHIRE J D.An introduction to public administration[M].London：McGraw-Education，1984：100.
[3] DOREY P.Policy making in Britain：An introduction[M].Los Angeles: SAGE Publications Ltd，2005：242.
[4] 黄源铭 . 论专家学者参与公共事务之法律地位：以行政法与刑法观点为中心 [J]. 台北大学法学论丛，2009（75）：1-61.

社会中的张力要求必须形成富有成效的努力重塑传统决策过程以适应公民参与的战略，这种主张的运行现在已经势不可挡。[1]

（三）对咨询委员会制度的质疑和批评

咨询委员会制度在得到广泛发展的同时，也遭受到来自三个方面的质疑和批评。第一，行政决策者将咨询委员会作为决策合法化的外衣，导致有关制度的形式化。许多行政机关只是将科学数据和结论作为掩盖其真实决策理由的“遮羞布”而已。[2] 马克斯·韦伯注意到，政治行为遵循其自身的官僚管理逻辑，结果会导致政治主动性和影响力瘫痪无力。尽管政治家的“领导精神”依赖于行政管理专家的专业知识，但是政治家为了作出重大决策也必须使自身脱离行政机构。[3] 第二，专家的“经济人”属性。人们也逐渐意识到，专家们已经不是中立知识的代表，他们利用各种各样的，甚至是自相矛盾的观点来解释自己的政治立场，更准确地说，他们在为争取自己的利益而辩论。这不仅造成了专家在政治咨询中的权威性急剧下降，更为严重的是，这使得人们对科学知识的认识发生了改变：它已不再是中立的、客观的、可靠的。专家机构会受到自我利益的影响，并因此更易被私人产业压力所俘获。在这里外在参与被认为是对专家意见和合法性的一种威胁。[4] 鉴于专业人员的经济和身份集团利益，人们不无讽刺地将专家称为“砖家”。第三，专业人员相对集中于专业领域而忽视现实的需要，以致建议有失偏颇。他们被安排来为合理目标而工作，按其专业规定的目标。他们在头脑中明显区分“科学”或“专业”的和仅仅是“政治”的。例如，公路工程师感到从技术上应该有一条公路通过

---

[1] 卡罗尔·哈洛，理查德·罗林斯．法律与行政：上卷 [M]．杨伟东，李凌波，石红心，等译．北京：商务印书馆，2004：223.

[2] WAGNER W E.The science charade in toxic risk regulation[M].Columbia Law Review，1995，95（7）：1613–1723.

[3] 马克斯·韦伯．经济与社会：第一卷 [M]. 闫克文，译．上海：世纪出版集团，2010：132–133.

[4] JAFFE L L.The effective limits of the administrative process：A reevaluation.Harvard Law Review[J].1954，67（7）：1105–1135.

新奥尔良商业区，不管政治家如何想。[1]

但无论如何，在风险社会中，技术理性是不容忽视的。技术概念在现代法中具有关键性。它使法律生效，而且构成了信任的基石。现代法律的制定和实施过程中大量使用专家知识，尊重他们的才智。现代法律承认“科学”是检验真理的标准。甚至攻击专家的人也预先假定对科学的深刻信心，把批评限于他们认为的伪科学或听别人吩咐的专家。[2]问题是，如何通过制度合理利用专业知识，尽可能地避免这些负面情况的产生。在既有追求科技、专家的思维下，如果没有社会理性的沟通与监督，可能造成持续的垄断甚至出现权威支配的局面。面对风险本身可能存在的技术上的局限性，需要以民主机制来克服其不足，参与和沟通便显得更加不可或缺了。因此，从理论上看，需要构建技术理性与社会理性的沟通机制。

为确保行政决策的合理性和正当性，弥补行政官员知识的有限性，增加具有专业知识经验的公民和普通公民参与决策制定的机会，有必要制定和完善咨询委员会相关的制度。科学咨询也许不是解决监管争议的万灵药，也不是能产生技术统治论者所认为的好科学的故障防护程序。但它却是科学、社会与国家之间实现政治调和的一个必要过程的组成部分；它在监管系统中发挥着无可估量的作用，如果没有它，监管系统将在非正式谈判程序方面存在极大缺陷。[3]一方面利用专家知识克服科学化的不足，另一方面借由公民参与克服民主化的不足，两者结合起来对行政机关形成内部约束，从而提升行政决策的质量。咨询委员会制度正是在批评与质疑中不断发展、逐步完善的。当前面临的挑战是，如何让咨询系统服务于高效政府的更高目标，而不是仅仅为杂乱的官僚机构再增添一个层级，或者只是延伸政治矛盾并使之

[1] 劳伦斯·M. 弗里德曼 . 法律制度：从社会科学角度观察 [M]. 李琼英，林欣，译 . 北京：中国政法大学出版社，2004：224.

[2] 劳伦斯·M. 弗里德曼 . 法律制度：从社会科学角度观察 [M]. 李琼英，林欣，译 . 北京：中国政法大学出版社，2004：251-252.

[3] 希拉·贾萨诺夫 . 第五部门：当科学顾问成为政策制定者 [M]. 陈光，译 . 上海：上海交通大学出版社，2011：344.

更加复杂。[1]

二、环境咨询委员会制度的产生与发展

20 世纪工业的迅速发展，带来了环境的急剧恶化以及一系列的重大环境污染事件，随之而来的是公众环境意识的觉醒与抗争。环境咨询委员会制度正是在这样的背景下产生的。有学者将 20 世纪 60—70 年代兴起的环保运动称为市民环境主义（civic environmentalism）。布鲁斯・阿克曼和威廉・哈斯勒指出，20 世纪 60 年代末环境意识崛起，与之相对应的是依靠独立的、专家型的行政机构创造性地管制复杂社会问题的观念的衰落。[2] 马克・兰迪和查尔斯・鲁宾认为，市民环境主义提供了国家、在地居民与社群在互动关系及政策执行上的一种新思维，希望促使环保运动及政策能在地化地思考与行动（think locally and act locally），以弥补单一政府决策与执行可能的限制。[3] 中国台湾学者张力亚认为，市民环境主义的核心价值有二：一是强调市民环境意识与公共参与；二是利用由下而上的草根力量来改变政府的政策思考观点，触动政府的变革。[4] 与传统的管理（management）不同，市民环境主义所强调自下而上的互动关系，应当说与环境治理的理念是一致的。

环境咨询委员会制度的产生也经历了一个从地方到中央的过程。为了应对严重的大气污染问题，早在 1960 年美国宾夕法尼亚的阿利根尼县就着手建立大气污染控制咨询委员会（APCAC）。由于其在大气污染控制的成功经验，宾夕法尼亚州于 1970 年通过法案设立州环

[1] 布鲁斯・史密斯 . 科学顾问：政策过程中的科学家 [M]. 温珂，李乐旋，周华东，译 . 上海：上海交通大学出版社，2010：243.

[2] ACKERMAN B，HASSLER W T.Clean coal/dirty air or how the Clean Air Act became a multibillion-dollar bail-out for high-sulfur coal producers and what should be done about it[M].New Haven，Connecticut：Yale University Press，1981：1.

[3] LANDY M，RUBIN C.Civic environmentalism：A new approach to policy[M].Washington，DC：George C.Marshall Institue，2001：1-2.

[4] 张力亚 . 市民环境主义的社区实践：以台南市金华社区为例 [J]. 第三部门学刊，2009（11）：63-95.

境咨询委员会。最先在美国国家环境保护局成立的环境咨询委员会是科学咨询委员会（Science Advisory Board）。此后不同类型的环境咨询委员会逐步设立，承担不同的职能，以应对复杂的环境问题。据统计，在 1985—1997 年，美国国家环境保护局的环境咨询委员会的数量和成员都呈现出较大规模的增长（图 5.1）。相应地，委员会的支出成本也大幅增加（图 5.2）。常识倡议委员会（Common Sense Initiative Council，CSIC）在 1995 年制订了“更清洁、更低廉、更智能”的环境管理解决方案，这一年召开会议的数量增长迅速。当年该委员会及其下属的小组委员会共召开会议 151 次，几乎占到全体环境咨询委员会会议数量的一半。

在国家层面最先建立环境咨询委员会的是英国。1969 年 12 月 11 日，英国首相哈罗德·威尔逊在下议院宣布女王同意设立一个新的、独立的皇家环境污染委员会。在环境问题作为民众和政治普遍关注点的近十年里，政府内部感觉到必须做些什么。高级别咨询机构的设立是对环境关切的制度回应，某种程度上可以视为行政重组。威尔逊首相宣布成立一个新的中央科学污染单位，目的在于配合政府行动，提供“外部调查和信息，形成对政府的外部刺激”。委员会的授权责任范围，在皇家认证（Royal Warrant）中列出：对国内和国际涉及环境污染的事项提供建议；在此领域开展充分的研究；以及研究未来对环境造成危险的可能性。

1970 年 2 月 25 日，皇家环境污染委员会成立大会在伦敦举行。著名生物学家埃里克·阿什比爵士（后来是勋爵）任主席，著名动物学家索利·祖克曼爵士（后来是勋爵）是成员，早期的委员会包括两名自然科学家，一名经济学家，一名媒体从业者，一名实业家，一位退休的常务秘书和一位主教。虽然这种跨学科和背景的模式贯穿了始终，但它从来就不是一个通常意义上所理解的纯粹的“科学”机构。最初的成员在 1973 年被扩展至包括“一名物理学家、一名律师、若

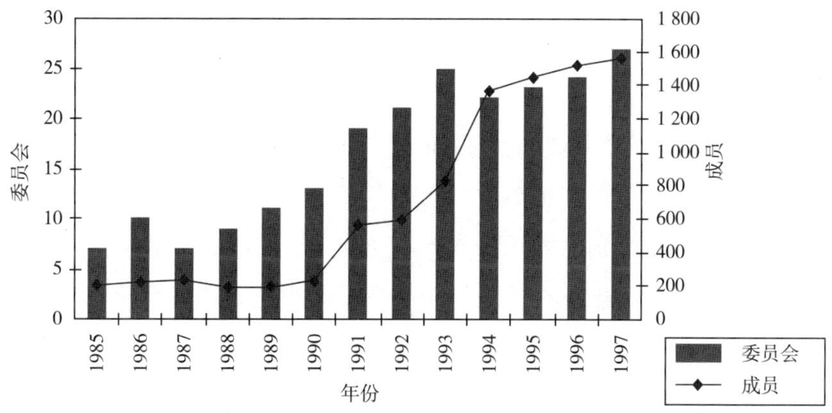

图 5.1　美国国家环境保护局的咨询委员会和成员，1985—1997

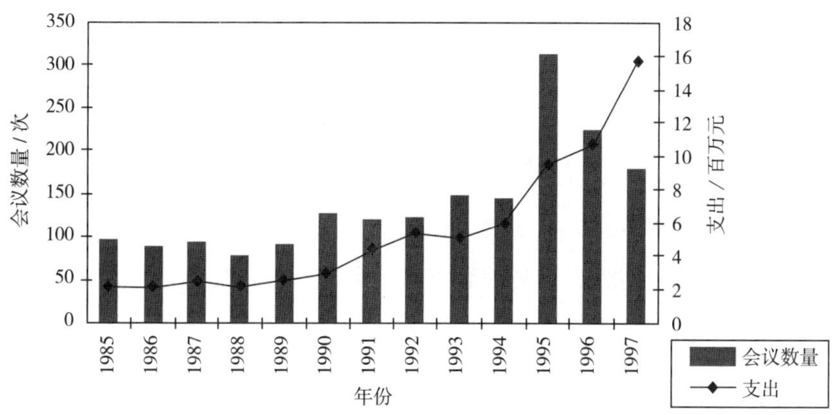

图 5.2　美国国家环境保护局的联邦咨询委员会会议数量和支出，1985—1997

来源：LONG R J，BEIERLE T C. The Federal Advisory Committee Act and Public Participation in Environmental Policy[R]. 1999.

干医学和规划教授以及一名女性”，最终稳定在 12~14 人。所有成员根据首相的建议，由女王正式任命。事实上，直到 20 世纪 90 年代末，成员任命都是委员会主席和秘书的独揽之事，他们与部长和高级公务员有着密切的合作。在此之后，反映公众对问责性和透明度的要求，成员的遴选过程得以开放，任期限制也更为明确。[1]

同样，中国台湾地区在面对环境变迁时，因专业知识及人员不足，常需借助专家学者加入运作，成立了环境品质咨询委员会、资源回收费率审议委员会、环境影响评估审查委员会以及环保标章审议委员会等各种类型的委员会。各类委员会中专家学者所负责执行之事项各有差异，但往往于个别之委托事项上不受委托机关指挥而得独立执行，委托机关亦相当程度地尊重其就个别事项所为之认定与判断上，[2] 此种“官民”合作模式在公益实现上甚具实效。[3]

20 世纪 80—90 年代初期，中国台湾地区经历非常激烈的环境抗争，烽火遍地的反污染抗争、民主权利意识高涨后的邻避抗争，让政府焦头烂额。当时正值民主转型，威权时期政府不计代价追求经济发展以维系政权的延续，导致人民对政府决策的不信任，进而影响行政机关因信赖信托关系而取得之决策正当性；同时，许多环境影响评估案件审查面临的决策，又是高度争议性的议题，在缺乏相关配套制度的情形下，也很难以诉诸民意的方式来取得所需的权力基础。此时，比较可行的方案，将决策权交给仍然受到社会某种程度信任的专家学者。环评委员会的组成，必须有绝对多数（三分之二以上）由不具官员身份的专家学者担任，而这些代表社会良心的专家学者，则依照其专业知识与超然的立场，独立地为政府做决定，取信于争议的双方。这样的设计，一方面增强了决策的正当性——尤其当社会大众看到该委员会确实有胆识挡下重大开发案（比较知名者如香山海埔新生地、关西机械园区等）而累积更大的信任，另一方面也保护环境保护主管部门免于过大的政治压力。[4]

---

[1] OWENS S.Experts and the environment—the UK Royal Commission on Environmental Pollution 1970-2011[J].Journal of Environmental Law，2012，24（1）：1-22.

[2] 王毓正．论环境法于科技关连之立法困境与管制手段变迁 [J]. 成大法学，2006（12）：95-150.

[3] 黄源铭．对专家学者组成委员所为决定之司法审查：以委员会之运作与资讯审查为中心 [J]. 政大法学评论，2012（129）：167-243.

[4] 汤京平，邱崇原．专业与民主：台湾环境影响评估制度的运作与调适 [J]. 公共行政学报，2010（35）：1-28.

晚近，由于强化环境行政民主的呼声，委员会呈现出社会咨询的趋势，即借由“公民会议”的模式处理有关环境的行政决策。所谓“公民会议”，即从参与者中随机挑选 12~20 名代表组成“公民小组”，对有争议性的环境议题进行评估。在预备会议课程上，公民小组成员阅读相关资料，通过专家授课、对谈协助，了解基本的政策议题，建立知识基础。在公开论坛上，他们自行设定问题询问专家，就议题所涉及的利益与价值冲突进行讨论和沟通，形成理智的集体判断，并将共识观点写成正式报告，供决策参考，同时向公众发布。虽然公民会议的结论并不当然具有法律拘束力，但公民小组所做报告的内容，往往对行政机关在政策决定上有相当的影响力，从而发挥了公众参与政策制定的功能。[1] 由于官僚体系并无操作的经验，无法自行办理，政府发动的公民会议，大都委托学术机构或社会团体来办理。[2] 公民会议因而被视为专业知识与公众参与有效结合的最新发展。

三、环境咨询委员会制度的功能

环境问题所涉及的问题如此庞杂，如果没有一套整合性的机制，很难保证行政决策的科学性和民主性。环境咨询委员会制度，弥补了代议制民主的不足，将公众参与和理性辩论有效结合，有助于提升行政决策的效率，强化其合理性与正当性。这一民主形式无论何种政体都可以采用，既可以扩大公众参与面，又可以提升决策质量，达到在内部对政府形成自我约束的效果，也因此成为实现“善治”的典范。韦伯指出，在家长制的统治之下，顾问机构，或者有时拥有执行权的机构，由首领掌管，或者首领出席他们的会议，至少接受他们提交的报告。这种机构通常都是由技术专家或具有崇高社会声望的人组织，

---

[1] 翁岳生 . 行政法：上 [M]. 北京：中国法制出版社，2009：574–575.
[2] 林国明 . 国家、公民社会与审议民主：公民会议在台湾的发展经验 [J]. 台湾社会学，2009（17）：161–217.

或者两者兼备。由于政府的功能涉及与日俱增的专业性考虑，首领可以指望通过咨询机构获得足以超出“半吊子”水平的信息，以使明智的个人决策成为可能。[1] 他认为，顾问制机构未必就会削弱独断式首领的权力，但很有可能在理性化的方向缓和权威的行使。不过也有可能，这种机构实际上会占首领的上风。

事实上，家长式的行政决策方式已不能满足公众日益增长的环境和权利意识。反映在现实中，则是由于对相关行政决策的不满而出现的大量环境信访，极端情况甚至发生大规模环境群体性事件。这不仅加大了行政处理的成本，而且容易造成“官民对立”，降低政府的公信力，影响社会稳定。通过为政府环境决策单位以外的各利益主体提供发表意见的机会，环境咨询委员会制度可以克服传统政府决策过程中以政府官员经验决策为主的不足，使各利益主体能够合法有序地参与政府有关环境问题的决策，避免行政决策失误。[2] 因此，在进行有关环境的行政决策之时，应当通过环境咨询委员会这一沟通平台，充分考虑利害关系人的合法权益，并且与之进行充分协商，进而减少纠纷，并且可以更加全面地考虑问题，从而提升决策质量，节约行政成本，提高公众对行政决策的认可度。具体来看，环境咨询委员会制度的功能可以包括以下几个方面。

（一）引入专业知识

环境问题伴随着技术的发展而产生，从而对行政决策所要求的专业性与技术性也越来越高。环境问题的不确定性、专业性和现实性，使得行政官员不能窥其全貌，一般公众更是难以理解，而一旦发生决策失误，将可能引发生态损害，造成巨大的损失。于是，在环境问题上，个人和集体的行动经常会参考特定的学科专业论断。必要的科学知识和专业判断，也就自然构成了环境行政决策的起点。环境咨询委员会

[1] 马克斯・韦伯 . 经济与社会：第一卷 [M]. 闫克文，译 . 上海：世纪出版集团，2010：390.

[2] 王曦 . 环保主体互动法制保障论 [J]. 上海交通大学学报：哲学社会科学版，2012，20（1）：5–22.

为行政决策提供意见和建议，将专业知识引入决策之中，可以成为获取有价值的知识和技能的有效手段，同时也普及知识，为公众的理性参与奠定基础。

通过第三方专家学者的加入改善决策质量，咨询委员会被视为提升行政决策专业程度的重要途径。[1] 美国乔治·华盛顿大学政策研究中心主任阿·埃茨津奥尼指出："怎样将知识输入政策决策当中去？柏拉图的解答是将政策分析与制定的功能集于哲学王。但这显然不适用于知识呈爆炸式增长的现代社会。事实上，对于权力在知识的创造者与政策制定者之间的互动中所起的作用，我们所知甚少，因而值得加以关注。同样的报告，如果是由一个建立广泛联合又取得一致赞同的委员会做出的，那么，它的影响就会比一个专家小组做出的大得多。赤裸裸的权力同没有支持者的知识同样软弱，二者的结合是在知识与决策之间架设桥梁的最佳途径。"[2] 环境咨询委员会是在专业知识和行政决策之间建立起行之有效的通道，吸收专家学者参与行政决策的制定过程，有效利用外部知识和经验，使理性的知识能够输入行政决策之中。

环境咨询委员会的设立为解决问题而存在。通常，参考专家意见是为了了解科学对此问题的论断。专家学者介入行政决策，从自身的专门领域，确保决策具备一定的品质。行政专业化将专家学者引入行政决策制定中，这是必然的趋势，也构成了良性的发展。在环境决策的过程中，行政机关通常依靠咨询委员会，例如，美国联邦环保局科学咨询委员会的职责就是对科技数据给予建议，分析决定的环境风险、成本和收益，以及提供不同污染物对环境和人体健康的影响可得的科学证据。[3]

同时，专家学者也起到普及知识的作用。在很大程度上，与知识

---

[1] 朱芒，陈越峰．现代法中的城市规划：都市法研究初步（下）[M]．北京：法律出版社，2012：29-30.
[2] 张金马．公共政策分析 [M]．北京：人民出版社，2004：5.
[3] APPLEGATE J S.A beginning and not an end in itself：The role of risk assessment in environmental decision-making[J].University of Cincinnati Law Review，1995，63（4）：1643-1678.

相关的群体提供了基于共识信念而做出的预设论断。[1] 通常情况下，一般公众并不掌握环境法律、技术规范以及相关专业知识，如果没有专家的指点和参与，大多数只会表现出“一盘散沙”或者因“利益分歧”而不欢而散的局面。[2] 这时，作为第三方专家学者的知识传递功能就得以体现，他们的专业知识为共识的达成提供科学支撑。但是，环境咨询委员会的工作不仅是单向地引入专家知识，而且还应当充分吸收公众意见。科学证据和分析虽然是行政决策的起点，却不是唯一依据，缺乏公众参与的环境决策也只能是“决策于未决之中”。因此，环境咨询委员会的定位不仅是狭隘的技术型政策分析者，也是促进公众广泛参与的支持者。

（二）促进公众参与

咨询意味着讨论和协商。在环境风险的背景下，行政决策面临大量未知的问题，不仅反映在科学技术本身的局限性，还表现为诸多利益关系的存在。虽然环境咨询委员会试图向行政机关提供“中立”的专业知识，但是仅仅依靠“技术理性”还不足以得到公众的一致认同。一方面，不能否认专家知识本身所具有的局限性，他们通常只能对自己专业的内容做出评估；另一方面，如果将问题全部交由行政机关处理，民众坐等行政机关的管理和整治，不仅会产生“管制俘虏”（regulatory capture）的问题，而且不利于公民意识的形成。因此，需要将自身角色界定为参与性的决策分析者，以开放的组织形式和透明的运作过程，充分吸收各方观点和意见，成为沟通政府与公众的桥梁。叶俊荣教授指出：“在行政决策程序中引进参与化取向的机制，将使得民主参与的管道更形多元，管制国家的民主正当性更形强化；此外，借由利害关系人参与行政程序，更具有彰显人性尊严，尊重个人人格

---

[1] 丹尼尔·W. 布罗姆利 . 充分理由：能动的实用主义和经济制度的含义 [M]. 简练，杨希，钟宁桦，译 . 上海：上海人民出版社，2017：30.

[2] 汪劲 . 中外环境影响评价制度比较研究 [M]. 北京：北京大学出版社，2006：398.

自主性的深刻意义。”[1]参与目的是将公民意识引入行政决策的过程中，透过行政机关与公众的沟通互动过程，建立起彼此的信任关系，使行政机关听到更多的声音，强化决策做出的事实基础，以更为坚实的民主机制处理所面临的问题。

环境咨询委员会的制度设计为不同主体利益诉求的表达提供了渠道，在追求公共价值的过程中，包容不同价值，承认私人利益的合法性，均衡各方利益，打破政府的决策中心位置，形成多元治理格局。其制度功能不仅在于提供可行的政策建议，更在于鼓励公众参与，推动民主政治，形成参与民主的有效载体。

首先，设立制度性汇纳管道。回应公众关切，以常设性确保公众在相关行政决策上的知情权、参与权、表达权和监督权。这样，一方面建立起汇纳公众意见的渠道，有效沟通民意，使行政机关变被动为主动，将问题在体制内解决，维护社会稳定；另一方面公众意见的表达可以为专家理性提供更具体的信息和角度，保证决策具备扎实的公众基础，也可以抑制专家理性的滥用，从而有助于提升咨询质量。对于公众来讲，环境咨询委员会是一种参与机制，公众及利益相关者通过这种机制，提出自己的意见和建议，要求行政主体采纳并在决策中有所体现。对于政府来讲，是获取信息的有效渠道，将各方意见吸收到决策过程中，更为全面地考虑问题，从而提升决策的质量和效率。

其次，构建协商平台。鼓励利益相关者参与、共担，以专业知识引导辩论、以协作取代控制，变对抗关系为伙伴关系，实现环保事业主体的良性互动。例如，中国香港地区的环境咨询委员会不定期举行公开论坛，与业界、相关组织及公众人士就政府公布的咨询文件以及策略做出讨论以及交流意见。在这一过程中，公众是作为对话者而存在的，公众的意见和建议，构成了专家判断的重要参照系。同时，咨询过程中的专家承担着说服公众的任务，这一过程也意味着知识的扩

[1] 叶俊荣．面对行政程序法：转型台湾的程序建制 [M]. 台北：元照出版有限公司，2010：114.

张和理性的提升；当出现认知冲突时，决策者将不得不重新检视专家意见的理性化水平。[1] 在行政机关、专家学者、利益相关者以及公众的博弈过程中，经过充分的协商、妥协和平衡，得出科学合理的咨询意见和建议。

总之，在环境咨询委员会中引入公众参与具有政策层面与规范层面的双重意义。在政策层面，弥补代议制民主的不足，提升参与民主的程度，增强决策的合法性基础。在规范层面，为公众参与行政决策提供制度化保障，同时降低决策的执行成本。这种咨询协商机制作为一个公众参与的早期预警系统，虽然从短期看可能延长行政决策的时间，但寻求共识的过程有助于提升决策质量，从长远的角度避免环境损害以及因诉讼而带来的昂贵成本。

（三）制约政府权力

由行政官员主导的行政程序，过于集中的权力可能导致官员的无能或权力滥用，并使知识得不到有效利用，公众沦为象征符号，甚至成为行政官员推行非理性政策的盾牌。[2] 通过程序性规定，一方面突出环境咨询委员会运作的公开性、透明性，另一方面将利益相关方引入决策过程，强化决策过程中的公众参与，确保政府能够认真听取意见，克服政府官员以经验决策的不足，避免在政绩和经济利益面前的“政府失灵”。新的公民信仰，使我们的注意力自然而然地集中在约束政府行为的规则上。[3] 弗朗索瓦·基佐从法权的角度出发，列举了保障法权的制度的基本特点：辩论使现有权力共同追求真理；公开性可以将这些正在寻求真理的权力置于公民的监督之下；舆论自由激发

---

[1] 王锡锌．我国公共决策专家咨询制度的悖论及其克服：以美国《联邦咨询委员会法》为借鉴 [J]. 法商研究，2007（2）：113–121.

[2] 王锡锌，章永乐．专家、大众与知识的运用：行政规则制定过程的一个分析框架 [J]. 中国社会科学，2003（3）：113–127.

[3] 布伦南，布坎南．规则的理由：宪政的政治经济学 [M]// 布伦南，布坎南．宪政经济学．北京：中国社会科学出版社，2012：169.

公民自己来寻求真理，并将所需求的真理告诉政权。[1] 环境咨询委员会的运作：一方面以会议过程和相关信息的公开性，将有关环境的行政决策置于公众监督之下；另一方面以辩论除去专业化的外衣，以“辩论取代暴力”，通过公众的理性参与，实现对政府权力的制约。

第一，环境咨询委员会运作的公开性和透明性是其有效开展工作的前提。一般来讲，设立环境咨询委员会的国家都以立法形式明确会议及相关文件的公开，这样可以保证其中立性和独立性，以及公众参与落到实处。咨询过程的透明和公开，使环境咨询委员会的工作始终处于社会和公众的监督之下，减少了私下交易的可能性，加大了行政机关和利益集团控制咨询的难度。同时，也构成了对成员个人的监督，暴露在公众视野下的委员会成员，其言论将承受来自社会和舆论的压力，确保客观中立、价值无涉，是摆脱压力最为可行的办法。

第二，环境咨询委员会通过多元主体的参与，以沟通理性形成对政府权力的制约。作为一种非政权性组织，环境咨询委员会依靠参与主体的多元化，避免不同参与者之间的话语垄断，达成共识。经过理性思辨和公众参与过程所形成的社会共同意志，虽然没有强制力，但具有了极大的社会影响力、支配力和社会强制性，以“社会权力”[2] 的表现形式构成对政府权力的制约和监督。如果决策者采取的行动与咨询委员会的建议不一致，并且不能给予充分解释，审查者就可能修正或推翻此决定。例如，如果行政决策的做出所依赖的是咨询委员会认为不可靠的数据，那么审查者就可能对该决定做出严格缜密的审查，从这个角度讲，咨询委员会的引入可以约束行政官员的裁量权。[3]

可以说，环境咨询委员会制度作为“社会权力”的一种组成方式，

---

[1]　弗朗索瓦·基佐 . 欧洲代议制政府的历史起源 [M]. 张清津，袁淑娟，译 . 上海：复旦大学出版社，2008：239.

[2]　简言之，社会权力即社会主体以其所拥有的社会资源对国家和社会的影响力、支配力。社会权力的自主性及其对国家权力的互动和制衡，对保障社会主体权益的能动性，使权力不再是可畏的、难以驯服的凶器，而可望成为人民群众可亲近的、可自我掌握的利器，以“社会权力制衡国家权力”。参见郭道晖 . 社会权力与公民社会 [M]. 南京：译林出版社，2009：4-7.

[3]　SHAPRIO S A.Public accountability of advisory committees[J].Risk，1990，1（3）：189-202.

通过在政府权力和个人权利之间建立平衡，从而实现对政府权力的制约。

（四）实现公民自治

民主政治是一种责任政治，政策制定者必须为其所制定的政策负责，公众也应该为其言论和行为负起道义上的责任。如果依靠的仅是一股沸腾的参与知识，而欠缺以理性为基底的参与知识，则这种参与是一种民粹主义（Populism）的激情表现，绝对不是民主政治的责任表现。公民参与环境决策的先决条件是具有一定的专业知识。环境咨询委员会承担了教育、引导公众的职责，使之具有参与讨论所必备的专业知识，以便随着时间的推移促进规则学习。在提升专业素养的同时，公开、透明的协商讨论过程，也有助于公众提升民主与自治意识。

自治的基础源于自主学习的努力。正如埃莉诺·奥斯特罗姆所指出的，学习就是一个渐进的自主转变过程。[1] 公众参与环境咨询委员会讨论的过程是协商的过程，也是分享与学习的过程。[2] 彼得·格拉斯伯根将学习的类型分为技术学习、概念学习、社会学习和认知学习，其中前三类与环境政策的制定过程密切相关。技术学习由在相对固定的政策目标下有限数量的政策工具的应用组成，描绘了大多数工业国家环境政策的早期阶段；概念学习是重新定义政策目标和调整问题界定和策略的过程；社会学习关注与行动者的互动与沟通，主张在政策过程中开始不断反思，体现出高度的结构开放、参与者角色的变化、不同的实施方式。[3] 出于公众对环境管制的不满，尤其是利益相关者

---

[1] 埃莉诺·奥斯特罗姆 . 公共治理之道 [M]. 余逊达，陈旭东，译 . 上海：上海译文出版社，2012：221.

[2] 最早将政策制定过程作为学习方式的是美国政治学者休·赫克罗，他将政策制定描述为“代表社会的集体困惑的形式”，政策制定者的学习作为对外部政策环境变化的回应，当环境发生变化，如果不想政策失效，政策制定者必须做出改变。HECLO H.Modern social politics in Britain and Sweden：From Relief to Income Maintenance[M].New Haven：Yale University Press，1974：305.

[3] GLASBERGEN P.Learning to manage the environment[M]//LAFFERTY W M，MEADOWCROFT J.Democracy and the environment：Problems and prospects.Cheltenham：Edward Elgar，1996：175–178.

的对抗关系以及缺乏合作解决问题的能力，政策制定者试图发展社会学习能力，以有关环境行政决策上的公民自治，实现环境领域的社会治理。[1] 在此，公私划分的界限模糊，政府不再是控制者而是促进者，企业和公众成为行政决策的参与者，以合作的方式、责任的分担达成政策目标。

防止环境污染和生态破坏，建设良好的居住条件，与个人的生活休戚相关，将公众的意识集中起来，也符合自治的宗旨。对于专家学者而言，本身就处在这一环境当中，能够把握环境污染的状况、合理预见未来的影响，通过与公众密切接触，形成更贴近公众的意见和建议。公众、利益相关者自身更加了解区域的实际，能够切身感受到污染的危害，进而权衡利弊。在参与治理的过程中，利益相关方通过凝聚共识，寻求解决问题的方案，在理性反思的基础上，减少预期与现实的差距，由于得到了真实情境的民主训练，公民素养得到提升。

自治意味着该组织的秩序并非产生于外来者制定法上的行动，而是产生于其成员自身的权威。[2] 经由协商民主而做出的行政决策，以集体民主的压力，使公众自己说服自己，达成合作共识，改善政府管制与公共回应需要之间的紧张关系，提供一种解决市场与政府双重失灵的途径。

第二节　环境咨询委员会制度比较研究

在世界范围，注重环境保护的国家和地区大多设有不同形式的环境咨询委员会、环境审议会或理事会等，负责调查审议有关环境事项，为政府决策提供建议，在政府与公众之间搭建起沟通环境事务的桥梁。其运行规则具有拘束力和可执行性。大致可以分为两种立法模式：一

---

[1] ROSE R.Lesson-drawing in public policy：A guide to learning across time and space[M]. Chatham：Chatham House Publishers，1993：50.

[2] 马克斯・韦伯 . 经济与社会：第一卷 [M]. 闫克文，译 . 上海：世纪出版集团，2010：142.

是以美国为代表的单项法模式，在《联邦咨询委员会法》的统领下，由《清洁水法》《清洁空气法》等单项法规定相关的环境咨询委员会；二是以日本、英国、加拿大为代表的环境法模式，即在环境基本法中明确规定设立环境咨询委员会。

一、美国的环境咨询委员会制度及其运行

（一）概述

美国以《联邦咨询委员会法》为核心，建立了咨询委员会的规范体系。[1] 环境咨询委员会作为行政部门决策过程的一部分，用以获得针对环境问题的广泛建议，致力于政府开放和公众参与。总统、国会和联邦行政机关或机构可以设立环境咨询委员会，其成员包括科学家、公共卫生官员、企业、市民、社区以及其他相关政府部门。设立环境咨询委员会需要满足的基本要求包括：应当对公众开放并且允许公众表达自己的观点，公众应当可以获得所有会议记录和报告，所有会议通知应当在《联邦登记》上公告，并且应当保持委员会成员组成的平衡。

由于认识到参与和信任对于政府有效管理环境风险的重要性，国家环境保护局将咨询委员会作为促进受影响社区利益相关者之间进行互动的一种方式，以此为平台沟通信息、表达观点，进而达成共识。截至 2017 年，国家环保局管理的联邦咨询委员会（Federal Advisory Committees at EPA）约有 22 个，有 700 多名成员，主要通过公开会议和报告的形式向政府提供咨询意见，带来建立环境共识过程中的观点和知识。EPA 设立的环境咨询委员会可以大致分为三种类型（表 5.1）：专家咨询委员会、政策层面咨询委员会和特定场地咨询委员会。在实

[1] 美国总统办公厅下设的环境质量委员会，虽然以委员会的形式为总统提供环境方面咨询意见和协调行政机关的有关环境的活动，但属于正式的联邦机构，与第三方主体组成的环境咨询委员会多有不同，因此不在本书的讨论范围。

践中，作为致力于政府公开和公民参与的有效路径，环境咨询委员会的工作提高了公众对环境问题和政策的理解和认识，增加了政府机构对可能受到决策影响的利益群体的价值、偏好和政策建议的理解，产生了新的政策替代选择，增强了政府的公信力，减少了因环境问题所引发的冲突。

表 5.1 EPA 设立的部分咨询委员会

类型	名称
专家咨询委员会	科学咨询委员会 清洁空气科学咨询委员会
政策层面咨询委员会	清洁空气法咨询委员会 地方政府咨询委员会
特定场地咨询委员会	社区咨询小组

（二）联邦层面的规范与运行

1. 联邦咨询委员会法

1972 年的《联邦咨询委员会法》作为提高政府工作开放性的一项措施，致力于明确联邦行政机关的咨询活动，保证外部参与的公正性，以及咨询过程的透明性。《联邦咨询委员会法》适用于向行政机关提供意见和建议的咨询委员会，这类机构本身并没有决定权力。法案规定了联邦行政机关的咨询委员会的建立、运作、监督和终止程序，委员会管理秘书处（Committee Management Secretariat）监督法案的实施。

其核心的要求包括：起草一份书面章程阐明咨询委员会的职责；在《联邦登记》上及时公告委员会召开的各种会议；平衡委员会成员的组成，建立公平的成员构成比例；尽可能地向公众公开委员会会议；由发起方做委员会的会议记录和备忘录；对公众开放委员会采用的科学知识；授予联邦政府召集和推迟委员会会议的权力。[1]

[1] S5 U.S.C.app. § § 5–10（1994）（*Federal Advisory Committee Act*）.

咨询委员会的公开原则最初适用《信息自由法》（*Freedom of Information Act*）的规定。1976年，《阳光下的政府法》制定以后，《联邦咨询委员会法》做出了相应修改，规定会议的公开适用《阳光下的政府法》，文件的公开适用《信息自由法》。

（1）立法背景

正如前文所指出的，咨询委员会的出现是源于满足沟通技术理性和社会理性的需要。它介入行政决策过程，加强了行政机关、专家学者、社会公众和相对人之间的沟通和交流，使得行政决定更加理性，并在一定程度上抑制了行政官员的裁量权。[1]

20世纪60年代，伴随着专家咨询机构的大量出现，也产生了诸多问题。主要表现在以下几个方面：第一，咨询委员会的数量过多，有些设置重复；第二，由于组成人员背景和阅历的相似，难以平衡各方面的意见和利益，只能代表一部分意见，使得建议难免有失偏颇；第三，咨询委员会超越技术专长提出涉及价值判断的建议；[2]第四，咨询委员会提出建议或意见的过程不对外公开，导致行政官员利用其为自己的偏好服务。这些问题导致专家咨询制度无法实现其既定的目标，引发了公众的质疑。

制度的设计者将这些问题归结为，缺乏对咨询委员会的系统管理和组织，需要以相应的制度设计保证咨询委员会本身的独立、成员组成的平衡，使其真实意愿能够得到反映，进而强化决策的合理性。于是国会出台了《联邦咨询委员会法》对政府设立的咨询委员会做出统一规定。正如联邦最高法院在公民组织诉司法部案（*Public Citizen v. Department of Justice*）中指出的，FACA产生于评估"为联邦政府行政部门中的官员和机构提供建议而设立的诸多委员会、理事会、专员和类似的团体"的需要。[3]

---

[1] 王锡锌．我国公共决策专家咨询制度的悖论及其克服：以美国《联邦咨询委员会法》为借鉴[J].法商研究，2007（2）：113–121.

[2] SHAPRIO S A.Public accountability of advisory committees[J].Risk，1990，1（3）：189–202.

[3] 491 U.S.at 445–46（quoting the FACA § 2（a））.

（2）咨询委员会的设立

《联邦咨询委员会法》规定，咨询委员会是指由法律设立的，或总统设立和利用的，或联邦行政机关设立和利用的，向总统或联邦行政机关或官员提供建议或意见的委员会或类似团体，以及该委员会或团体的分支。[1]咨询委员会可以由法律、总统和行政机关设立，但行政机关设立咨询委员会时，必须先和行政事务管理局协商，国会或总统决定设立的咨询委员会则不需要。虽然行政事务管理局没有拒绝行政机关建议的权力，但却可以提出意见和建议，以避免重复的和不必要的咨询委员会，因此在事实上对咨询委员会的设立具有很大的影响。

咨询委员会一般应制定章程。在章程制定之前，咨询委员会不能开展活动。《联邦咨询委员会法》规定，除法律设立的咨询委员会外，总统和行政机关决定设立咨询委员会时，必须制定章程。由总统决定设立的咨询委员会的章程，应向行政事务管理局提出；由行政机关决定设立的咨询委员会的章程，应向行政机关首长和国会两院有关的常设委员会提出。章程中应规定：委员会名称、目的、活动范围、对谁提出咨询意见、经费来源、每年费用的估计、会议次数的估计以及存在期间。咨询委员会存在期间不能超过两年，如果两年后需要继续存在，须事先做出延长的决定和重新制定章程，延长时间不得超过两年；由法律设立的咨询委员会，存续期间依法律规定。[2]

咨询委员会成员构成的平衡性。设立咨询委员会的法律或行政决定必须保证咨询委员会成员构成的平衡性：①知识结构平衡，根据其表达的观点和咨询委员会所要履行的职能而进行合理平衡，避免因观点的狭隘而提出片面的报告或建议；②利益平衡，咨询委员会的成员应当具有平衡各方面的工作能力以及代表各方面的利益，保证所提出的建议是基于自身的独立判断，未受提名机构或特殊利益团体的影

[1]　5 U.S.C.app. § 3（1994）（*Federal Advisory Committee Act*）.
[2]　王名扬 . 美国行政法：下 [M]. 北京：中国法制出版社，1999：1052.

响。[1] 米歇尔·努斯凯维奇指出，为了取得观点上的平衡，通常恰当的方法是咨询委员会的成员“不仅包括受管制者，而且包括受益者”。[2] 在国家反饥饿联盟诉执行委员会案中（*National Anti-Hunger Coalition v. Executive Committee*），法官也采取了类似的立场。该案涉及为联邦食品券计划提供建议的 Grace 委员会，法官认为委员会违反了 FACA 的平衡性要求，因为它没有将直接受此项目影响者包括在内，即食品券接受者。[3] 这一观点意味着 FACA 的平衡性要求需要通过直接参与得到满足。

针对不同类型的咨询委员会，国会和行政机关往往通过三种方式落实这一要求：第一，要求咨询委员会成员具有不同的教育和专业背景；第二，要求咨询委员会成员代表各自的利益团体；第三，要求咨询委员会成员遵从“均衡”的一般性要求。[4] 从而实现成员之间观点和利益代表的平衡。此外，虽然委员会成员通常没有报酬，但对所设咨询委员会的活动，行政机关必须保证给予人力和经费支持。

（3）咨询委员会的运行

《联邦咨询委员会法》管理联邦咨询委员会的运作，通过公开会议和报告的形式开展公众参与。委员会的运行遵循“协商而非命令”原则，促进以共识为导向的决策，广泛开展决策参与。除了某些法定情况[5]，所有 FACA 委员会会议必须向公众开放。会议的举行时间和地点应当方便公众参加，并且在会前的充足时间内在《联邦登记》上予以公告。利益相关者应当被允许参加、出席或向咨询委员会提交声明。公众有权出席会议旁听，能够获取委员会的报告、会议记录、工作文件以及其他材料，经会议主席许可，能够口头陈述或提交书面意

---

[1] 5 U.S.C.app. § 5（1994）（*Federal Advisory Committee Act*）.

[2] NUSZKIEWICZ M.Twenty years of the Federal Advisory Committee Act：It's time for some changes[J].Southern California Law Review，1992，65（2）：957–998.

[3] 557 F.Supp 524，D.D.C.1983.

[4] 王锡锌 . 我国公共决策专家咨询制度的悖论及其克服：以美国《联邦咨询委员会法》为借鉴 [J]. 法商研究，2007（2）：113–121.

[5] 例如，依《阳光下的政府法》的规定，会议讨论涉及国家秘密、为联邦授权行为而提供的个人资料或者出于对于个人隐私的审慎考量等。

见。这种公开咨询的形式推动形成一个基于参与和共识的决策过程。

咨询委员会会议的详细纪要均应保存，并需包含出席人员、会议讨论事项的完整和详细记录，达成结论以及委员会收到、发出或批准的所有报告。会议记录的准确性需经咨询委员会主席签名证明。公众有权在咨询委员会或负责提供报告的行政机关的办公场所查阅并复制会议记录、报告、草案、研究或其他相关文件。[1]

（4）监督

咨询委员会的设立和活动受到国会、总统、行政机关负责人、联邦行政事务管理局的监督。总统对咨询委员会提出的建议是否采取行动，应在建议提出后的一年内向国会报告；国会两院的常设委员会，在其管辖范围内对咨询委员会的活动进行经常性审查，决定咨询委员会是否应当继续存在，任务是否需要变更，是否需要合并，每个常设委员会可以采取必要的立法措施以达到上述目的；设立咨询委员会的行政机关负责人，应随时检查本机关设立的咨询委员会是否得到充分利用，是否有必要继续存在，并制定指导原则和管理原则；联邦行政事务管理局，监督联邦政府范围内各行政机关设立的全部咨询委员会，其下设的委员会管理秘书处负责监督行政部门的咨询委员会。[2] 这样就构成了完整的监督体系，从而保证咨询委员会在规定的范围和职责内开展工作。

咨询委员会的建议仅具有咨询功能，决定权则完全属于行政机关。但由于咨询委员会的报告通常既体现了专家理性，也反映了公众意见，在实践中往往具有较大的约束力。

2. 清洁空气法咨询委员会

清洁空气法咨询委员会（Clean Air Act Advisory Committee，

---

[1] 5 U.S.C.app. § 10（1994）（*Federal Advisory Committee Act*）.

[2] 王名扬．美国行政法：下 [M]. 北京：中国法制出版社，1999：1055-1056.

CAAAC）属于政策层面咨询委员会[1]，针对 1990 年《清洁空气法修正案》实施中的各种国家环境质量问题向 EPA 提出建议和意见。例如，从不同利益相关者的角度向国家环境保护局提出“项目潜在的健康、环境和经济影响”以及“对公众、州和地方政府以及受管制社区的潜在影响”。

（1）活动范围和目标

CAAAC 就与 1990 年《清洁空气法修正案》实施相关的政策和技术问题，向国家环境保护局提供意见、信息和建议。这些问题包括：法律所要求的开发、实施与执行新建、扩建管制和基于市场的项目，但不包括应对酸雨的法律条款。归入委员会权限范围的项目包括：达到国家环境空气质量标准，降低车辆和燃油的排放，减少对空气的有毒排放，发放经营许可证和费用收取，以及实施新的和扩大的合规职权。委员会下属的若干个小组委员会，更为详细地讨论一些技术性问题。CAAAC 可以对跨越数个项目领域的问题提出建议。

CAAAC 的主要目标是针对以下几个方面提供意见和建议，包括：新建和扩建项目的方法，包括使用创新或市场手段实现环境改善的方法；项目潜在的健康、环境和经济影响，对公众、受管制社区、州和地方政府，以及其他联邦机构的潜在影响；国家环境保护局拟议重大规章和指南的政策与技术内容，以有效体现适当的外部建议和信息；为执行法律要求，整合项目的现有政策、法规、标准、指南和程序。

（2）人员组成

CAAAC 有 58 名成员，以及 91 名小组委员会成员。大多数成员作为非联邦利益的代表，主要来自商业和工业，学术机构，州、地方和部落政府，工会，非政府的环境组织和服务团体。CAAAC 经国家环境保护局批准，可以成立符合章程要求的小组委员会或工作组。小

---

[1] 政策层面咨询委员会包括为进行管制协商和政策对话而设立的委员会，以及研究委员会和常设咨询委员会。一般来讲，政策层面咨询委员会从不同利益相关者的角度提供实质性意见，充当政策可接受性的媒介（sounding board），并在某种程度上提供决定的民主合法性。清洁空气法咨询委员会是由《清洁空气法》确立的常设咨询委员会。

组委员会或工作组不能在 CAAAC 之外独立工作，必须向 CAAAC 报告他们的意见和建议，并经充分酝酿讨论。小组委员会和工作组没有权力代表委员会作出决定，也不能直接向国家环境保护局报告。

（3）会议的举行

委员会计划一年举行 3 次会议，可以每隔 4 个月一次，也可以根据需要由指定的联邦行政官（Designated Federal Officer，DFO）批准举行。国家环境保护局的全职或长期兼职员工可以被任命为 DFO。DFO 或者其指派者将出席所有会议，每次会议都将按照 DFO 事先批准的议程进行。会议议程至少提前两周发布，DFO 可以决定为了公共利益而推迟会议。会议纪要需要在会议开始后的三周内发布。

根据 FACA，CAAAC 的会议需要公开，除非国家环境保护局局长确定，依据法律规定会议或会议的一部分不能对公众开放。相关产业的代表、环保组织代表以及利益相关者可以参加会议，在允许的情况下发表评论。公众可以就委员会的意见发表自己的看法、提交书面意见，并申请获得会议纪要、相关材料和委员会的活动信息。在会议和发言的基础上，CAAAC 综合专业知识和公众看法，向国家环境保护局提出详细的意见和建议。

CAAAC 的职责仅为咨询，通过空气和辐射办公室（Office of Air and Radiation，OAR）向联邦环保局局长提出意见、建议和报告。

（4）运行保障

国家环境保护局负责提供财政和行政支持，具体由空气和辐射办公室承担。CAAAC 的年度运营成本预算为 1 383 850 美元。在确定必要和适当时，可以向委员会成员支付差旅费用和津贴。CAAAC 每年接受一次审查。委员会章程在经国会备案的两年内有效，两年后需要依据 FACA 第十四节的要求重新修改。

解决环境问题、恢复民众信任，有效的方法之一是授权公众参与决策。不单是传递理想的结果，更重要的是确保参与过程的公平。通过确保利益相关的各方参与到讨论和建议的制定过程，清洁空气法咨询委员会的平衡性和公开性提升了政府的公信力。一方面，引入不同的观点和利益代表，保证意见的公平和广泛，在辩论和交流中寻求共识，从而为行政决策提供理性支持；另一方面，会议过程的公开，使专家理性更具公众基础，也使公众能理解相关专业知识和决策依据，起到教育公众的作用。

3. 清洁空气科学咨询委员会

清洁空气科学咨询委员会（Clean Air Scientific Advisory Committee，CASAC）属于专家咨询委员会，依据 1977 年《清洁空气法修正案》于当年成立[1]，向国家环境保护局负责人提供有关空气质量标准的科学和技术方面的独立咨询意见，开展与空气质量、大气污染源相关的研究，以及达到并保持环境空气质量标准、防治空气质量严重恶化的战略研究。CASAC 以提供科学建议为主，现任的 7 名成员全部来自大学和科研机构。同时，相关产业代表、环保组织代表以及利益相关者也可以参加委员会会议。CASAC 举行公众会议，公众可以就相关建议提交书面意见或者口头发表自己的看法。会议日程及记录都在网上公布。《清洁空气法》要求对国家环境空气质量标准（National Ambient Air Quality Standards，NAAQS）的科学依据和标准本身进行定期审查，科学审查贯穿了标准制定的全过程，CASAC 需要在公众会议和发言的基础上，对《标准文档》（*criteria document*）草案逐章提出详细的科学和技术评论。这意味着，单纯技术建议的提出也需要考虑公众的意见和建议。

4. 协商制定行政规则委员会

协商制定行政规则委员会（negotiated rulemaking committee，以下简称“协商委员会”）是行政机关根据《协商制定规则法》和《联邦咨询委员会法》成立的咨询委员会，协商委员会就相关问题进行商讨，

[1] 42 U.S.C. § 7409（d）（2）.

促成对行政规则草案达成共识。[1] 美国协商制定行政规则（negotiated rulemaking，也称 regulatory negotiation，简称 reg-neg）的发展经历了大约 10 年的试验探索期，1990 年国会颁布《协商制定规则法》（*Negotiated Rulemaking Act*）明确了协商制定行政规则的程序。[2] 协商制定行政规则是以共识（consensus）为基础的过程，通常由行政机关召集，利害关系人借此可以就规则的实体内容进行协商，[3] 有望代替"僵化的"、对抗性的通告与评论（notice and comment）规则制定程序。[4]

《行政程序法》并没有规定拟议规则起草阶段的公众参与，这与公众、利益相关者希望提早参与规则制定的意愿产生了矛盾。国家环境保护局意识到《行政程序法》下传统对抗性规则制定的局限。标准的规则制定过程拖延时间并且容易遭到诉讼，有 80% 的国家环境保护局规则受到挑战。[5] 协商被认为是解决环境问题的有效方式。1983 年，国家环境保护局宣布进行协商以制定行政规则的试点，[6] 经过 2 年的协商，产生了两项较大的成果：一项是不履行《清洁空气法》第二百零六条（g）的处罚，一项是《联邦杀虫剂、杀菌剂及灭鼠剂法》（FIFRA）第十八节关于紧急情况下杀虫剂使用的标准和例外。几乎所有协商的参与者都认为，这样的过程更优，而且与传统的规则制定过程相比产生了更容易接受的规则。[7] 国家环境保护局早期的成功经验也为《协商制定规则法》的颁布提供了依据。

协商程序是在通告与评论程序基础上增加的程序设置，在行政机

---

[1] 5 U.S.C. § 562（2000）.

[2] 5 U.S.C. § § 561–570（2000）.

[3] FREEMAN J.Collaborative governance in the administrative state[J].UCLA Law Review，1997，45（1）：1–98.

[4] FREEMAN J.The private role in public governance[J].New York University Law Review，2000，75（3）：543–675.

[5] FIORINO D J，KIRTZ C.Breaking down walls：Negotiated rulemaking at EPA[J].Temple Environmental Law & Technology Journal，1985（4）：29–40.

[6] 48 Fed.Reg.7494–7495（Feb.22，1983）.

[7] FIORINO D J，Kirtz C.Breaking down walls：Negotiated rulemaking at EPA[J].Temple Environmental Law & Technology Journal，1985（4）：29–40.

构公布拟议规则之前进行。其运作方式概述如下：由行政机构设立一个由受管制企业、商业行会、公民团体以及其他受影响组织的代表和行政机构公务员组成的协商委员会；在斡旋人（facilitator）的主持下，委员会举行公开会议就拟议规则的制定而进行协商；如果委员会达成共识，行政机构则采用共识规则作为拟议规则，然后进入通告—评论程序，在《联邦登记》上公布，接受公众评论，制定最终的规则。[1] 需要指出的是，协商委员会的设立和管理应当遵守《联邦咨询委员会法》的规定，以确保其平衡性、公开性和独立性。

协商制定行政规则程序中的一个重要设计是行政机构在协商中的角色。协商程序通常由相关行政机构启动，首先需要寻求召集人帮助评价协商规则的适宜性和必要参与方的意愿。召集人负责确认将会受到拟议规则实质性影响的各种利益，并且找出可以代表这些利益的个人或组织；识别协商过程中需要解决的问题；确认在特定的规则制定中设立规则制定协商委员会是否可行和合适。[2] 正式的协商由协商委员会一致同意的斡旋人主持，往往不是行政机构的全职员工。作为中立程序的管理者，斡旋人建立协商的基本规则，使各方能够坐在一起，然后引导谈判。在协商过程中，行政机构仅仅是平等的协商者，它既不能强迫他方接受自己的观点，也不能影响协商进程将持异见者排除出委员会。

基于国家环境保护局的经验，协商制定行政规则是标准的通告—评论程序的有益补充。对于会对部分群体产生重大影响或者预料会有强烈反对的行政规则的制定，取得了建设性的经验，其效益超过了规则本身。第一，允许利益相关者直接参与规则的制定过程，具有独立的民主价值，会赋予其一定程度的“主人翁地位”，在协商沟通的过程中，增加彼此的信任，有效地推动问题的解决。[3] 第二，由于拟议

[1] 5 U.S.C. § § 564，565.

[2] HARTER P J.Assessing the assessors：The actual performance of negotiated rulemaking[J].New York University Environmental Law Journal，2000，9（1）：32-59.

[3] EISENBERG M A.Private ordering through negotiation：Dispute-settlement and rulemaking[J].Harvard Law Review，1976，89（4）：637-681.

规则取得了受影响各方的共识，因此提升了规则颁布和实施的可接受度，减少了诉讼，降低了可能产生的冲突。[1] 此外，参与协商的过程也是学习的过程，信息的共享、充分的互动提供了强大的学习工具。但是，国家环境保护局的经验也提供了一些规则协商限制的教训。对于内容复杂、范围过大、争议较多的规则不适用协商。国家环境保护局的经验也强调初步评估适合协商规则的重要性。为实现成功的目标，准备工作和协商本身同样重要。

在州的层面，丹尼尔·塞尔米基于对加州区域空气质量机构协商制定规则的考察，认为协商有助于清晰地了解各方的动机与策略并且影响拟议规则，能够扩展信息基础，进而产生共识规则，在这个意义上是传统的规则制定过程所不能比拟的。[2]2002 年，加州南海岸空气质量管理局（the South Coast Air Quality Management District）就金属电镀设备铬酸的排放限制组织立法协商。经过协商，参与各方对采用美国最为严格的金属电镀有毒排放控制措施取得共识。结果是产生比其他地方更为严格的控制金属电镀设备铬排放的规则，达到了预期目的。丹尼尔·塞尔米应邀作为公正的观察者参加了所有会议，因此其观点更具中立性和全面性。

（三）宾夕法尼亚州环境咨询委员会制度的立法与实践

宾夕法尼亚州环境咨询委员会（The Pennsylvania Environmental Council，PEC）是哈里斯堡和华盛顿之间有关环境决策的公认领导者和共识建立者（consensus builder）。[3] 它是联邦几个里程碑式的政策举措的关键参与者，包括红土整治、替代能源开发、流域保护、土地利用管理与保育，以及设立环保行动基金等。PEC 认为，在政府、私

---

[1] HARTER P J.Assessing the assessors：The actual performance of negotiated rulemaking[J].New York University Environmental Law Journal，2000，9（1）：32–59.

[2] SELMI D P.The promise and limits of negotiated rulemaking：Evaluating the negotiation of a regional air quality rule[J].Environmental Law Review，2005，35（3）：415–469.

[3] 在治理模式下，联邦和州的行政机关倾向于发布不具约束力的指南，以此来代替传统的自上而下的规则颁布、执行和实施活动。

营部门、社区和个人之间开展合作，有助于提升环境质量。PEC 实现自然环境保护和恢复的经验在于，革新制度安排、广泛开展协作以及教育与倡导。

制度革新：PEC 通过制定新的政策、计划和项目，以市场为基础，以科学为导向，以公众为基石，寻求解决环境问题的方法。

协作：PEC 崇尚合作的力量，通过汇集不同背景和兴趣的群体，制订积极的解决方案，满足所有利益相关者的关切。

教育：通过发布相关问题和解决方案公正的和可以理解的信息，PEC 提升了公众、社区、组织、政府官员和其他决策者对于环境问题的理解。

倡导（Advocacy）：作为立法、监管和政策决策者转变的催化剂（catalyst），PEC 有力地推动了平衡环境与经济利益的最佳解决方案。

1. 环境咨询委员会的设立

美国宾夕法尼亚州环境咨询委员会设立于 1970 年。任何自治市（municipality）或多市联合的管理机构均可依法设立环境咨询委员会，委员会可就自治领土范围内的自然资源（包括空气、土壤、水资源）的防治、保护、管理、推进和利用，向当地规划委员会、娱乐和公园局以及当选官员等提供建议。

该州环境咨询委员会的设立是由于认识到宾夕法尼亚州的环境问题只有通过与环保人士携手合作，通过与政府和业界的联合，才能有效解决。同样重要的是，它的创始人意识到，国家立法机关和行政机关应采取行动，从而使联邦边远地区的环保人士知道发生了什么事。这些基层组织需要迅速得到可靠的信息以便快速做出反应。到 1979 年它的成员已经增长到 150 人。除了得到个人和企业支持者，委员会也得到了政府的欢迎。它可以审查可行的技术和科学信息，讨论尽可能多的观点，委员会在环境问题的立场得到广泛承认。

2. 环境咨询委员会的组织架构

环境咨询委员会由自治市的当选官员任命的 3~7 名代表组成，对自治市内的环境与自然资源的保护、保育、管理和使用提出建议。当前，PEC 拥有四个地区办公室及 25 名工作人员。理事会决定成员的任命和空缺的填补。两个或两个以上的市政当局共同创建环境咨询委员会时，成员的任命应由创建委员会的市政当局以同样方式单独进行，每个自治团体构成部分在共同的委员会中有着平等的会员身份。

委员会成员任期为三年，每年有约三分之一的成员到期。成员提供服务不收取报酬，但在履职时发生实际的且必要的费用时应当给予补偿。任命机关应当指定委员会主席，在联合委员会的情况下，主席应当由足够的当选成员选举产生。如果条件允许，其成员应当为市政规划委员的一员。

截至 2008 年，地方政府设立了大约 150 个环境咨询委员会，他们中的大多数位于宾夕法尼亚州东南部和东北部。新的环境咨询委员会还在不断成立。

3. 环境咨询委员会的权责

环境咨询委员会在地方层面开展工作，帮助行政官员制定合理的环境政策决策，对公众进行自然资源保护和其他环境教育，计划和实施项目。

环境咨询委员会有权做出以下行为：

①确定环境问题，提出保护和提升环境质量的计划和项目建议。

②对开放土地（open land）的使用提出建议。

③促进社区环境项目。

④对所有开放空间（open space areas）建立索引，以确定这些区域的合理使用。

⑤审查计划、调研，编制报告。

⑥向地方政府机构提供取得财产方面的建议。

环境咨询委员会不得实施依法赋予联邦机构的权力或履行依法施加于联邦机构的职责。

4. 记录和报告

环境咨询委员会需将会议及活动记录下来并发布年度报告，可分布在市政当局年度报告中或者以其他方式向公众开放。

5. 费用

建立环境咨询委员会的市政当局应当划拨资金用于支付委员会的费用，拨款可用于行政、文秘、打印和法律服务的支出。用于环境保护的年度资金可以通过自然保育基金的形式放置。一旦政府确定预算基数，环境咨询委员会主席和财务可以编制年度预算并提交给地方政府。为了解预算使用情况，财务可以在每次会议上报告资金状况。

（四）阿利根尼县大气污染控制咨询委员会

阿利根尼县位于宾夕法尼亚州，县治是匹兹堡。从 19 世纪初开始，该县一直是美国的一个重要钢铁基地。伴随着工业上的成功，在这个县内出现了严重的大气污染问题。该县是美国最先开始改善大气质量的几个地区之一，并在很多方面成为大气污染控制的成功范例。大气污染控制咨询委员会（Air Pollution Control Advisory Committee，APCAC）是根据 1960 年的 13 号令设立的，其职责是向县政府提出修改大气污染控制法规的建议，就大气污染控制事项向县大气污染控制局和县卫生委员会提出建议。同时，也为市民监督大气污染控制局提供了一个渠道，为他们发表对该县的空气质量的看法提供了一个讲坛。作为咨询机构，大气污染控制咨询委员会由 19 人组成，分别代表科研机构、环保、公共利益组织及工业界。所有成员由县专员任命，其中工业界的代表只限 5 名。委员会每年召开 6~8 次公开会，讨论大气污染控制局新制定或修订的法规，并提出意见。在阿利根尼县，由县卫生部负责制定规章，这些规章送给大气污染防治委员会审议和评论，然后由卫生委员会提出最后规章，并推荐给县各位专员，这些专员可以同意也可以不同意这些规章，但无权修改。由于该县工作是宾夕法尼亚州实施计划的一部分，该县的规章必须同时得到州及联邦政府的通过，才能生效。1970—1991 年间，阿利根尼县对大气污染控制法规进行了数次修订，以适应不断变化的联邦政府要求，并将实施大气污染控制方案所取得的经验教训及时补充到法规中去。委员会还负责评议宾夕法尼亚州环境方案执行计划中涉及本县的部分，对空气监测方案及其他有关大气环境质量的事项提出意见和建议。委员会为参与大气污染控制的有关各方提供了一个参与管理的重要途径，有关各方在管理法规出台时提前介入，为日后执法活动的顺利开展打下了坚实的基础。[1]

公民参与是一个缓慢、稳定、有条理的过程。实践证明，在地方政府治理中，环境咨询委员会制度对加强公民参与的广度、深度和范围起着重要的作用。地方政府通过咨询委员会的正式会议、公共论坛、听证会等机制安排，向公众广泛征询政策意见和建议，具有相关专业知识和经验的委员会成员参与制定、审议行政决策，监督政策执行，进而形成良性互动的格局。

二、日本的环境审议会制度及其运行

（一）日本的审议会制度

审议会是指附设在国家行政机关或地方公共团体中的，通过某些方式，参与这些机关集体决策的合议制机构。[2] 日本行政组织上的特色之一，即是大量审议会的设置。[3] 在各省厅下，一般设有如审议会、

---

[1] 美国国家环保局 . 环境执法原理 [M]. 王曦，等译 . 北京：民主与建设出版社，1999：134-140.
[2] 吴浩 . 国外行政立法的公众参与制度 [M]. 北京：中国法制出版社，2008：517.
[3] 在 2000 年以前日本的国家机关审议会总数就有 211~277，平成 11 年（2001 年）改革后总数在 104-108。

调查会、审查会、委员会等附属机构，主要由专家学者和社会有关团体及市民代表等组成，其职责是就相应省厅所管辖的有关业务中的重要决策进行审议和咨询，但这些委员会不属于国家机构。[1]

根据《国家行政组织法》第八条规定，作为国家行政机关的府、省、委员会及厅，除设立内部部局外，“根据法律或行政命令，在主管事务范围内，可以设置合议制机构，负责对重要事项的调查审议、不服审议和其他具有专业内容的审议进行合议”。日本的审议会除了可以依法律设置之外，也可以根据行政命令设置，地方政府则依据地方自治法设置。日本行政法学者盐野宏教授相应地将审议会分为：政策提案型、不服审查型、案件处理型审议会。[2] 本书主要讨论的是政策提案型审议会，即“根据调查审议结果，对政策及法案提出建议和规劝”的审议会。

现代社会，很多情况下行政机关无法满足专门性的要求，需要将国家意思决定过程或管理组织中难以获得的知识、经验导入决策过程；同时由于决策所涉及的复杂的利害关系，也需要从诸多方面收集信息，汇集各界各阶层的意见，予以讨论。日本著名宪法学教授长谷部恭男教授指出，透过专家与各界代表慎思明辨地进行交流，冷静地评价风险与便益性，并做出理性的决定，不是什么困难的事，因此即便是在民众参与的民主政治程序中，也有可能以审议式民主的概念来处理风险问题。[3] 审议会提供了这样的平台，在相关行政决策中，引入专业知识、协调各方利益、促进行政的民主化。

第一，提供专业知识。审议会的一项重要功能就是吸收民间的专业知识和经验，为行政决策提供智力支持。特别是在高度专业的技术知识和自然科学知识方面以及特定领域，弥补行政官员专业知识的不足。正如金泽良雄教授所指出的：“有学识人士的加入，是对行政机

[1] 任勇．日本环境管理及产业污染防治 [M]. 北京：中国环境科学出版社，2000：66.

[2] 盐野宏．行政法 [M]. 杨建顺，译．北京：法律出版社，1999：58-59.

[3] 長谷部恭男．憲法の境界 [M]. 東京：羽鳥書店，2009：95-96.

关专门知识和经济实体掌握能力的智力补充，同时也能反映出行政客体方面的利弊。”[1]专家学者的专长是提供专业知识，同时又属于公众的一分子，可以代表一部分公众的意愿。由他们充当协调人的角色，双向传递信息，既为政府决策提供科学依据、避免风险，也向公众普及专业知识、消除疑虑，这对于行政决策的有效制定和顺利实施意义重大。

第二，协调各方利益。在战后的经济高速发展中，日本各级政府与民间企业主要通过诸如以解决公害问题、金融问题为核心的主题性审议会和围绕着不同业界而成立的专业性审议会这两类审议会来保持合作、协调关系的，审议会成为协调“官民”关系的最重要机制。[2]这一机制产生的直接原因是社会问题的复杂化以及社会矛盾的激化，政策制定中的重点逐渐转移至行政相对人一方。为协调各方利益关系，行政厅基于国民代表的理念设置审议会，作为调整各种利益关系、反映民意的平台，借此能完善政策决策。在社会矛盾集中爆发期，审议会作为协调利益的平台，成为各方主体表达诉求、参与决策的重要途径，在实际的政策制定过程中扮演了重要角色。

第三，促进行政的民主化。作为参与行政决策的第三方机构，以其中立性和公开性，保障行政决策民主化。首先，在人员构成上，审议会的成员具有广泛性，其来源包括专家学者、民间组织，以及经营者、工会代表、消费者、记者等。通过将各界人士纳入审议会，反映各方意见，使公众参与到决策过程中，进而弥补代议制民主的不足。其次，在参与阶段，主要表现为决策前的审议，从政策的制定阶段就开始听取各方意见，相当于决策咨询机构。以通产省为例，在新的产业政策的形成前，必须召集相关专家、团体、地方代表等举行听证会，通产省内的研究会在分析听证会结果报告的基础上制定政策草案，然后交

[1]　金泽良雄．经济法概论 [M]. 满达人，译．北京：中国法制出版社，2005：122.

[2]　The World Bank.The East Asian miracle：Economic growth and public policy[M].London：Oxford University Press，1993：181–182.

审议会讨论和审议，并依据审议会反馈的信息和意见修改报告，最后公开发表。其中，审议会的支持是政策能否通过并获得有效执行的重要基础，审议会不同意的政策提案，通过的可能性较低。

虽然审议会的委员任命以及预算等都归在所属的省、厅下，但是与其他下级机关不同，审议会的意见具有独立性，不受省、厅的命令和监督。这是因为审议会属于合议制机构，必须具备专业知识，从第三方的立场来进行审议。因此，审议会的答复和意见一般不具备法律约束力，是否会被采用取决于其所在省、厅的判断。[1] 审议会的答复和意见虽不拘束行政厅意思，但它具有调整利害关系的作用和促进行政科学化、合理化的作用，在此情形下，应受到最大限度的尊重。而且法律要求履行咨询程序，如果不履行规定的程序或通过不公正的审查程序而做出的处分，因程序上带有瑕疵，所以往往构成违法的处分。

对审议会消极性评价，表现为审议过程被形式化，在审议会委员会的人选上存在问题，审议过程不公开，容易成为行政厅专横独断地决定意思的保护伞。[2] 针对这些问题，2001 年中央省厅决定对审议会进行整顿，具体措施包括：对缺乏实际活动成果的审议会，基本上予以废除；原则上废除进行政策审议标准制定的审议会，确有必要的，也要将这样的审议会控制为最小限度的综合性的审议会；对于参与异议审查、资格审定、调停、行政处分的审议会，控制在最小限度；严格规定委员资格的必要条件，审议会的会议记录原则上要公开，改善审议会管理；控制举行类似恳谈会的行政管理会议。经过整顿，审议会的数量得到了精简，审议会成员的选任过程得到了规范，运行管理的透明度得到提升，公信力得以提高。“作为寻求摸索国民各界别及各阶层一致意见的主要场所，审议会依然备受期待”。[3]

---

[1] 吴浩．国外行政立法的公众参与制度 [M]. 北京：中国法制出版社，2008：517.
[2] 室井力．日本现代行政法 [M]. 吴微，译．北京：中国政法大学出版社，1995：278-279.
[3] 吴浩．国外行政立法的公众参与制度 [M]. 北京：中国法制出版社，2008：473.

（二）日本环境审议会的基本架构

环境审议会制度是日本从中央至县、市一级普遍实施的政策咨询制度。目前，在国家层面，环境省设有五个审议会，即中央环境审议会，公害健康受害补偿不服审查委员会，有明海、八代海等综合调查评价委员会，日本独立行政法人评价委员会，临时水俣病认证审查委员会。这些审议会由专家学者、退休的中央和地方行政官员、企业及市民代表等组成，对涉及环境问题的重大政策、立法、计划、事件和行为提供审查和咨询。

可以说，日本的环境审议会制度是在付出沉重的代价后，或者说在滞后和被动的反应过程中建立的。在经历了严重的公害之后，日本政府发现仅仅注重防止具体的环境损害是不够的，必须着眼于区域环境本身，针对深层次的潜在损害，防止环境的破坏与污染于未然。[1] 最佳的途径便是在决策阶段，充分考虑环境影响，通过有效的协商与沟通过程，听取各方意见，改善决策质量。

环境审议会作为一项重要的决策参与制度（图 5.3），以预防为主，增加了决策的科学性和民主性，对于环境管理体制的建设也起到了至关重要的作用。这一制度主要呈现出三个特点：①“分散”式的水平管理体制，环境省负责政策制定、监督管理和部门协调，经济及产业部门和其他公共管理部门参与环境政策的制定，在取得共识后，形成各部门协作，齐抓共管的局面。这样，有利于其他部门充分考虑环境要求，实行综合决策。②政府、企业和公众的“三元”制衡机制。企业界的参与，有利于管理者和被管理者之间的沟通，增加政策的技术经济可行性，改善实施效果。公众参与，提供政策的社会基础，促进公众监督政策实施的热情和能力。③谈判、协商和共识建立的过程。这样的机制最大优势就是，通过环境审议会的制度设计自下而上

[1] 原田尚彦 . 环境法 [M]. 于敏，译 . 北京：法律出版社，1999：60.

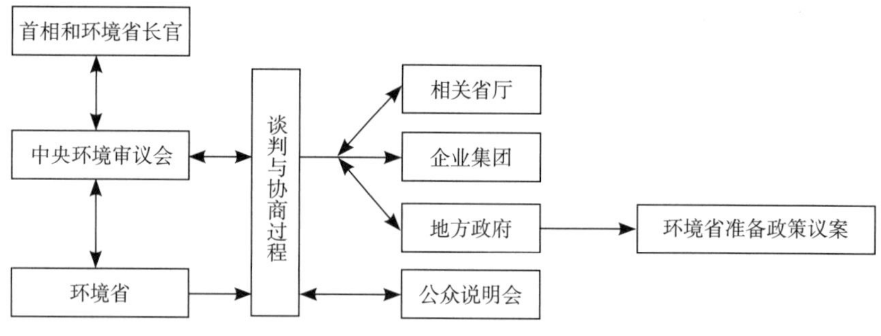

图 5.3　日本重大环境决策的一般过程

（bottom-up）的决策方式，降低了环境管理的正式制度与社会成员及利益集团的非正式制度之间的张力，进而使环境决策的实施成本较小，效果较好。[1]

日本环境审议会制度建立在政府对“先污染后治理”教训的反思基础之上，也依赖于社会各界对环境污染问题所做出的反应。这当中，公众环保运动有力地推动了政府和企业采取措施解决污染问题。[2] 正如杰弗里·布罗德本特所指出的：“日本及其他一些发达的工业化国家之所以对环境污染做出反应，是由于污染造成的社会压力，而不只是污染的实际程度，也就是说，污染的社会强度而不只是污染的自然强度决定了他们反应的迟早和快慢。”[3] 可见，公众作为一股重要的力量，有力地推动了环境保护进程，而环境审议会正是将公众的“社会权力”纳入制度框架的有效形式。

（三）中央环境审议会的法律规定与实践

在日本，审议会的设置需要以法律或政令为依据。1993 年的《日

[1]　任勇．日本环境管理及产业污染防治 [M]. 北京：中国环境科学出版社，2000：225-227.
[2]　SCHREURS M A.Environmental politics in Japan，Germany，and the United States[M]. Cambridge：Cambridge University Press，2003：4-5.
[3]　BROADBENT J.Environmental politics in Japan[M].Cambridge：Cambridge University Press，1998：333.

本环境基本法》专设环境审议会等一章[1]，对中央环境审议会[2]的人员组成、职权范围以及地方各级环境审议会的设置做出原则性规定。“环境厅设置中央环境审议会”，“内阁总理大臣必须听取中央环境审议会的意见，制作环境基本计划草案，请求内阁会议决定”[3]。

中央环境审议会的成员组成，代表日本社会各界，但不包括国会和政府官员，“委员和特别委员由内阁总理大臣在有环境保全学识经验者中任命”[4]。目前共有委员 27 位，任期 2 年，均为非专职。其中，大多数委员是来自不同学科领域的专家学者，少数委员来自企业、市民和社会团体。审议会中的学者成员，一般从学术、技术的角度对政策方案提供咨询；企业和市民及社会团体的代表，一般更多地考虑政策的技术经济可行性、社会的可接受性和公平性。1993 年以来，审议会的有关会议向公众开放，并负责召开专门面向公众的政策说明会，听取公众意见，中央环境审议会的绝大多数会议允许有兴趣的各界人士旁听。[5] 通过这种方式，一方面听取公众意见，平衡各方利益，为政府的环境决策提供依据；另一方面提高公众的环境意识、增加环境保护专业知识，倡导和宣传可持续的生活方式。

中央环境审议会属常设机构，但不属于政府部门。出于专业化和类型化的考虑，中央环境审议会下设综合政策委员会、循环型社会计划委员会、废弃物再利用委员会、环境保健委员会、石棉危害健康判定委员会、地球环境委员会、大气环境委员会、振动噪音委员会、水环境委员会、土壤农药委员会、濑户内海委员会、自然环境委员会、野生生物委员会、爱护动物委员会等不同的专门委员会，分别向其汇报工作。各专门委员会聚焦不同的行业政策、规划、环境和自然资源

[1]　参见《日本环境基本法》第四十一至四十四条。

[2]　中央审议会的前身为 1970 年设立的中央公害对策审议会，主要任务是制定污染的控制政策、监测和评估。《环境基本法》确立了综合推进整体环境保护（包括环境污染、自然资源和原生环境等）的法律框架，相应地将中央公害对策审议会改为中央审议会。

[3]　《日本环境基本法》第十五条。

[4]　《日本环境基本法》第四十二条。

[5]　任勇 . 日本环境管理及产业污染防治 [M]. 北京：中国环境科学出版社，2000：231.

要素的保护以及环境健康风险预防，等等。同时，各专门委员会还下设 51 个工作小组，向其汇报，工作小组更为专业和细致，可以按照不同的项目进行具体区分，如环境法律、环境技术研究和发展、自然保护区、汽车的回收利用、电子电气设备循环利用、农业化学品、温泉开发、转基因生物安全、化学物质审核、减少汽车尾气排放、有机化学品、道路交通噪声控制、外来物种入侵、实验动物福利、生物多样性保护、地方社区的环境保护活动、环境税收和贸易、国际环境合作等。

日本《环境基本法》规定，中央审议会的职能是为首相和环境厅长官提供相关的政策咨询服务。具体包括："处理环境基本计划"，"应内阁总理大臣的咨询，调查审议关于环境保全的基本事项"，"应环境长官或者关系大臣的咨询，调查审议关于环境保全的重要事项"，并就上述事项向内阁总理大臣、环境厅长官或者关系大臣阐述意见。[1] 2001 年，环境厅升格为环境省（环境部），几乎涵盖了环境保护的所有事项，包括环境政策的制定、协调和实施，废弃物对策以及限制公害，保护自然环境和野生动植物等。中央环境审议会的职责也得到了扩展，概括来讲：一是审议政府提出的环境政策方案，二是向政府提出有关环境的政策建议，如制定《环境基本法》的建议和 1994 年环境基本计划建议就是由中央环境审议会提出的。

审议会根据讨论、协商的结果，由多数表决通过，在实际工作中则朝着一致同意的方向进行，是一个建立共识（consensus-building 或 common ground）的过程，即通过与相关部门或不同利益团体间的协商、妥协和平衡，最终基本达成一致意见的过程。这样做出的决策具有一些明显优点，政府各部门、企业界以及市民，特别是管理者和被管制者之间，对环境政策较为认同，政策实施的阻力小，监督成本小，各方都会较为自觉地去执行，政策效果好。一般情况下，审议会接受某些

[1] 《日本环境基本法》第四十一条。

事项的咨询，然后按照审议、制定并决定意见书的顺序开展工作，可以先在专业小组内进行协商和讨论，确定审议事项。专门委员会一般每两周召开一次会议，探讨和分析工作小组呈报的报告，进而向中央环境审议会提出建议，这意味着工作小组至少每两周召开一次会或者更为频繁，以确保及时将调研和建议上报给各专门委员会。

当然，日本的这一决策过程的缺点也是明显的，即决策的成本较高，为了取得共识，需要投入较多的人力、财力和时间。通常，决策是一个漫长的甚至是激烈的利益冲突与妥协的过程。有时，政策议案中途流产，如日本的《环境影响评价法》，就是由于企业和产业主管部门的强烈反对，持续了近 20 年之久，在 1997 年才得以通过。[1] 但总体来看，由于自然环境的不可逆转，特别是环境问题较为突出时，适当地增加决策成本，在相关各方建立共识的决策机制，优点明显大于缺点。

（四）地方条例的规定与实践

日本的民主政治与经济体制、地方自治和自下而上的决策模式是影响日本环境管理体制的三个重要方面，推动政府和企业界统筹考虑经济增长与环境保护的关系，并且形成了较深刻和统一的认识。[2] 这是自上而下的环境管理体制所不能比拟的。地方政府出于本地实际的考虑，在公众的民意压力面前，不仅环境标准严于中央政府，而且在环境管理制度创新上也走到了前面，例如公害防止协定就是地方政府与企业之间形成的一种很有效的环境管理方式。

日本的地方政府同样设有相应的环境审议会。《日本环境基本法》第四十三条规定，“都道府县为调查审议有关都道府县区域的环境保全的事项等，设置都道府县环境审议会”；“都道府县环境审议会的

---

[1] 任勇 . 日本环境管理及产业污染防治 [M]. 北京：中国环境科学出版社，2000：231.

[2] SCHREURS M A.Environmental Politics in Japan，Germany，and the United States[M]. Cambridge：Cambridge University Press，2003：4–5.

组织及其运营的必要事项，由各该都道府县条例规定”。[1] 第四十四条规定，“市町村为调查审议有关该市町村区域的环境保全的基本事项等，可依该市町村条例规定，设置市町村环境审议会”。[2] 法律对地方审议会的规定使其呈现出自治性和广泛性的特点。自治性表现为地方环境审议会的相关规定由地方根据实际情况制定，并且依情况的不同设置不同的审议会，诸如环境审议会、公害审查会等；广泛性则表现为环境审议会的设置遍及各级政府，作为“基础自治体”的市町村也可根据需要设置，为自下而上地做出行政决策提供了依据。

地方环境审议会隶属于地方政府，直接向政府提出意见和建议。地方环境审议会不仅邀请专家学者和利益相关方参与讨论，而且举行多种形式的听众会议，非政府组织、公众等可以在会议上发表意见和建议，为行政决策的制定提供依据。例如，北九州市在制定 21 世纪议程的过程中，环境审议会先后召开过 21 次听证会，市民和社会各界提出意见 772 条，其中 42 条被采纳。因此，环境审议会不仅提供咨询服务，为科学决策提供依据，而且成为联系政府与社会各界的桥梁和纽带，为决策的制定和实施提供了重要的沟通和协调作用，使决策既具有较强的科学性又有较广泛的群众基础。[3]

作为地方自治的有效途径，地方环境审议会在邻避问题的处理上发挥了重要作用。20 世纪 70—80 年代，垃圾焚烧站建设在日本也曾遭遇强烈反对：公众认为焚烧站可以建，但不要建在我家周边。东京都的武藏野市垃圾焚烧站在选址的过程中，充分利用了审议会的优势，将专家意见和公众参与有效结合起来，成功解决了邻避问题。首先，制定各方均认可的规则，包括由专家和公众组成环境委员会推荐代表参加预备会，代表应具有均衡性，一年内无法达成共识则接受市长选址，等等。在随后召开的预备会上，经推荐产生的代表投票确定了 4

---

[1] 《日本环境基本法》第四十三条。
[2] 《日本环境基本法》第四十四条。
[3] 任勇．日本环境管理及产业污染防治 [M]. 北京：中国环境科学出版社，2000：77.

个备选对象。最后，由 35 名专家、公众代表以及候选地居民代表共同组成“建设特别市民委员会”，在充分的调查、讨论、协商的基础上，审议确定了选址方案。八太昭道认为，在选址问题上，让市民参与其实并未消除反对者的声音，而是把反对的声音纳入合法程序，将政府和公众的博弈转化为公众之间的博弈，进而实现了在该问题上的公民自治。[1] 由于事先制定了公开、透明的规则，审议会有效地将公众置于理性的协商轨道中，在各方接受审议结果的同时，也提升了公众的法治意识，避免了群体性抗争的盲目和无序。

同时，环境审议会也构成了环境影响事前评价程序的一部分，事业者编制的报告需要交付审议会审议，接受其关于评价及计划可否的答复。审议会的审查事实上发挥着最重要的机能。[2]

总的来说，日本各级政府均重视审议会作用的发挥，一般均设有环境审议会。由专家、利益相关者、环保团体和公众代表组成环境审议会对环境行政决策进行审议，这样的人员组成，将行政机关从矛盾的中心转移出来，既促进了科学决策，又推进了民主决策。然而，从反面来看，这也意味着权力的下放，政府将不得不放弃其可能得到的一些利益。从公共选择理论的角度出发，行政机关“私利”的存在将直接影响到环境审议会作用的发挥，不仅如此，由于关注了公众的诉求，行政机关的决策还很有可能与上级的要求产生抵触，这是威权式的统治所不愿看到的。因此，切实发挥环境审议会的作用，关键还在于政府。日本的经验告诉我们：第一，合理的平衡经济发展与环境保护的关系，信息公开一个很好的方式，公众可以由此得到相关信息并影响行政决策，自主做出选择；第二，从财政经费和人员构成上保证其独立自主地开展工作，避免对环境审议会工作的干预。

相比而言，由于受到经济发展的驱动，中国各级政府的环保职能相对弱化。不仅表现为地方政府的环保自主行为发挥不够，而且中央

[1] 参见孟登科，朱婧一．垃圾焚烧：学日本，岂能照单全收 [N]. 南方周末，2010-11-04（C16）.
[2] 参见原田尚彦．环境法 [M]. 于敏，译．北京：法律出版社，1999：132.

层面的环保机构也难以有效履行职责。在现实中的表现是，经济发展与环境保护之间缺乏合理制约和协调机制，单纯追求经济效率的行政决策过程缺乏透明度和民主性，导致大量的环境污染和生态破坏事件。反过来，又造成环保部门过多的精力被信访和突发性事件所占据，负担较重，管理成本较高，某种程度上可以称之为“救火队员”。这就导致了事前预防不足、过程监管不力、公众强烈不满，以致陷入恶性循环，造成中国当前环境保护工作的困局。

三、中国香港特别行政区的环境咨询委员会制度及其运行

中国香港特区政府历来注重官方机构内不同的咨询及法定组织，它们就政府的政策提供意见、解决政府与感到受委屈一方之间的纠纷，以及提供公共服务。《中华人民共和国香港特别行政区基本法》第六十五条规定：“原由行政机关设立咨询组织的制度继续保留。”[1]但并无单一政策文件，全面列述咨询及法定组织的成员委任、角色、职能及运作事宜。这方面的政策载于不同的政策演辞、当局就立法会议员所提问题做出的答复，以及政府通函。

（一）中国香港特区政府的咨询委员会制度

各种各样的咨询和法定组织是中国香港政治体制的重要组成部分，发挥辅助政府施政的重要作用。同时，它们也是市民参与公共政策制订的重要渠道。咨询委员会一方面作为市民参政议政的重要渠道，组织联系政府与市民、解释公共政策、鼓励市民讨论，让政府可以得知社会人士对政府政策的初步反应，兼具社会协商与利益协调的政治性功能；另一方面作为公共政策智囊机构，具有政策咨询等行政性功能，是政府施政的重要伙伴。这些功能具体包括：咨询功能，收集信息，征集社情民意，开展调查研究，拟订政策方案与建议；认知功能，

[1] 参见《香港特别行政区基本法》第六十五条。

评估和预测社会形势与发展趋势；协调功能，容纳立场相异、背景不同的人士，协调各方利益，促进社会共识的达成；人才功能，吸纳社会精英与专业精英，培养、储备与输送治理与决策人才。[1]

中国香港特区政府重视咨询委员会的作用，将其看作是制定公共政策的智囊和市民参与公共事务的渠道。有学者将其称为“讨论式政府”，“若对香港政府的运作进行分析，就会发现政府做出重要决策前，都会咨询各界意见；有些时候，更会邀请有关市民大众发表意见。由于政府运用咨询的广泛程度，‘讨论式的政府’一词恰当表达了其主要特点”。[2] 也有人将其称为“咨询式政治”，基于咨询与（公民）准许的政府，咨询与共识的制度设计，法制共同组成行政决策最核心的部分。无论是“讨论式政府”，还是“咨询式政治”，都体现出公众参与决策的理念，因此可以咨询委员会作为参与式民主的实现形式。目前，由政府成立的咨询及法定组织约 500 个，成员超过 5 000 人。这些成员作为个人或团体代表自愿接受委任，任期一般两年，大部分没有薪酬。为保证咨询委员会的成员提供不偏不倚的意见，政府设有两层申报利益制度，处理可能面临的利益冲突情况。“一层申报利益制度”要求委员会成员须在讨论和决定某事项的会议上申报有关利益，“两层申报利益制度”要求除在会议上申报有关利益外，还须在获委任时申报利益，有关申报须记录在案。

中国香港特区的咨询委员会制度作为咨询民主的一种形式，弥补了代议制民主的不足，将公众参与和技术理性辩论有效结合，增强了政府决策的合理性与正当性，在制定和推行公共政策的过程中发挥了重要作用。咨询民主强调行政决策过程中的协商与讨论，通过广泛听取专家学者、利益相关者以及公众等的意见，为决策提供依据，参与者可以发挥影响，但决定权仍掌握在决策者手中。

---

[1] 娄胜华 . 令民意表达更加畅通：参与式民主与澳门政府咨询机制建设构想 [J]. 澳门研究，2006（32）：37–47.

[2] 黄湛利 . 港澳政府咨询委员制度研究 [M]. 广州：广东人民出版社，2009：14.

（二）环境咨询委员会的结构与运行

中国香港特别行政区环境咨询委员会的前身是成立于 1994 年的环境污染问题咨询委员会，是政府在污染管制、环境保护及自然保育等方面的主要咨询组织，负责提供专业知识、收集公众意见，为政府立法和决策提供参考。咨询事项涵盖范围广泛，包括环境保护立法建议、现有管制措施的执行问题等。在推行污染管制政策方案之前，香港特区政府会也征询环境咨询委员会的意见。在审阅环评报告时，环境保护署署长须考虑环境咨询委员会所提出的意见。

1. 人员组成

环境咨询委员会成员均由行政长官委任，其工作属于公共服务，没有报酬。现有的 20 名成员自 2023 年 1 月 1 日起生效，任期两年。他们都是社会上的知名人士，包括学者、商人、专业人士、主要环保组织及工商团体的成员，主席由非官方人士担任。现任主席查逸超教授、副主席梁美仪教授均为太平绅士。环境及生态局负责秘书处的工作。虽然没有官方成员组成，但环境保护署署长、食物环境卫生署署长、规划署署长以及渔农自然护理署署长或其代表均列席环境咨询委员会的会议，听取意见。这样的人员组成，突出了环境咨询委员会的中立地位和民间性质，同时均衡各方利益，避免不同参与者之间的话语垄断，打破政府官员的决策中心位置。

2. 职权范围

环境咨询委员会的职权包括：检讨香港环境情况；透过环境及生态局局长，向政府建议应采取什么适当措施以对付各类污染问题，使环境得以保护及持续发展。其下辖环境影响评估（环评）、废物管理、自然保育三个小组。环评小组的职权是接收和研究主要发展工程项目的环境影响评估报告，向环境咨询委员会报告其讨论和审议结果并提出有关建议。废物管理小组的职权是监察香港有关固体废物（包括都市固体废物、建筑废物和特殊废物）的趋势和管理等问题；研究海外实施有关减少废物的措施（包括法例制定和技术开拓）及其在香港实施的可行性；就减少废物的政策和方案，以及处理不同类型废物的措施提供意见。自然保育小组的职权是透过环境及生态局局长，向政府就自然保育事宜提供意见，包括米埔内后海湾拉姆萨尔湿地的管理；研究政府当局所提交有关自然保育的建议。环境咨询委员会和三个小组讨论的会议议程、讨论文件及会议记录均是公开的，并在其网站上公告供市民参阅。

3. 公开会议

以下的环境咨询委员会及其辖下环评小组会议的环节会开放予公众人士旁听：①在环评小组会议就环评报告的讨论项目中，需要工程项目倡议人出席的简介环节和问答环节；②在环境咨询委员会会议的讨论项目中，涉及环评小组向大会提交其就环评报告的小组报告，而需要工程项目倡议人出席的简介环节和问答环节。环评小组每月召开一次会议，审议不超过 3 份环评报告，并提出建议。建议在提交环境咨询委员会审议后，送交署长，供审阅环评报告时考虑。咨询委员会主席在会议后与传媒会面，介绍简报会上讨论的事项和相关的建议，让公众能更清楚环境咨询委员会的讨论，从而加强对委员会工作的认识。

《香港环境影响评估条例》的主要特色，是让公众参与法定的环评程序，在香港的环评历史上迈出重要的一步。征询公众、环境咨询委员会及其他利益相关者的意见，是环评程序的法定步骤。策略性环境影响评估亦透过行政系统应用于市区发展政策、计划及活动。《香港环境影响评估条例》要求一系列的指定工程项目（包括市区发展及重建项目）提供指令文件及进行公众咨询。被分类为指定工程项目的发展计划都必须进行环境影响评估。这些主要的发展及重建计划包括：研究范围包括 20 公顷以上或涉及总人口超过 10 万人的市区发展工程项目的工程技术可行性研究；研究范围包括现有人口或新人口超过 10

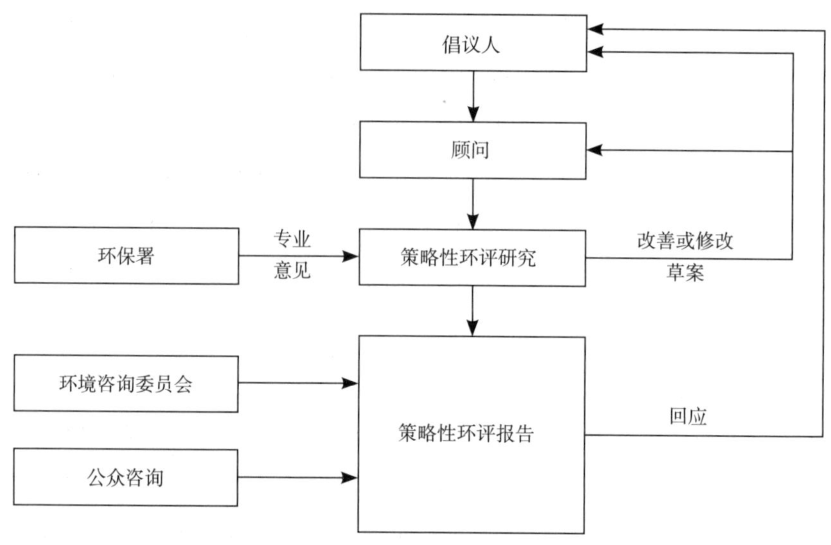

图 5.4　香港的策略性环评研究过程

来源：香港环境保护署网

万人的重建工程项目的工程技术可行性研究。[1] 环境保护署署长须在接获工程项目简介后，知会环境咨询委员会，并须将该工程项目简介的文本一份送交该委员会，[2] 署长审阅环评报告，须考虑环境咨询委员会的意见。

策略性环评的进行过程和结果均十分重要。在进行策略性环评的过程中，工程项目倡议人或决策者可更清楚和深入地了解政策、计划及活动的目的和带来的环境影响。当工程项目倡议人或决策者在评估各类因素时，往往有机会改变想法，进而修订政策、计划及活动的目的，以改善环境表现。这就将项目的环境评价评估提前至项目的决策阶段，在项目的不同阶段都引入了公众参与机制；同时将社会各界的意见纳入评价过程，将冲突和矛盾在内部解决。

环评小组委员会的职责在于审核环境影响报告，这个机构的人员构成和性质决定了它的独立性。它既不受聘于项目方，也不隶属于政

[1]　参见《香港环境影响评估条例》附表三。

[2]　《香港环境影响评估条例》第五条。

府，它所提供的是咨询性意见。而环评的审批权力在于环保署，环保署要对环评决策的结果负行政责任。由于环境咨询委员会的中立性、专业性和良好声誉，环保署更愿意根据环境咨询委员会的建议作出决策。这一机制真正做到了审批分离，保证了环评审批过程的独立性。[1]

九铁公司落马洲支线项目。1999 年，为增加广东和香港之间的运输能力，九铁公司提议建设落马洲支线项目。该项目跨过塱元湿地。这片湿地为 200 多种鸟类提供栖息地，占香港鸟类品种的 50% 以上，对香港具有重要的生态意义。出于保护湿地的考虑，计划多投资约 20 亿港元建一条地下隧道穿过湿地。该计划经过了激烈争论。根据《香港环境影响评估条例》，落马洲支线属于指定的工程项目，因此必须进行详尽的环境影响评估。九铁公司拟备一份初步环境评估报告，并于 1999 年 9 月将报告提交环境咨询委员会下属的环境影响评估小组委员会。九铁公司原先建议以高架天桥形式穿越塱元湿地，但因兴建高架桥可能对湿地的生境和地貌造成严重破坏，而遭到各方强烈反对。环境咨询委员会接到 200 多份民间的反对意见，落马洲支线项目无法在环评小组委员会达成共识，提交环境咨询委会大会讨论，亦未对环评报告投票表决，最终由环保署长否决。九铁公司不得不改变方案，采纳科大教授意见，改以地底隧道形式穿过塱原湿地。进而获得大多数人的接受及支持，认为是平衡生态与基建需要的可持续发展方案。[2]

4. 公众论坛

环境咨询委员会不定期举行公开论坛，与业界、相关组织及公众人士就政府公布的咨询文件以及策略做出讨论以及交流意见。环境咨询委员会事先公开咨询文件的详情，有意参加者只需在网上填写表格交环境咨询委员会秘书处预先登记即可。例如，2012 年 3 月 24 日环境咨询委员会就政府 2012 年 1 月公布的《进一步减少废物方案：废

[1]　吴健．环境经济评价：理论、制度与方法 [M]. 北京：中国人民大学出版社，2012：154.
[2]　立法会参考资料摘要．上水至落马洲支线计划的未来路向 [EB/OL].（2001-9-18）[2015-06-07].

物收费是否可行？》咨询文件，召开公众论坛，收集公众对于都市固体废物收费的意见。

总的来看，香港特区政府相当重视环境的污染预防和生态保护，并把环境影响纳入城市规划的范围，确保在制定规划和发展计划的每一个阶段都已经充分考虑环境因素。环境咨询委员会一方面透过环境及生态局局长，为政府环境决策提供建议；另一方面通过公开会议、公众论坛的形式，在政府与公众之间搭起沟通环境事务的桥梁。

概括香港环境咨询委员会的经验，至少有以下四点值得借鉴：

（1）在决策早期就咨询各方意见，提升相关决策的质量，减少和避免对环境的影响。

（2）提供公众参与的渠道，通过协商与对话，促进各利益相关方的互动关系，在理性轨道上解决问题。

（3）提高信息的透明度，会议通知、会议记录和相关材料都在网站上及时公布，会议过程向公众开放，从而形成公众对咨询过程的有效监督。

（4）重视成员的中立性以及申报利益制度，保证意见和建议的独立性与客观性。

四、对中国的启示：通往协商共识之路

从上述国家和地区的经验观之，环境咨询委员会制度有助于实现环境行政决策的科学化、民主化，但切实发挥其制度功能，使其承担起引入专业知识、促进公众参与、制约政府权力、实现公民自治的任务，需要从组织形式、人员构成、职权范围、运作方式和决定效力等方面加以明确和规范。

（一）组织形式

在环境咨询机构的组织形式上，大多数国家倾向于采用委员会制，

也可称之为合议制。例如，美国《联邦咨询委员会法》的适用对象是向总统、联邦行政机关或联邦官员提供建议和意见的委员会或类似团体，并且规定非正式的社会团体必须采取委员会的形式，才能适用该法，因为其主要目的是会议公开，只适用于委员会制的团体。[1] 环境咨询委员会虽有中央与地方之分，但与政府职能部门不同，它们之间并无领导隶属关系，各委员会均独立开展工作，由委员会议集体行使权力和承担责任。因此，委员会制的采用有助于保证环境咨询机构的独立性和开放性。

第一，有助于保证环境咨询机构的独立性。独立自主地开展工作，是保证环境咨询委员会的决策建议科学、客观的基本条件。实践中，有的环境咨询委员会之所以很难真正行使咨询职能，导致咨询过程形式化，成为行政决策合法化的外衣，原因就在于其自身的从属性和依赖性。追求独立性主要表现在环境咨询委员会与各级行政机关相分离，咨询意见不受行政机关干预。“自主意味着首脑及其班子是按照该组织本身的自治秩序被挑选出来的，而不是像他主的组织那样由外来者任命。”[2] 为此，应当以法律的形式明确委员的选任程序，避免行政机关在任命委员方面享有绝对的裁量权。如果不在制定法上对咨询委员会的利益附属条件或职业条件加以严格规定，则咨询委员会本应发挥的限制裁量权的功能也难以实现。同时，应当规定委员会主席由委员自行投票选举产生，并且由非行政官员担任，以此突出自治性。自治性“通过不受约束的意见冲突能够发现真理，这种竞争会产生和谐”。[3] 此外，还应规定委员会运作所需的财政经费保障，并将使用情况予以公开。

第二，有助于保证环境咨询机构的开放性。马克斯・韦伯指出：“一种社会关系，如果而且只要它的秩序系统并不拒绝任何希望参与

[1] 王名扬．美国行政法：下 [M]. 北京：中国法制出版社，1999：1052.
[2] 马克斯・韦伯．经济与社会：第一卷 [M]. 闫克文，译．上海：世纪出版集团，2010：143.
[3] 卡尔・施米特．合法性与正当性 [M]. 冯克利，李秋零，朱雁冰，译．上海：上海人民出版社，2014：42.

并实际处在能够参与的地位上的人们参与其中，就可以称为对局外人‘开放’的社会关系。另一方面，如果按照它的主观意义及其约束性规则，某些人的参与被排斥、限制或者需要接受附加条件，那就可以称为对局外人‘封闭’的社会关系……如果参与者期待着自身的处境将会由于准许他人的参与而得到改善，即满足的程序、方式、安全感或价值都将得到改善，他们就会有兴趣使这种关系保持开放性。相反，如果他们期望通过垄断方式改善自己的地位，他们就会对封闭关系感兴趣。”[1] 在委员会的组织形式中，开放性表现为成员的多元化以及对公众参与的鼓励。作为政府与公众理性沟通的制度化渠道，环境咨询委员会的结构涵盖了开放性的特点，让所有希望表达诉求的公众能够参与进来，这样才使得均衡各方利益成为可能，而且也能够避免行政决策者和委员会成员的“经济人”属性。在封闭的状态下，委员会成员可能出于个人利益或外在压力做出违背其知识判断的意见，外部的监督也无从入手。因此，应当通过咨询过程的公开和透明，以公众参与和信息公开的要求，对委员会成员形成监督，以此排除可能出现的功能障碍和风险。

（二）人员构成

环境咨询委员会的人员构成可以分为两类，即政府人员与非政府人士，但应以非政府人士为主，突出广泛性。非政府人士包括专家学者、团体及公众代表等，突出观点和利益上的平衡性。专家并不仅仅是接受过科学方法训练的人，还包括有着专门经验的职业人士。[2] 他们就与环境相关的议题，有组织地为行政决策提供意见和建议，确保政府能够听到各方的声音。环境咨询委员会的非政权组织性质，决定了其成员应以后者为主，主要反映民间意见，为行政决策提供参考。无论是政府人士，还是非政府人士，作为环境咨询委员会成员均须获得正

---

[1] 马克斯·韦伯．经济与社会：第一卷 [M]. 闫克文，译．上海：世纪出版集团，2010：135-136.

[2] 伊丽莎白·费雪．风险规制与行政宪政主义 [M]. 沈岿，译．北京：法律出版社，2012：40.

式委任。这样做，一方面宣示各方主体在协商过程中的平等地位，另一方面也是一种荣誉，促使成员珍惜其资格，公正、客观地履行职责。

广泛吸收行政机关以外的人员参加环境咨询委员会的活动，可以发挥重要的作用。首先，有助于加强政府和社会各界的联系，营造出包容的姿态，改善行政机关和外界的关系，特别是在政府声望低落，因公信力降低而备受指责之时；其次，可以利用外界的专门知识，满足行政技术化的需要；最后，外界人士的参与可以扩大行政官员的视野，有利于做出更合理的决定。[1] 环境咨询委员会是汇集观点和协商交流的平台。专家学者、社会团体和公众代表、行政官员作为环境咨询委员会的成员，承担了不同的角色，体现了不同的价值取向。专家学者以“中立的”咨询者身份出现，提供事实性、技术性的分析和论证，专家学者在知识的认知和方法的提供上，通常是以可计算甚至可检验的方法进行，因而对公众基于利益诉求和情感而做出的判断提供了校正机制。[2] 社会团体和公众代表，从自身利益出发，反映自身关切，他们的意见反映了行政决策的社会可接受性。政府人士的参与目的在于提供行政机关的意见。

因此，环境咨询委员会成员的选择，应当满足政府官员不超过委员会成员总数的三分之一；在专业学者的选任上，应选择具有高度社会责任感，具备相关专业学识和经验，并且德高望重的人；社团代表则以协商方式产生；可以使用抽样统计的方法，确定参与咨询的公众具有一定代表性。社区层面的环境咨询委员会成员更侧重于民意性。

除了广泛性，还应注重人员构成观点和利益上的平衡性。咨询的目的是为行政决策提供理性基础和民意支持，这往往需要不同观点和知识之间的交流、辩论。实践中，由于行政机关具有委任咨询委员会成员的权力，有可能通过操纵委员会人选，以获得对其有利的意见。

---

[1]　王名扬 . 美国行政法：下 [M]. 北京：中国法制出版社，1999：1050.

[2]　王锡锌 . 公共决策中的大众、专家与政府：以中国价格决策听证制度为个案的研究视角 [J]. 中外法学，2006，18（4）：462–483.

因此，在环境咨询委员会的人员构成上应当满足观点平衡的要求，限制行政机关在成员选择上的恣意和片面。例如，美国《联邦咨询委员会法》在咨询机构的人员构成上追求观点和利益上的平衡。注重引入对立性的观点，通过不同观点之间的竞争和交流，丰富相关信息，照顾各方利益，促使其成员不断反思观点的合理性，在辩论和争吵中保证咨询意见的公平和广泛。行政机关需要表明专家的组成具有观点和利益上的多样性，否则无法通过联邦行政事务管理局的审查。

总之，将不同背景的个人和团体纳入环境咨询委员会，兼具专业性和代表性，满足平衡性要求，鼓励公开论辩，及时披露信息，从而保证委员会不受行政机关、其他组织以及个人利益左右。

（三）职权范围

一般来讲，环境咨询委员会的职能是就有关环境的行政决策向政府提供意见和建议，扮演决策顾问的角色。其主要职责范围是对涉及环境问题的政策、立法、计划、项目向政府提供意见和建议，参与环境区划、规划工作以及建设项目的环境影响评价，对政府的环境保护工作提出意见和建议，对环境问题和事项提出调查报告等。

例如，日本的中央环境审议会对涉及环境问题的重大政策、立法、计划、事件和行为提供科学性的审查和咨询，为政府提出环境政策建议，审议政府提出的政策方案。美国清洁空气法咨询委员会就新建和扩建项目的方法，项目潜在的健康、环境和经济影响，国家环境保护局拟议重大规章和指南的政策与技术内容等事项提供意见和建议。清洁空气科学咨询委员会提供有关空气质量标准的科学和技术方面的独立咨询意见，开展与空气质量、大气污染源相关的研究。

此外，考虑到环境问题的复杂性和专业性，各国的环境咨询委员会常常设立若干分会或小组委员会就特定领域的决策事宜发表意见及提出建议，并且具体承担收集相关信息和公众意见的职责，从而增强决策过程的透明度，保证其可执行性。

在履行职责的过程中，需要强调两点。

（1）事前参与。建立参与式的决策咨询模式，关键是事前的预防，而不是将其排除在决策之外。比如，可以参加项目的选址工作，这样能够使公众参与选址过程，即使不能保证邻避设施顺利落地，也能够增进各方的信任。

（2）全程参与。既体现在早期决策阶段的参与，尽早了解相关的风险与收益，提前做出预判，同时也体现在相关设施建立的过程中，持续关注、验证决策的正确性，弥补可能存在的缺陷，为今后的工作提供经验和依据，从而提高环境咨询委员会以及政府的公信力。

（四）运作方式

环境咨询委员会主要通过公开会议或公开论坛的方式，构建参与平台与机制。公开会议是指委员会日程会议向公众公开，公众可以通过事先登记等方式参加会议，也可以发表或提交意见。公众论坛是专门听取公众意见的会议，目的在于发现和收集公众对于某项决策的看法，任何有兴趣的公众都可以参加。此外，也可以运用多元化的民主形式，如座谈会、恳谈会、听证会等，沟通信息，征询民意，凝聚共识。环境咨询委员会成员、公众、利益相关者在此平台之上进行公开讨论，理性协商，深化对特定环境议题与风险的认识，为最终达成各方均可接受的方案提供可能。

环境咨询委员会遵循协商民主和公开透明原则，而非命令—控制的等级制原则。一般情况下，会议的召集与主持由主席负责，也可采用委员轮流主持的方式。行政机关首先向环境咨询委员会秘书处提出拟议事项，并交付相关材料。秘书处通知委员会主席，由其召集委员会会议。

会议议程及材料的事先公布。会议应当在便于公众参加的时间和地点举行，并且提前公告会议议程及内容，使希望参加的公众提前获取相关信息，有机会参与会议。同时，这也是公众监督环境咨询委员会运作的必要条件。

会议过程的公开。除涉及保密事项和个人隐私外，各级环境咨询委员会的所有会议均应公开举行。在美国，各咨询委员会的会议均应公开，除非会议的讨论涉及国家秘密、为联邦授权行为而提供的个人资料或者出于对于个人隐私的审慎考量。[1]公众可以出席、旁听会议，在得到许可的情况下，还可以口头陈述意见或提交书面意见。会议期间进行完整的记录，并由主席认可。

表决原则。会议议决采用民主原则，视情况不同，选择采用全体一致通过，三分之二多数通过，或者半数通过。对于不确定性较大，难以预测未来影响的方案，应采用全体一致通过方式。

回避原则。为避免利益关联，拟获委任的成员应及时向行政机关披露相关财务信息和活动信息。如是否与受管制主体存在经济、业务上的往来，是否接受过资助等。这些信息不仅要向行政机关提交，也应尽可能向公众披露，以便于社会监督，赢得公众信任。

咨询报告的公开。咨询报告、会议记录和备忘录等所有会议文件都应在特定地点放置，以便公众查阅和复制。同时将会议议题、背景材料、专家提出的问题以及会议记录全文，都在网上公开。此外，也可以借鉴美国《联邦咨询委员会法》公开年度报告的做法，咨询委员会每年至少提出一次报告，列明活动的简要情况，以及依法需要让公众知晓的事项。[2]

行政决策草案的公开。咨询程序结束后，委员会所提供的意见和建议是否为行政机关所接受，这些意见和建议如何转化为相应的决策方案，应当将包含详细说明的决策草案予以公开，同时进一步征求社会意见。

---

[1] 5 U.S.C.app. § 10（a）（1994）（*Federal Advisory Committee Act*）.
[2] 5 U.S.C.app. § 10（d）（1994）（*Federal Advisory Committee Act*）.

（五）决定效力

对于环境咨询委员会所做决定的效力，法律上的拘束力越小，行政机关在做出决策时服从社会评议结果的程度越低，相应的社会咨询仅仅用于收集信息而已，行政机关不受这些信息的制约。法律上的拘束程度越大，行政机关在做出相应决策时服从社会评议结果的程度越高，最典型或最极端的是“公决”方式。但从更广泛的角度而言，简单地数人头的办法不大可能促成公民参与慎思和明辨的对话过程，促进以善治为目的审议过程。[1] 通行的做法是，咨询意见或咨询报告仅具有参考价值而不具有强制力，“所有咨询委员会都是提意见者，毫无裁定权”[2]，最终是否采纳有关咨询意见由行政机关依职权决定。其原因在于，行政机关为提升公众对涉及公益的行政决策的可接受度，而邀请专家、利益团体或其代表提供建言，陈述意见或参与讨论等，但这仅止于以参与影响的方式影响行政程序。[3] 但当行政机关拒绝接受其意见和建议时，环境咨询委员应当有权利要求行政机关说明理由。虽然环境咨询委员会的性质决定了其意见的参考性质，意见本身并没有行政效力，不能代替行政决策，也不能要求行政机关必须采纳。但是，作为一种程序设计，尤其是在法律做出明确规定的情况下，行政决策者应当获知和考虑委员会的意见，否则，行政决策的正当性与合法性就存在瑕疵，可以在程序上提出异议。因此，如果行政机关拒绝接受环境咨询委员会的意见，则应当说明理由，环境咨询委员会也有权利要求行政机关给出合理的解释和回应。这在客观上保证了环境咨询委员会制度的有效运行，避免被架空或流于形式。

---

[1] 迈克・费恩塔克．规制中的公共利益 [M]．戴昕，译．北京：中国人民大学出版社，2014：14.

[2] 让・里韦罗，让・瓦利纳．法国行政法 [M]．鲁仁，译．北京：商务印书馆，2008：88.

[3] 许宗力．宪法与法治国行政国 [M]．台北：元照出版有限公司，1999：346.

第六章　环境行政决策的治理实践

本章将环境行政决策咨询机制置于治理规则的法治实践中加以考察。咨询机制是行政机关提升环境决策的合理性和正当性的一项重要制度。按照行政机关与相关主体的依赖关系不同，该机制可以分为单薄的程序规范和充实的程序规范。前者旨在搜集相关主体的评判信息，从技术理性层面为行政决策提供外部参考。后者为相关主体平等参与协商提供互动场域，并将协商作为增强决策正当性的来源。中国当前的环境行政决策咨询机制仍属于单薄的程序规范，对于通过沟通理性促进决策由单方意志性向交涉性转变的支撑不够，因而可能引起制度功能的偏移。置身于环境风险预防之时代背景，为弥合技术理性与社会理性之间的鸿沟，有必要以公共咨询为导向，以充实的程序规范为核心，从组织形式、制度衔接、运行方式等方面促进这一机制的功能提升。

第一节　超越形式合法性：环境行政决策咨询机制的法治蕴涵

面对公共危害陡增的社会风险，无论是疫情防控，还是污染防治，技术和民意的支撑都不可或缺。一般认为，由于现代环境问题所具有的复杂性、广泛性和不确定性，行政机关做出可能对环境产生影响的决策时往往需要借助于不同领域的专业知识和不同层面的民众意见。

这使得决策咨询机制的引入成为必要。《中共中央关于加强社会主义协商民主建设的意见》明确要求，“建立健全决策咨询机制，完善咨询程序，提高咨询质量和公信力”。环境行政决策咨询机制是行政机关就拟议行动的环境影响旨在激发相关各方表达意见，接受询问并提出解决方案的对立统一的过程。当前，行政机关日益重视通过咨询专家意见为环境决策提供论证、依据和支撑，但更多表现为对技术分析和技术理性的倚重，其沟通社会理性的功能尚未充实，进而折损咨询质量和公信力。环境知识未广泛普及，利益表达渠道不畅，现有的环境利益冲突协调机制不能满足民众的需要。[1] 因此，如何在法治理念之下规范环境行政决策咨询机制，建立起沟通环境风险不确定性的场域，弥合专家的技术理性与民众的社会理性之间的鸿沟是亟待解决的问题。本书在查明中国现有规定的基础之上，分析该机制所面临的结构与功能的双重缺陷，阐述推动其功能提升的理论逻辑，并提出完善相应规则体系的思路和举措。

一、环境行政决策咨询机制的立法现状

在法律层面，《环境保护法》和《环境影响评价法》对决策咨询机制有所涉及。《环境保护法》虽然明确了政府制定政策时应考虑环境影响[2]，但其规定也较为原则，不仅将主体限定在省部级层面，而且可以理解为有关方面和专家的意见从属并服务于政策的制定，至于这种意见能在多大程度上影响决策的做出取决于行政主体的裁量。根据《环境影响评价法》的规定[3]，相较于适用单个项目的建设项目环境影响评价，规划环境影响评价更侧重于改善行政决策质量。对此开展的咨询程序主要集中在国务院有关部门、设区的市级以上地方人民

---

[1] 信春鹰.《中华人民共和国环境保护法》学习读本 [M]. 北京：中国民主法制出版社，2014：66.

[2] 《中华人民共和国环境保护法》第十四条规定，国务院有关部门和省、自治区、直辖市人民政府组织制定经济、技术政策，应当充分考虑对环境的影响，听取有关方面和专家的意见。

[3] 参见《中华人民共和国环境影响评价法》第七、第八条。

政府及其有关部门组织进行专项规划的环境影响评价方面。规划编制机关对可能造成不良环境影响并直接涉及公众环境权益的专项规划，应当采取听证会、论证会等形式，征求有关单位、专家和公众对环境影响报告书草案的意见。这些文字表明，法律已初步构建起针对政策、专项规划的按照一定仪轨考量环境影响的程序，为防止因决策造成的重大生态环境损害和破坏提供了基本的制度遵循，主要表现为以程序上相互独立的专家和公众征询为行政决策提供论证和意见。但其对于同处源头预防系统中的环境行政决策咨询与环境影响评价两种程序之间的联系度关注不够，程序本身的价值并未得到凸显，还停留在宣卷仪轨阶段，反映出中国在运用决策咨询机制解决生态环境问题上尚缺乏系统的法律规定。

在行政法规层面，国务院于 2019 年 5 月 8 日公布的《重大行政决策程序暂行条例》对于健全环境行政决策咨询机制具有重大的现实意义。《条例》框定了县级以上地方人民政府重大行政决策事项的范围。一方面纳入了环境保护等方面的重大公共政策和措施；另一方面涵盖了经济和社会发展等方面的重要规划，开发利用、保护重要自然资源和文化资源的重大公共政策和措施，重大公共建设项目，以及对经济社会发展有重大影响，涉及重大公共利益或者社会公众切身利益的其他重大事项[1]。这就意味着，地方政府可能对环境带来重大影响的政策和措施、发展规划、建设项目等决策都需要履行法定程序，由决策承办单位对决策事项涉及的人财物投入、资源消耗、环境影响等成本和经济、社会、环境效益进行分析预测。《条例》针对决策草案形成过程的公众参与、专家论证和风险评估程序作出了具体规范[2]，体现出运用专家的技术理性和民众的社会理性防范环境风险的程序要求，朝着环境行政决策咨询机制充实的程序规范方向迈出了坚实步伐。沿着这一路径向纵深发展，有必要进一步强化组织保障，做好行政决

[1] 参见《重大行政决策程序暂行条例》第三条。
[2] 参见《重大行政决策程序暂行条例》第十四—二十四条。

策程序与环境影响评价制度的衔接，突出程序本身的价值，提升咨询过程中技术理性与社会理性之间的互动沟通程度。

在地方政府规章层面，自 2008 年《湖南省行政程序规定》施行以来，越来越多的地方政府在制定行政程序规定时纳入了决策咨询条款。笔者以“行政程序”为关键词在司法部法律法规数据库检索出 10 部相关规定，结果见表 6.1。

表 6.1　有关行政决策程序的地方政府规章

名称	时间	是否包含环境决策	决策咨询相关条款	条文摘要
1. 蚌埠市行政程序规定	2017 年	是	第二十二—二十七条	重大事项决策在讨论决定前，决策承办单位应当根据需要召开座谈会、论证会、听证会或者以其他方式听取相关各方意见
2. 汕头市行政程序规定	2011 年发布、2016 年修正	是	第三十三—四十一条	市、区（县）人民政府应当建立健全行政决策咨询机制，完善行政决策的智力和信息支持系统
3. 浙江省行政程序办法	2016 年	是	第二十九—三十条	行政机关作出重大行政决策应当根据具体情况组织开展公众参与、专家论证或者风险评估
4. 兰州市行政程序规定	2015 年	是	第十一—二十二条	决策事项承办单位应当根据重大行政决策对公众影响的范围和程度，采取书面征求意见、发放调查问卷、召开座谈会、举行听证会、专家咨询论证、公示等方式广泛听取公众意见

续表

名称	时间	是否包含环境决策	决策咨询相关条款	条文摘要
5. 宁夏回族自治区行政程序规定	2015 年	否	无	—
6. 江苏省行政程序规定	2015 年	是	第二十六—三十三条	县级以上地方人民政府应当建立健全公众参与、专家论证、风险评估、合法性审查和集体讨论决定相结合的行政决策机制
7. 海口市行政程序规定	2013年、2019 年修改	是	第二十七—三十五条	决策事项承办单位应当组织专家或者研究咨询机构对重大行政决策方案的必要性、可行性、科学性及合法性进行论证
8. 西安市行政程序规定	2013 年	是	第一百二十六—一百三十九条	市、区（县）人民政府应当建立健全行政决策咨询机制，完善行政决策的智力和信息支持系统
9. 山东省行政程序规定	2011 年	是	第二十四—三十五条	决策事项承办单位应当组织相关领域专家或者研究咨询机构，对重大行政决策方案进行必要性、可行性、科学性论证
10. 湖南省行政程序规定	2008 年发布、2018 年第一次修改、2022 年第二次修改	是	第二十九—三十八条	县级以上人民政府应当建立健全行政决策咨询机制，完善行政决策的智力和信息支持系统

考察其中有关环境行政决策咨询机制的规定，可总结如下：

（1）重大行政决策包括环境事项的规定有 9 件，占总数的 90%。

（2）重大行政决策做出前应经过咨询程序的规定有 6 件，占总数的 50%，有 3 件虽未明确提及决策咨询机制，但规定重大事项决策应通过公众参与、专家论证等方式听取相关各方意见。

（3）咨询的功能是为行政决策提供智力和信息支持、对决策草案进行专业技术论证，多为原则性规定。

上述分析表明，地方政府日益重视决策对于环境的影响，有三分之二的地方行政程序规定把咨询作为环境行政决策的一个程序环节。但出于其规定的原则性，无法从中解读出环境行政决策咨询机制的结构，只能进一步考察相关部门和地方的工作文件。

自 2006 年以来，为充分发挥专家的智力支撑作用，推进环境行政决策的科学化，一些部门和地方相继设立了环境咨询委员会，见表 6.2。

表 6.2　有关环境咨询委员会的相关规定

序号	名称	所属部门	功能定位	时间
1	《关于印发河源市人民政府环境与发展综合决策咨询专家委员会工作规则的通知》	广东省河源市人民政府	提供环境与发展综合决策工作中的智力支撑，推进决策的科学化和民主化	2018 年
2	《关于成立生态环境咨询专家委员会的通知》	重庆市生态环境局	促进生态环境保护决策科学化，为打好污染防治攻坚战提供咨询建议	2018 年
3	《关于组建广东省环境保护厅环境咨询专家委员会的通知》	广东省环境保护厅	为环境保护工作提供咨询建议和指导，推动环境管理决策的精细化、科学化	2017 年
4	《关于成立全国生态保护与建设专家咨询委员会的通知》	国家发展改革委	强化生态保护与建设的科技支撑，提高决策的科学化水平	2015 年
5	《关于成立四川省环境咨询委员会的通知》	四川省环境保护厅	环境保护宏观综合决策的高级专家咨询机构	2014 年

续表

序号	名称	所属部门	功能定位	时间
6	《关于成立辽宁省环境咨询委员会的通知》	辽宁省环境保护局	环境保护宏观与综合决策的高层专家咨询机构	2007年
7	《关于成立山西省环境咨询委员会的通知》	山西省环境保护局	环境保护宏观与综合决策的高层专家咨询机构	2007年
8	《关于成立国家环境咨询委员会的通知》	国家环境保护总局	国家环境保护宏观与综合决策的高层专家咨询机构	2006年

通过分析表 6.2 中已经设立的环境咨询委员会，可以发现：

（1）在设立主体上，除了河源市人民政府环境与发展综合决策咨询专家委员会由市政府设立、全国生态保护与建设专家咨询委员会由国家发展改革委设立以外，其他环境咨询委员会均由生态环境主管部门设立。

（2）在功能定位上，环境咨询委员会作为专家咨询组织，主要负责提供专业意见，促进生态环境保护决策科学化，大部分“咨询”可以用“论证”予以替换，只有极少数承担引导民众、推进决策民主化的功能。

（3）在结构规范上，2015 年之后对环境咨询委员会的规范呈逐步强化的趋势，规定了环境咨询委员会的组织架构、工作职责、运行机制等方面的内容。

综上所述，中国环境行政决策咨询机制的立法现状是：环境行政决策咨询机制在法律上的确认极其有限，虽然行政法规和地方性行政程序规章就有关环境行政决策咨询的程序作出了规定，但却与咨询机构的规定相割裂，平台建设缺乏系统化和规范化。这种立法现状表明，目前中国环境行政决策咨询机制尚未稳定，仅局限于行政机关内部的公共政策的专家咨询，处于知识的合法化阶段，未能走入一般民众的视野、进入参与的合法化阶段、上升到民主法治层次。

二、环境行政决策咨询机制的现实问题：基于结构与功能的分析

机制是一套包括组织机构的设置、运作在内的系统，需要有结构完整的、功能齐备的规则体系予以保障。环境行政决策咨询机制的出现是源于满足“强化理性”和公众参与的需要，它介入行政决策过程，加强行政机关、专家学者、民众和利益相关者之间的沟通和交流，使得行政决策更加理性，并在一定程度上抑制了行政官员的裁量权。但中国在发展这一包容性机制的过程中，却面临规则体系的结构与功能的双重缺陷。

（一）环境行政决策咨询机制的结构性缺陷

正像其他任何系统一样，机制的复杂性受到它的结构的控制，也就是受到事先选定的该系统所能够容纳的可能环境条件的制约。[1] 理解系统——环境关系必须首先从结构性问题入手。从中国业已存在的环境行政决策咨询机制看，其结构性问题突出表现在组织形式固化、人员构成单一和运行方式封闭等方面。

第一，组织形式固化，缺乏独立性和规范性。中国现有的环境咨询委员会富有浓郁的行政色彩，虽有委员会之名，但却是按照首长负责制的模式建立，多以环保部门内部发文的形式自主成立。作为内设组织缺乏独立性和规范性，权责不统一，难以真正行使咨询职能。在设立的层级上，已设立的环境咨询委员会的层级往往较高。与民众的相关度更高、更容易感知的基层政府却无相应设置，不利于疏导民众的负面情绪，也不容易激发民众的参与热情。

第二，人员构成单一，广泛性和平衡性不足。在环境咨询委员会的组成人员中，政府官员占有较高比例，环境咨询委员会的主席（主任）职务大多地由官员出任，社团代表与社会人士在全部人员中所占比例

[1] 马丁・洛克林．公法与政治理论 [M]．郑戈，译．北京：商务印书馆，2013：352.

相对偏低。由行政首长或政府部门官员出任咨询委员会主席兼会议召集人与主持人的安排，往往与委员会运作所遵循的轮流主持、共同负责的集议制原则相悖，难以突破首长决定（负责）制的桎梏。成员产生方式也值得商榷，要么由单位推荐后行政机关决定，要么由行政机关指定，难以避免有选择地任命。这样的人员构成导致委员会的民意性与专业水平受到影响与削弱，很难反映出决策咨询机制的应有特性。已经设立的环境咨询委员会亦鲜有分委员会或小组委员会，不足以应对环境问题的复杂性和专业性，也从侧面验证了现有环境咨询委员会的形式化。

第三，运作方式封闭，沟通回应流于形式。行政决策咨询通常在政府主导下以会议形式进行，以精英共识方式运作，会议的召开与议题均由行政机关确定，咨询意见被动地提供，鲜有互动过程。一方面，闭门会议的方式降低了吸纳民意的有效性，信息的闭塞导致民众无从了解其运作情况，进而怀疑其是否能真正发挥作用，更不用说主动联络委员会或透过委员会来表达利益诉求。另一方面，环境问题的专业性创造出有效参与的壁垒，行政机关与专家、专家与民众、行政机关与民众之间呈现单向度的灌输式交流，以至于咨询成为行政决策出台或公开前的一个程序或步骤，甚至沦为“走过场”的政策论证工具，从而影响其公信力。

从以上结构性缺陷可以看出，社会互动程度不高造成咨询公信力下降，咨询公信力下降进一步限制社会互动程度。环境行政决策咨询机制面临窘境。对于咨询组织的系统规范和约束不足，在结构上导致环境行政决策咨询机制无法实现其既定的目标，引发民众质疑。因而需要以相应的制度设计保证咨询组织本身的独立性、成员组成的平衡性、运作方式的公开性，进而强化决策的合理性和正当性。

（二）环境行政决策咨询机制的功能性缺陷

始于提供单纯技术支持，发展为利益相关者的参与平台，环境行政决策咨询机制的功能变迁体现出提升决策合理性与正当性的需要。相应的规范可以区分为单薄的程序化和充实的程序化。单薄的程序化旨在搜集相关主体的评判，以期从技术理性层面为决策提供参考，但这些评判仍处于决策过程的外部。根据朱芒教授的研究，中国近十年都市环境领域的公众参与所起的最基本作用，是行政机关在决策过程中收集相关信息方面。[1] 充实的程序化为促进相关主体平等自愿参与协商，并提出各方都可以接受的主张创造条件。在充实的程序化之下，咨询组织承担起协调各方利益的多重角色，包括在参与者之间对不同表述方式的转化，如在技术性表述与普通人理解之间的转换，也包括组织讨论协商，并尝试消除观点的差异。[2] 由于上述结构性缺陷的存在，使得中国实际的环境行政决策咨询过程中不同程度地存在着理性和参与的双重缺位，无论从合理性，还是从正当性的角度，都有可能产生相反效果。

从合理性上看，专家知识在环境行政决策中发挥着举足轻重的作用，但由于环境风险涉及的广泛性和不确定性，使得知识有可能被滥用。首先，环境风险所牵涉的范围相当广泛，而专家的知识构成只限于特定的专业领域，超出其专长判断的合理性将大打折扣。其次，环境风险具有技术不确定性，不同的专家完全有可能作出逻辑上成立但彼此不一致的判断，从而陷入无休止的争论。现实经验告诉我们，作为提升环境规制合理性的专家也有其自身利益的存在，他们既可以为民众服务，也可以为被规制企业或规制者服务，不适当地利用上述两点，可以将利益之争转换为技术争议。因此，如何从制度上保障环境行政决策咨询专家的中立性和可信度就成为一个不可回避的问题。

从正当性上看，决策咨询如果不同民主的意见形成和表达过程相联系，民众的声音就被会淹没。根据法治理念的要求，行政机关作为

---

[1] 朱芒．公众参与的法律定位：以城市环境制度事例为考察的对象[J]．行政法学研究，2019(1)：3–17.

[2] BLACK J.Proceduralizing regulation：part Ⅱ [J].Oxford Journal of Legal Studies，2001(21)：31–58.

公共利益的代表，对相关利益进行集合和分配，是公共利益的代表者、维护者和分配者；民众受到风险管制决定的影响，是社会风险的最终承受者，理应享有相应的知情权和参与权。因此，需要加强以沟通回应为核心的程序规制，提升决策正当性。然而，对此的批评是，那些参与咨询的民众往往是政策制定者和行政官员挑选出来重复自己声音的人，又或者只是被告知情况而不是主动参与咨询过程、表达观点，他们的想法几乎不可能真正得到考虑。民众远离决策过程，导致以他们名义制定的决策并不能充分反映他们的意愿。冷淡的大众逐步与精英相异化，行政决策咨询机制由此成为行政机关专横独断决定的"保护伞"和"遮羞布"。只有在环境群体事件发生之后，当地政府才会邀请专家、学者、居民代表等就有关问题发表意见，协调各方利益。与其让民众由于事前参与无门和采用体制外的非常规手段寻求问题的解决，不如以制度安排促进事前和体制内的意见表达，于决策阶段使问题得到解决。

提升环境行政决策合理性与正当性需要行政机关促进技术与社会之间的功能缩结。这是因为，没有社会理性的技术理性是空洞的，而没有技术理性的社会理性则是盲目的[1]。技术理性用于技术可行性分析、权衡环境与健康风险，为环境行政决策提供事实评判和专业指导。现代社会如果缺少可以控制环境风险的专家体系，人们可能连最基本的安全感也会丧失[2]。然而，单纯的技术理性未涵盖社会接受程度，无法从事实评判中推演出反映社会理性的价值评判，因而可能引起决策目标的偏移。这意味着，环境行政决策咨询机制需要融汇专家的技术理性和民众的社会理性。当前，受限于行政主导和参与低效，中国的环境行政决策咨询机制还处于单薄的程序化阶段，虽然行政管理与技术研发的融合不断深化，但其引导社会理性、搭建互动场域的功能尚未充实。这在一方面造成民众日益表现出对专家系统的不信任并对

[1] 乌尔里希·贝克. 风险社会 [M]. 何博闻，译. 南京：译林出版社，2004：22.
[2] 张昱，杨彩云. 泛污名化：风险社会信任危机的一种表征 [J]. 河北学刊，2013，33（2）：117–122.

其加以“污名化”；另一方面也无法避免地方政府只凭政治热情而导致的决策失误。民众对环境风险的评判迥异于专家或行政机关的判断，削弱了咨询的质量和公信力。归结起来，知识问题是现代环境风险的根本成因，“习惯性怀疑”的社会病症是表象，政府与社会之间缺乏互动和沟通是根本。改变这种状况，应当以“需求”为导向，以建设服务型政府为目标，通过建立行政机关、专业人士、利益相关者共同参与的公共空间，推动环境行政决策咨询机制的功能提升，并完善相应的法律规范，为提高咨询质量和公信力、缓解事实与规范之间的张力提供制度支撑。

三、环境行政决策咨询机制的法治构造

技术理性的营养和能量只有与民众分享才能真正发挥智识的作用和价值。环境行政决策的制定既不能由机关尤其是个别领导擅权专断，也不能由民众随意决定，而是需要政府、专家与民众进行充分的沟通与协商。为了建立起融汇技术理性与社会理性的互动场域，解决“桥梁建在河上”所导致的沟通障碍，避免“程序为结果服务、以程序诠释结果”的现象，应当以充实的程序规范为核心，从组织形式、制度衔接、运行方式等方面入手完善环境行政决策咨询机制的法治构造。通过结构与功能的耦合，降低或减少不同行动领域的差异，打破行政机关在决策体制中的“知识—权力”垄断性结构，推动行政决策从单方意志性向互动交涉性的转变。

（一）从依附到独立：以系统化规范确保组织机构的功能定位

组织保障是机制设计的起点。环境行政决策咨询组织定位于由政府而非行政主管部门设立的实体化的非政权性组织，兼具专业性和代表性，就可能造成重大环境影响的行政决策组织协商，提供专业知识、收集民众意见，是各种利益相关者进行交流和博弈的平台。此类组织

的立法模式可能不同，但无论采用何种模式，都有必要对咨询委员会的设立和管理进行规范，尤其强调组织形式的实体性与独立性以及人员组成的广泛性与平衡性。《环境保护法》作为中国“环保事业基础法”，是对国家环境保护方针、政策、原则、制度和措施的基本规定。可以在《环境保护法》中对环境咨询委员会的设置作出原则性规定。由行政法规、部门规章对环境咨询委员会的具体运作过程进行细化和规范。同时，各单项环境法可作出与之相适应的协调、衔接的规定。地方性法规、规章可以对地方环境咨询委员会作出相应规定。

环境咨询委员会的独立性应当得到尊重。环境咨询委员会虽有中央与地方之分，但与政府职能部门不同，它们之间并无领导隶属关系，各委员会均独立开展工作，由委员会议集体行使权力和承担责任。考虑到环境问题的复杂性和专业性，应当设立若干分委员会或小组委员会就特定领域的决策事宜展开工作。专家学者、社会团体和民众代表作为环境咨询委员会的主要成员，承担了不同的角色，体现了不同的价值取向。专家学者以“中立的”身份出现，提供事实性、技术性的分析和论证，对民众基于利益诉求和情感而做出的判断提供矫正机制。社会团体和民众代表，从不同角度出发，表达各自关切，他们的意见反映了行政决策的社会可接受度。因此，应当以法律的形式明确委员的选任程序，确保知识结构和所涉利益的多样性，避免行政机关在任命委员方面享有绝对的裁量权。拟获委任的成员应及时向行政机关披露相关财务信息和活动信息，同时也应尽可能向社会公开。

（二）从单一到多元：以重大行政决策程序重塑环境影响评价制度

正确的决策需要正确的方法。环境影响评价制度是将环境要求纳入政府决策的方法，通过为包括科学家、政策制定者和决策者、民众在内的利益相关者提供互动和讨论潜在环境问题及解决方案的平台，提高人们对不断变化的环境条件的认识，保障政府在可能对环境产生不利影响的事项上做出正确的决策。本来，《环境影响评价法》所规定的“规划的环境影响评价制度”和“建设项目环境影响评价制度”，就是服务于政府决策的方法。但邻避现象的频发，表明现有的环境影响评价制度并未起到保障政府正确决策的作用。大量民情、民意没有通过环境影响评价程序进入政府前期决策过程并得到认真对待。由于没有进入体制内的决策过程，只有在体制外积累并爆发。因此，需要一种能够把广泛的地方民情、民意及早纳入有关规划和建设项目的决策过程的制度改进。以公共咨询为导向的环境行政决策咨询机制就是这样一种制度安排，值得重视。

在制度衔接上，结合政府职能转变和“放管服”的改革背景，可以基于重大行政决策程序重塑双阶构造的环评制度。中国环评制度的一个特色是设有由生态环境主管部门召集有关部门代表和专家组成的“半官半民”的审查小组对专项规划草案的环境影响报告书进行审查，“设区的市级以上人民政府或者省级以上人民政府有关部门在审批专项规划草案时，应当将环境影响报告书结论以及审查意见作为决策的重要依据”。正因为是对政府决策的限制，造成规划环评在落实方面举步维艰。一方面由于各规划编制部门属于同一层级，一旦规划之间发生冲突，往往难以协调；另一方面由生态环境部门扮演唯一“黑脸”的做法，不可避免地呈现出其他部门消极应对的问题。反观美日等国的环评制度设计，则是由行政主管部门主导审查，环保机关配合。对生态环境造成多大的影响，或者更确切地说，该影响是不是可以被社会接受，并不是单一价值的片面考量，而必须在不同价值之间进行权衡。在这样的体系下，环境影响评价比较接近公共咨询机制，而不是实际决策机制[1]。因此，可以结合重大行政决策程序对规划环评及其审查小组做出结构性的改进，从而强化各部门作为“实质环保机关”的角色认知。

---

[1] 汤京平，邱崇原. 专业与民主：台湾环境影响评估制度的运作与调适 [J]. 公共行政学报，2010（35）：1–28.

（1）明确环境咨询委员会对于以“三线一单”为底线的生态环境分区管控体系的技术和民意支撑。在其编制、调整过程中，坚持以科学为依据，以民众福祉为根本，以信赖保护为原则，促进局部利益与整体利益、短期利益和长期利益的平衡和代价共担，使决策者做到“兼听则明”。

（2）在此基础之上，对可能造成环境影响的政策和措施、发展规划、建设项目等决策事项进行环境影响评价。环境咨询委员会扮演“协调者”角色，就各部门提出的环境影响报告书提出意见和建议，综合判断实施拟议活动将会产生的后果或环境问题，就认定对生态环境有重大影响的决策进一步通过公开论坛等方式征询民意。通过这种系统的规范，可以避免由相对强势的经济发展部门预先做出决策，再由相对弱势的生态环境部门组织进行环境影响审查，导致审查过程完全被形式化的窘境，进而推动“大环保”工作格局的形成，从决策层面破解“公共权力部门化、部门权力利益化、部门利益法制化”的难题。

（三）从封闭到公开：以信息公开推动运作方式的透明化

没有信息公开作为基础，环境行政决策咨询机制无法实现其制度功能。信息公开的有效性体现在民众可以及时获取准确的、可理解的相关信息，并确保决策咨询过程有据可查。为此，需要从咨询事项的发布、咨询过程的公开、咨询报告的解读等方面实现运行方式的公开化与透明化。咨询事项、会议通知、参加人遴选办法、相关说明材料等应当提前发布。环境咨询委员会主要通过公开会议、公开论坛的方式构建参与平台。公开会议是环境咨询委员会的日常会议，民众可以通过事先登记等方式参加会议，也可以发表或提交意见。公开论坛是环境咨询委员会专门听取民情民意的会议，目的在于发现和收集民众对于某项决策的看法，并对专业性较强或争议较多的事项进行解释说明，适用于对环境质量有重大影响的决策。一般情况下，会议的召集与主持由环境咨询委员会主席负责，也可采用委员轮流主持的方式。

视情况不同，会议决议选择采用全体一致通过，三分之二多数通过，或者半数通过。对于不确定较大，难以预测未来影响的方案，应采全体一致通过方式。虽然环境咨询委员会的意见本身并没有行政效力，不能代替行政决策。但是，作为汇聚技术理性和社会理性的委员会意见，理应被行政机关所采纳并成为决策的重要依据。否则，行政决策的合理性与正当性就存在瑕疵。这在客观上保证了环境咨询委员会制度的有效运行，避免被架空或流于形式。咨询程序结束后，委员会所提供的意见和建议的采纳情况也应向社会公开，并将咨询过程形成的记录、材料及时完整归档。

随着生态文明建设和民主法治理念的不断深入人心，民众的环境意识、权利意识和参与公共事务的意识的逐渐觉醒和提高，他们对环境风险沟通、行政决策参与以及国家环境治理能力的要求也越来越高。环境行政决策咨询机制作为公民理性提升的助推器、社会关系震动的减震器和行政权力运行的调节器，为构建符合风险社会要求的专家规范系统、确立融汇技术理性与社会理性的策略和方法、从源头避免或减少行政决策失误创造了条件。制度本身不健全、结构不完整、程序不完善，就会削弱实际效果。尽管中国环境行政决策咨询机制的发展已经取得了长足进步，但还存在着提升空间。在法治理念之下探索制度性的治理安排，建立更为顺畅的民意沟通表达机制，通过各方主体的良性互动，提高公共咨询的质量和公信力，既是实现从压力传递型决策到互动合作型决策的重要保障，也是建设生态文明与完善环境治理体系的必然要求。

第二节　环境行政决策咨询机制的实践展开

从发展历程看，各国的环境行政决策咨询机制大都经历了一个从地方到中央的过程。在中国的地方实践中，也呈现出了一些新的气象，做出不少有益的探索。

一、地方层面的实践探索与经验

（一）厦门“PX”事件

尽管在法律规定之中，现有公众参与条款的特点是只有非常原则和抽象的规定，欠缺如何实施的具体可操作的程序性规则。但在过去的公众参与事例中，就有积极主动地从既有成文条款规定中开拓和创设出新的规则的事例。[1] 在 2007 年厦门 PX 项目引发的群体性事件中，从市民集体抵制 PX 项目到地方政府积极听取民意，公众参与到决策过程，政府与公众形成了良性互动。

事件回顾：2004 年 2 月，国务院批准厦门 PX 项目立项；2005 年 7 月，国家环保总局通过 PX 项目环评；2006 年 7 月，国家发改委核准通过 PX 项目；2006 年 11 月，PX 项目正式开工。[2] 在 PX 项目环评过程中，由于未进行有效的信息公开，从立项、审批直到开工，基本被隔绝在公众视野之外。2007 年 3 月“两会”期间，全国政协委员、厦门大学赵玉芬教授等委员提出的政协 1 号提案《关于建议厦门海沧 PX 项目迁址的议案》，将该项目带至公众视野，引发多家媒体就该项目刊发报道，引起强烈反响及公众质疑。迫于舆论压力，厦门市政府暂缓项目，并在原有项目环评的基础上，扩大区域环境影响评价范围。这也间接承认了原有项目环评的无效。7 月，厦门市政府成立厦门市城市总体环境影响评价领导小组及其办公室，并聘请 21 名专家组成顾问组。同时，委托中国环境科学研究院承担“厦门市城市总体规划环境影响评价”。环科院利用 4 个多月的时间完成《厦门市重点区域功能定位与空间布局环境影响评价》专题报告。12 月 5 日，领导小组和环科院宣布专项规划环评进入公众参与程序。此后通过座谈会方式，广泛征求公众意见，反映公众利益与诉求，并且注重了以下几

---

[1]　朱芒．公众参与的法律定位：以城市环境制度事例为考察的对象 [J]. 行政法学研究，2019(1)：3–17.

[2]　王锡锌．公众参与和中国新公共运动的兴起 [M]. 北京：中国法制出版社，2008：150.

个环节：

1. 信息公开

12月5日，《厦门市重点区域功能定位与空间布局环境影响评价》（简本）向公众公开，其方式包括公共图书馆免费提供纸质文本、在政府网站等媒体公开。对公众参与的时间范围、方式与途径都进行了公开。参会代表名单在厦门晚报和厦门网进行公布。座谈会对媒体全程开放。座谈会结束后，厦门网对座谈会中的主要公众意见进行了报道。

2. 参会代表的产生

参会代表根据报名情况，在公证机关监督下，从所有报名者中公开随机抽取确定，通过电视台现场直播抽号过程，并邀请反对代表现场监督。519名有效报名者分为四组，随机抽取100名正式代表、100名候补代表，抽取由12名小学生完成；100名地方人大代表和政协委员通过报名方式参加座谈会；市民作为主角在前排就座，人大和政协委员位列其后。[1]

3. 公众意见的表达

厦门市政府副秘书长主持会议，未介绍其他与会政府官员，环评报告出具方参加旁听，驻厦中央媒体和本地媒体获准旁听，外地记者在隔壁收看即时转播。会场公布纪律三条：人均发言控制在3分钟之内；发言开门见山，直入主题；发言者彼此尊重。会议现场并未限制录音、录像设备。两天的座谈会耗时超过8小时，106名市民代表近九成反对PX项目落户厦门，15位人大代表和政协委员发言，14人反对，气氛热烈而不乏理性。值得注意的是，最早提出疑问的厦门大学袁东星教授本无望参会，但最终由厦门市政府临时通知参加。她在发言中以详尽的数据和专业论述，阐释了“不反对建PX，但反对建在厦门”

[1] 朱红军．“公众参与”背后的政府考量[N]. 南方周末，2007-12-20（A01）.

的观点。[1]

最终，厦门 PX 项目迁建。虽然公众以群体性事件的方式表达了对行政决策的不满，但事后通过规范专项环评的方式，地方政府、公众、专家、企业之间开展了理性的讨论、协商、对话，最终达成了共识，形成了良性的互动，实现事件的妥善处理。这当中媒体记者也发挥了重要作用，从事件的披露到过程的参与，以舆论引导公众、对政府形成了监督和制约。学者将此视为“一种参与型的公共行政模式”。[2] 但也暴露出中国当前普遍存在的环评的形式化问题，以事后的规划环评解决项目环评的问题似乎也有本末倒置之嫌，公众的参与理应提前。这也充分反映出，从一次次的环境冲突中，地方政府并未吸取教训，主动吸收第三方主体参与决策，只是在群体性事件发生后才匆忙应对。

（二）广州市重大民生决策公众意见征询委员会制度

2013 年 4 月，广州市政府出台了《广州市重大民生决策公众意见征询委员会制度（试行）》（以下简称《公众意见征询委员会制度》），提出公众意见征询委员会制度是政府重大民生决策征询民意制度的重要实现形式，是政府决策过程中问需于民、问计于民、问政于民，尊重并保障公众知情权、参与权、表达权、监督权的重要载体和平台，[3] 构建了以征询公众意见为主要内容的咨询委员会制度，走在了全国的前列。

1. 成立时机

政府重大民生决策时要成立公众意见征询委员会，吸纳市民公众代表，包括有利益关系的市民或团体代表参与对拟议决策事项的讨论，

---

[1] 朱红军．“我誓死捍卫你说话的权利”：厦门 PX 项目区域环评公众座谈会全记录 [N]. 南方周末，2007-12-20（A02）.

[2] 王锡锌．公众参与和中国新公共运动的兴起 [M]. 北京：中国法制出版社，2008：148-170.

[3] 《广州市重大民生决策公众意见征询委员会制度（试行）》第二条。

其讨论意见作为政府决策的重要参考。凡涉及重大民生决策的事项[1]均需成立公众意见征询委员会，经过征询民意的环节后再作决策，否则不得提交领导层讨论。政府主办部门将决策草案提交给专家论证、政府法制机构进行合法性审查、领导集体讨论时，同时以书面形式提交公众意见征询委员会的意见、建议详情及其采纳情况，并作必要的说明。

2. 成员构成

委员会成员一般不少于15人，由专业人士代表、直接利益方代表、市民代表、人大代表和政协委员构成。公众意见征询委员会委员应符合以下条件：有较强的社会责任感，能够客观真实地反映意见；热心社会公益事业，有奉献精神；有足够的时间和精力参与委员会活动并完成相关工作；专业人士代表为决策事项所涉专业的专家、学者，或有长期从业经验的其他类别专业技术人员；利益相关方代表为与决策事项有直接利益关系的个人或法人、机构的代表。公众意见征询委员会委员的产生本着公开、透明的原则，依照以下方式产生：专业人士代表可个人自愿报名，可以由高校、科研机构和行业协会推荐，亦可由政府主办部门邀请；利益群体代表可由利益群体中的个人自愿报名，亦可由利益群体或利益相关法人、机构推荐；市民代表可由个人自愿报名，人大代表、政协委员由人大和政协推荐。公众意见征询委员会设主任、副主任各一名，由委员会全体成员选举产生，并由政府主办部门委任。委员会成员对相应决策事项享有知情、参与和独立自主地表达意见的权利。

---

[1] 《广州市重大民生决策公众意见征询委员会制度》第三条规定，重大民生决策事项具体包括：（一）政府提供基本公共服务保障重大政策措施的制定与调整。（二）政府保障重要民生事项的财政资金安排及社会筹集资金使用方案。（三）涉及群众利益的重要区域（专项）规划和重大城乡基础设施建设。（四）涉及群众切身利益的土地利用、征地拆迁、环境保护、劳动就业、社会保障、人口计生、文化教育、医疗卫生、食品安全、住房保障、交通运输、城市管理、社会治安等方面的重大政策的制定与调整。（五）其他与人民群众利益密切相关、社会涉及面广、需要广泛征询民意的民生决策事项。（六）市民提议设立，且经政府主办部门同意设立公众意见征询委员会的其他决策事项。

3. 信息公开

政府主办部门发起成立公众意见征询委员会时，于本地电视、平面媒体和该部门官方网站同时发布公告，并同时公布收集公众意见、反馈和公布征询意见结果的渠道，包括但不限于官方网站网址、办公地址和办公电话等。政府主办部门为公众意见征询委员会委员查阅相关资料、开展调查研究、了解相关情况提供便利。

4. 委员会的权责

公众意见征询委员会的权利包括：完整地知晓与拟议事项相关的所有情况；收集并如实地反映各利益相关群体的意见、建议；与政府主办部门之间会商、讨论与决策事项相关的议题；督促政府主办部门充分听取和吸纳市民合理意见和建议；受政府主办部门委托或经政府主办部门同意，向媒体和社会公众通报、说明相关情况。公众意见征询委员会委员在充分享有知情、参与、表达意见等诸项权利的同时，履行以下义务：按时参加委员会会议及相关活动；积极收集民情民意，据实反映市民各种声音、意见和诉求；负责、公正、主动地提出意见，认真建言谋策；在决策事项拟议过程中，未经政府主办部门授权或同意，不得以任何形式、任何渠道公开发布与决策事项相关的信息；不得利用公众意见征询委员会委员身份参与、从事商业活动或其他任何形式的营利性活动。公众意见征询委员会委员自愿参与并义务从事公众意见征询委员会活动，不领取薪酬。政府主办部门按次酌情补贴其市内交通费用。

5. 委员会决定的效力

政府主办部门充分尊重公众意见征询委员会的意见和建议，对委员会提出的意见建议无论采纳与否均应及时反馈。委员会提出的意见建议因故未能采纳的，政府主办部门应如实向其说明理由。

6. 秘书机构

公众意见征询委员会下设秘书处或办公室，由政府主办部门指定工作人员负责日常运作，包括与各委员的联络，协助委员调研和获取与拟议事项相关的资料，整理委员提出的意见建议，向委员反馈意见采纳情况，协调和组织会务，起草会议纪要以及资料立卷归档等。

7. 委员会的存续期间

针对具体决策事项成立的公众意见征询委员遵循“一事一会”原则，在决策事项拟议阶段成立，到决策完成时终止。

与现行制度相比，公众意见征询委员会的建立在两个方面取得突破：征询民意的时机前移至决策过程的初始阶段，而不是政府意见基本决定之后；征询民意的方式由草案公示的方式改为成立征询委员会、与市民直接沟通。[1]

（三）协商民主在地方社区治理中的实践

近年来，协商民主已经逐步运用到中国地方的社区治理实践中。例如，南京市鼓楼区率先开展社区议事会、社区党员议事会，形成了具有协商民主特色的基层社区治理模式。鼓楼区社区党员议事会的优化策略有：在社区内弘扬协商民主文化，培育公民精神；吸引专家介入，通过培训，提高党员议事会主持人的主持艺术，训练参与者如何表达、倾听等；完善议事机制，提高议题质量，拓展议事张力。[2]其独特之处是在基层党组织的领导下将“协商民主”融入“社区治理”之中，建立平等的合作型伙伴关系，最终实现社区公共利益最大化，体现了政府对民间社会的间接治理。这也验证了协商民主的活力来源于基层。

中国已有的实践经验表明，环境咨询委员会（或类似的形式）已经在基层得到了一定程度的运用，并且收到了很好的效果，成为地方政府沟通民意的平台，促进了行政决策的科学化和民主化。

---

[1] 王华，李妍．广州设立公众咨询委员会制度 民生决策须征民意[EB/OL].（2013-03-11）[2014-12-05].

[2] 周宏丽．协商民主的社区实践[N]. 新华日报，2014-05-27（B7）.

综上所述，环境咨询委员会制度将公众参与和理性辩论有效结合，有助于增强行政决策的合理性与正当性。这种制度安排既可以扩大公众参与面，又可以提升决策质量，推进环境治理体系和治理能力现代化，也因此成为实现“善治”的典范。

二、实践反思与未来展望

（一）实践反思

环境咨询委员会的制度设计就是在体制内事前解决问题。现实中，由于事前参与无门，导致公众不得不采用“体制外”的非常规手段寻求问题的解决，地方政府往往在环境群体性事件发生后，邀请各方主体发表意见、协调利益。然而事后补救和体制外的解决带来了巨大的社会成本，不如在法律上做出制度安排，使之可以在事前和体制内表达意见，在决策阶段避免问题的出现。制度设计的重点在于建立各方主体良性互动的平台，通过适当的利益表达机制，畅通环境风险的预防渠道。同样，王锡锌教授所倡导行政过程的“公众参与模式”，也是通过搭建各方表达、交流、协商、妥协的平台，以平等而理性的协商作为行政决策合法化的核心，建立起公平代表、有效参与的“制度过程”。具体而言，以利益组织化与信息开放，作为基础性制度；以均衡的利益代表、有效的协商，理性和负责任的选择，作为程序性制度；以“公益代表”制度、为分散利益的组织化提供资源信息和技术、专家知识、司法审查，作为支持性制度。[1] 环境咨询委员会制度作为一种“立体”的制度架构，总的来讲，是以保障环保事业主体良性互动关系为出发点，将专家理性与公众参与有机结合，建立专家学者、环保组织、利益相关者、公众等第三方主体与行政机关的互动平台，通

[1]　王锡锌．公众参与和行政过程：一个理念和制度分析的框架 [M]. 北京：中国民主法制出版社，2007：40–70.

过决策前的协商过程，将问题前置，确保政府做出有关环境的行政决策时积极听取民意，实现环境管理向治理的转向。从横向看，环境咨询委员会既不同于行政决策与执行机构，也相异于行政技术辅助系统。它具有自身的独特价值与功能，不仅被视作行政活动现代化与科学化的标志，而且成为沟通政府与社会、连接知识与权力、实现参与式民主的有效途径。从纵向看，较高层级的决策往往带有普遍意义，较少地考虑到实践中的多样性，而不同层级的地方所面临的问题不同，对环境的影响也不尽相同。这就意味着，对于特殊的情况，一般决策可能不一定恰当。事实上，在不同层级的环境咨询委员会之间也会有一定程度的对话关系。因此，在环境咨询委员会具体的制度构建中，一方面需要从整体上明确界定其权责与功能，另一方面也需要充分考虑到不同层级政府的需要，在不同层面建立沟通与协商的平台，形成系统。

第一，环境咨询委员会是独立的咨询机构。独立自主地开展咨询活动，是保证环境咨询委员会的意见和建议科学、客观的基本条件。在这一模式中，行政机关并非位于“中心”，而是处于与其他参与者同样的位置。行政机关与环境咨询委员会之间不是上下级关系，而是相对独立的行为主体。现实中，环境咨询委员会难以真正行使职能、制度功能无法实现的原因，就在于其本身的从属性和依赖性。因此，实现环境咨询委员会与行政机关相分离，保证环境咨询委员会的独立性，是基础性制度。在组织结构上，环境咨询委员会直接向政府负责，避免实践中环境保护部门与经济发展部门相比之下的弱势，以便政府在决策过程中能取得专业人士及社会公众的中肯意见。委员会委员的来源较广，包括专家成员、公众等第三方主体，在委员的选任上应当依一定程序和标准进行，使具有不同知识、背景以及各方面的人士有机会加入。第三方主体介入决策制定过程不仅仅是控制裁量权的方式，也是为了共同负责。

第二，环境咨询委员会确立事前参与机制。其出发点并非事后补救的“诉讼本位”，而是侧重事前的“解决问题”。环境风险突出表现在其不确定性，关键是事前做出预防。就一项具体的行政决策而言，不确定性可能在强度、相关性以及可排除上存在差异，但通过信息的累积、专业知识和能力的掌握，大部分不确定性可以排除。[1]面对环境风险，需要充分运用专业知识，并且通过民主化的路径引导构建社会理性，以此打破知识垄断，克服环境风险的不确定性。以正式途径，委任各界社会人士加入环境咨询委员会，辅助有关环境的行政决策。这是一种制度化、开放式的决策途径。在决策之前，让各方主体有机会参与到论辩当中，集中对特定事项进行审议，一方面强调代表主体的均衡性，另一方面强调参与的时机是决策做出之前，此即程序性制度。避免因环境问题带来的损失、防止环境群体性事件的发生，“堵不如疏”，事前预防是一种很好的方式。如果第三方主体主动地在事前参与到决策的过程中，将更加有助于了解问题的现实性，及时做出回应，更容易找到不会引起剧烈冲突的解决方案。

第三，环境咨询委员会是体制内的沟通渠道。行政决策过程的不透明，公众参与渠道不畅，容易形成偏见，造成公众的疑虑。越是具有公共性的决策，越是需要广泛的参与，环境问题正是如此。让社会公众参与到决策程序中，使其意见和建议能够与决策产生联系，而不是成为决策障碍，不但可以增强透明性，而且可以增强行政决策的正当性基础。环境咨询委员会作为互动平台，行政机关、专家、利益相关者、公众参与其中，相互协商、相互妥协，制订各方都能够认可的方案。在做出有关环境的行政决策时，需要将沟通理性作为决策行为的基本组成部分，在一个更为“开放”的场域中，通过主体间的互动，达成一致意见。经由交往理性，不同的参与者克服掉最初的那些纯粹主观的观念，同时，为了共同的合理信念而确立起了客观世界的同一性及其生活语境的主体间性。[2]在决策过程中，关注重点从问题本身

---

[1]　安东尼·唐斯．民主的经济理论[M]．姚洋，邢予青，赖平耀，译．2版．上海：上海人民出版社，2010：67.

[2]　尤尔根·哈贝马斯．交往行为理论[M]．曹卫东，译．上海：上海人民出版社，2004：10.

转变为主体间互动的质量以及共识的达成。通过公共咨询、社会评议，使第三方主体主动地参与决策，表达关切、相互交流、分享信息，决策过程演变为协商过程。这样的做法，一方面可以达到强化社会理性的功能；另一方面，有效的风险沟通也有助于培养容忍冲突的观点，提供解决问题的基础及信任的制度工具，促进利益相关者和社会团体的沟通与理解，使风险评估者、管理者、技术专家、决策者等能够掌握与了解外界的声音与关怀的价值。环境咨询委员会通过行政决策者与社会的对话，在利益的冲突与观点的碰撞中实现平衡，为多元利益矛盾的协调提供了制度平台。

第四，环境咨询委员会是实现参与式民主的有效途径。参与式民主在于弥补代议制民主的不足，强调公民自上而下地参与公共决策过程，具体表现为小区民主或草根民主、咨询民主与协商民主等形式。[1] 参与式民主的一个重要特征是行政行为从单方意志性向交涉性的转变，交涉性要求行政机关在行使行政权力时应与相对人沟通与交流，包括信息沟通与意见交换等，不只是单方行为。[2] 从法律的角度看，诺内特、塞尔兹尼克提出了回应型法，认为其取决于国家有序化机制和民间有序化机制的交涉性平衡，具有以下特征：①“把社会压力理解为认识的来源和自我矫正的机会”；②“应该有助于界定公众利益并致力于达到实体正义”；③“权威必须是开放的和参与性的：鼓励协商；说明决策的理由；欢迎批评；把同意当作是对合理性的一种检验”。[3] 环境咨询委员会制度作为经由个人咨询、机构咨询而逐渐发展起来的高级形式，强调决策过程需要广泛听取来自专家学者、利益相关者以及公众的意见。通过在程序中引入有关各方的参与，对实质议题进行辩论与协商，形成对社会事务的共同关切，使权利意识和民

---

[1] 娄胜华．令民意表达更加畅通：参与式民主与澳门政府咨询机制建设构想 [J]. 澳门研究，2006(32)：37-47.

[2] 石红心．从“基于强制”到“基于同意”：论当代行政对公民意志的表达 [J]. 行政法学研究，2002(1)：43-49.

[3] P. 诺内特，P. 塞尔兹尼克．转变中的法律与社会：迈向回应型法 [M]. 张志铭，译．北京：中国政法大学出版社，2004：5-10.

主精神在每个公民内心植根、生长，以社会主义协商民主推动参与式民主的最新发展。

如果决策是以科学为基础的，为何造成巨大的环境损害？如果决策是以民主为基础的，为何公众无法接受？决策的科学化需要通过专业知识在有限理性内实现最优选择，决策的民主化需要深化民意基础。一方面是环境问题的复杂性和技术性；另一方面是环境的不确定性，在现有专业知识无法完全肯定的情况下，如何以制度化的方式确保决策的科学、民主，值得我们思考。理想的模式应当是，以专业知识为基础，建立良性的互动关系，通过在决策过程中引入公众参与，打开行政决策中的“黑箱”，使有关环境的行政决策得到有效规范和制约。

（二）未来展望

环境咨询委员会制度构建的总体目标是以制度化为取向，建立层次合理、结构完整、功能适当的环境咨询委员会网络体系，在有关环境的行政决策中引入专业知识、促进公众参与，避免行政决策失误。对于环境咨询委员会立法而言，应当满足三条标准：能否实现对各方主体互动的保障，能否促进对于参与文化的形成，以及能否将影响评估系统化。这意味着一是为各方主体的互动提供平台；二是保证咨询过程和结果的透明度，以便体现公信力；三是将咨询的程序规范化，保证其可行性与有效性。因此，制度构建的主要内容包括咨询委员会的组织形式、职责范围、人员构成、运作方式和信息公开等。环境咨询委员会制度的构建是一个系统工程，并非单部法律或单项法律条文所能完成，应当在不同的立法层次加以综合考量。

咨询委员会制度是一个系统工程，并非单部法律或单个法律条文设计所能完成的。各行政机构的决策过程存在差异，难以颁布一般性的、保障不同实体行政决策领域参与权和社会咨询的法律。目前，在中国制定一部规范决策咨询行为的咨询委员会法的条件尚未成熟，参与式民主的发展不能一蹴而就。可以在借鉴法治发达国家和地区成功经验的基础上，结合中国国情，以环境咨询委员会制度作为突破口，着重规范综合性、系统性的环境行政决策咨询行为，在环境行政决策中实现公平的制度化。

从性质上看，环境咨询委员会寻求在现有政治体制原则下扩大民意与发展参与式民主。它的建立与运作，既不是对现有政府体制功能的某种替代，也不会冲击或削弱行政主导原则。事实上，经过体制内的咨询渠道所表达的意见越分散、越多元，越有利于政府居中调节与驾驭，往往会进一步转变为利益相关者之间的博弈与妥协。它在民主政治模式上体现的是可控式参与型民主制度安排，弥补代议制民主的不足，对有限选举民主之下公众意见反映不畅与素质缺陷可以起到不可替代的弥补作用。对于政府而言，环境咨询委员会事前的介入有助于提高行政决策的科学性与民主性，可以增强政府的治理能力与行政决策的合法性基础，营造包容的开明政府形象；对于公民而言，咨询式的民主机制，可鼓励公民的积极、主动地参与，而非消极地保护一己私利或强制性参与，进而促进公民对公共利益的关切，提升公民意识和自治能力。

从功能上看，环境咨询委员会负责提供专业知识、收集公众意见，为政府立法和决策提供参考，是各方主体进行互动的平台。透过此互动平台，环境咨询制度可望真正成为“知识”与“权力”、“民意”与“权力”的联结机制，促进生态文明建设。环境咨询委员会一方面可以对政府的环境保护工作和重大决策活动提供建议，另一方面还可以在政府与公众之间搭起沟通环境事务的桥梁。相应的制度设计突出事前的介入，一是保证专家的中立地位，同时以集体民主的压力，使公众自己说服自己；二是确保政府能够认真听取意见。环境咨询委员会的定位是咨询性质，所有接受咨询的行政决策都应由行政机关根据法律规定最终做出。

正如日本环境法学者原田尚彦所指出的，“环境法的最终课题是通过居民的参加，提供实现民主选择环境价值与其他基本人权相调和的法律结构，创造出能够把环境价值也考虑进来的谋求国民最大福利的社会制度”。[1] 在环境领域参与式民主的观念并不在于以投票的方式解决所有的问题，而是由受影响民众借由适当渠道参与决策过程，借以调和利益冲突、促进民主政治的发展，以及改善“政府”的决策品质。[2] 环境咨询委员会制度设计的最终目的是让习惯于威权的官员们学会协商，学会尊重公民的权利；对于公民来讲，参与协商的过程则是学会诉诸理性的过程。

从发生学意义上讲，每一种法律文化都是自成一体的，法律文化的隔离机制最初是与地理环境相联结的。[3] 中国作为典型的农耕社会，数千年来都是农耕文化占据主导地位，也造就了保守的政治环境，这与中国的地理环境不无关系。就法律文化而言，开放性的、交互性的制度体系才富有生命力，而这恰恰是中国传统文化中所不足的，计划经济体制更进一步加剧了这种保守。然而，当今全球一体化进程的加速，环境保护的国际性、关联性，尤其是改革开放以来市场经济的确立，中国已经深深地受到商业文化的影响，并在相当程度上改变了人们既有的生活方式和文化传统。应当说，市场的强大力量正在推动着法律文化和法治思维的形成。因此，对于中国而言，当务之急应当是营造适宜开放、互动的法律文化发展的政治环境，推进政府信息公开，提升公民参政议政的热情，为构建环境行政决策的治理规则奠定良好基础。

人类或许就是个矛盾综合体，在悲观与乐观之中，人类社会正是如此这般作为一个整体向前运动着的。人类历史整体正是如此这般生生不息的：成形于计划，但并无计划；激发于目的，但并无目的。[4] 本书所研究的环境行政决策的治理规则，或许在计划与无计划、目的与无目的的矛盾中，从理论走向现实。

---

[1] 原田尚彦．环境法 [M]. 于敏，译．北京：法律出版社，1999：69.
[2] 叶俊荣．环境政策与法律 [M]. 北京：中国政法大学出版社，2003：93.
[3] 刘作翔．法律文化论 [M]. 西安：陕西人民出版社，1992：113.
[4] 诺贝特·埃利亚斯．个体的社会 [M]. 翟三江，陆兴华，译．南京：译林出版社，2003：66-67.

主要参考文献

一、著作类

[1] 施密特·阿斯曼．秩序理念下的行政法体系建构 [M]. 林明锵，等译．北京：北京大学出版社，2012.

[2] 约·埃尔斯特．协商民主：挑战与反思 [M]. 周艳辉，译．北京：中央编译出版社，2009.

[3] 诺贝特·埃利亚斯．个体的社会 [M]. 翟三江，陆兴华，译．南京：译林出版社，2003.

[4] 曼瑟尔·奥尔森．集体行动的逻辑 [M]. 陈郁，郭宇峰，李崇新，译．上海：格致出版社，2011.

[5] 埃莉诺·奥斯特罗姆．公共治理之道 [M]. 余逊达，陈旭东，译．上海：上海译文出版社，2012.

[6] 埃莉诺·奥斯特罗姆．公共资源的未来：超越市场失灵和政府管制 [M]. 郭冠清，译．北京：中国人民大学出版社，2015.

[7] 文森特·奥斯特罗姆．民主的意义及民主制度的脆弱性：回应托克维尔的挑战 [M]. 李梅，译．西安：陕西人民出版社，2011.

[8] 乌尔里希·贝克．风险社会 [M]. 何博闻，译．南京：译林出版社，2004.

[9] B. 盖伊·彼得斯．政府未来的治理模式 [M]. 吴爱明，贾宏图，译．2 版．北京：中国人民大学出版社，2013.

[10] 彼得·伯克，格洛丽亚·赫尔方．环境经济学 [M]. 吴江，贾蕾，译．北京：中国人民大学出版社，2013.

[11] E. 博登海默．法理学——法哲学及其方法 [M]. 邓正来，姬敬武，译．北京：华夏出版社，1987.

[12] 詹姆斯·博曼．公共协商：多元主义、复杂性与民主 [M]. 黄相怀，译．北京：中央编译出版社，2006.

[13] 克劳斯·博塞尔曼，等．可持续发展的法律和政治 [M]. 王曦，卢锟，等，译．上海：上海交通大学出版社，2017.

[14] 詹姆斯·M. 布坎南，罗杰·D. 康格尔顿．原则政治，而非利益政治：通向非歧视性民主 [M]. 张定淮，何志平，译．北京：社会科学文献出版社，2008.

[15] 詹姆斯・M. 布坎南，戈登・塔洛克 . 同意的计算：立宪民主的逻辑基础 [M]. 陈光金，译 . 北京：中国社会科学出版社，2000.

[16] 詹姆斯・M. 布坎南 . 自由、市场与国家：20 世纪 80 年代的政治经济学 [M]. 吴良健，桑伍，曾获，译 . 北京：北京经济学院出版社，1988.

[17] 史蒂芬・布雷耶 . 打破恶性循环：政府如何有效规制风险 [M]. 宋华琳，译 . 北京：法律出版社，2009.

[18] 蔡定剑 . 民主是一种现代生活 [M]. 北京：社会科学文献出版社，2010.

[19] 肯尼斯・卡尔普・戴维斯 . 裁量正义：一项初步的研究 [M]. 毕洪海，译 . 北京：商务印书馆，2009.

[20] 邓正来 . 国家与社会：中国市民社会研究 [M]. 成都：四川人民出版社，1997.

[21] 狄骥 . 公法的变迁 [M]. 郑戈，译 . 北京：中国法制出版社，2010.

[22] 斯蒂芬・M. 菲尔德曼 . 从前现代主义到后现代主义的美国法律思想 [M]. 李国庆，译 . 北京：中国政法大学出版社，2005.

[23] 伊丽莎白・ 费雪 . 风险规制与行政宪政主义 [M]. 沈岿，译 . 北京：法律出版社，2012.

[24] 劳伦斯・M. 弗里德曼 . 法律制度：从社会科学角度观察 [M]. 李琼英，林欣，译 . 北京：中国政法大学出版社，2004.

[25] 高鸿钧 . 现代法治的出路 [M]. 北京：清华大学出版社，2003.

[26] 郭道晖 . 社会权力与公民社会 [M]. 南京：译林出版社，2009.

[27] 尤尔根・哈贝马斯 . 交往行为理论 [M]. 曹卫东，译 . 上海：上海人民出版社，2004.

[28] 哈贝马斯 . 在事实与规范之间：关于法律和民主法治国的商谈理论 [M]. 童世骏，译 . 北京：生活・读书・新知三联书店，2014.

[29] 赫尔曼・哈肯 . 协同学：大自然构成的奥秘 [M]. 凌复华，译 . 上海：上海译文出版社，2013.

[30] 卡罗尔・哈洛，理查德・罗林斯 . 法律与行政：上卷 [M] . 杨伟东，李凌波，石红心，等，译 . 北京：商务印书馆，2004.

[31] 何包钢 . 协商民主：理论、方法和实践 [M]. 北京：中国社会科学出版社，2008.

[32] 戴维・ 赫尔德 . 民主的模式 [M]. 燕继荣，等，译 . 北京：中央编译出版社，2008.

[33] 黄湛利 . 港澳政府咨询委员会制度 [M]. 广州：广东人民出版社，2009.

[34] 弗朗索瓦・基佐 . 欧洲代议制政府的历史起源 [M]. 张清津，袁淑娟，译 . 上海：复旦大学出版社，2008.

[35] 姜明安 . 行政法与行政诉讼法 [M]. 5 版 . 北京：北京大学出版社，2011.

[36] 金泽良雄 . 经济法概论 [M]. 满达人，译 . 北京：中国法制出版社，2005.

[37] 弗・卡普拉 . 转折点：科学、社会、兴起中的新文化 [M]. 冯禹，向世陵，黎云，译 . 北京：中国人民大学出版社，1989.

[38] 戴维・凯瑞斯 . 法律中的政治 ：一个进步性批评 [M]. 信春鹰，译 . 北京：中国政法大学出版社，2008.

[39] 让・里韦罗，让・瓦利纳 . 法国行政法 [M]. 鲁仁，译 . 北京：商务印书馆，2008.

[40] 栗燕杰 . 行政决策法治化探究 [M]. 北京：中国法制出版社，2011.

[41] 王曦 . 联合国环境规划署环境法教程 [M]. 北京：法律出版社，2002.

[42] 刘莘 . 法治政府与行政决策、行政立法 [M]. 北京：北京大学出版社，2006.

[43] 罗豪才，宋功德 . 软法亦法：公共治理呼唤软法之治 [M]. 北京：法律出版社，2009.

[44] 罗豪才，湛中乐 . 行政法学 [M]. 3 版 . 北京：北京大学出版社，2012.

[45] 马丁・洛克林 . 公法与政治理论 [M]. 郑戈，译 . 北京：商务印书馆，2013.

[46] 杰瑞・L. 马肖 . 行政国的正当程序 [M]. 沈岿，译 . 北京：高等教育出版社，2005.

[47] 奥托・迈耶 . 德国行政法 [M]. 刘飞，译 . 北京：商务印书馆，2002.

[48] 美国国家环保局 . 环境执法原理 [M]. 王曦，等译 . 北京：民主与建设出版社，1999.

[49] 丹尼斯・C. 缪勒 . 公共选择理论 [M]. 杨春学，等译 . 北京：中国社会科学出版社，1999.

[50] 莫于川 . 行政规划法治论 [M]. 北京：法律出版社，2016.

[51] 南博方 . 行政法 [M]. 杨建顺，译 . 北京：中国人民大学出版社，2009.

[52] P. 诺内特，P. 塞尔兹尼克 . 转变中的法律与社会：迈向回应型法 [M]. 张志铭，译 . 北京：中国政法大学出版社，2004.

[53] 彭飞荣 . 风险与法律的互动：卢曼系统论的视角 [M]. 北京：法律出版社，2018.

[54] 皮纯协 . 行政程序法比较研究 [M]. 北京：中国人民公安大学出版社，2000.

[55] 齐佩利乌斯 . 德国国家学 [M]. 赵宏，译 . 北京：法律出版社，2011.

[56] 钱穆 . 中国文化史导论：修订本 [M]. 北京：商务印书馆，1994.

[57] 任勇 . 日本环境管理及产业污染防治 [M]. 北京：中国环境科学出版社，2000.

[58] 沈岿 . 公法变迁与合法性 [M]. 北京：法律出版社，2010.

[59] 沈宗灵 . 现代西方法理学 [M]. 北京：北京大学出版社，1992.

[60] 卡尔・施米特 . 合法性与正当性 [M]. 冯克利，李秋零，朱雁冰，译 . 上海：

上海人民出版社，2015.

[61] 埃贝哈德·施密特-阿斯曼 . 德国行政法读本 [M]. 于安，等译 . 北京：高等教育出版社，2006.

[62] 托马斯·思德纳 . 环境与自然资源管理的政策工具 [M]. 张蔚文，黄祖辉，译 . 上海：上海三联书店，2005.

[63] 理查德·B. 斯图尔特 . 美国行政法的重构 [M]. 沈岿，译 . 北京：商务印书馆，2011.

[64] 布赖恩·Z. 塔玛纳哈 . 法律工具主义：对法治的危害 [M]. 陈虎，杨洁，译 . 北京：北京大学出版社，2016.

[65] 安东尼·唐斯 . 官僚制内幕 [M]. 郭小聪，等译 . 北京：中国人民大学出版社，2006.

[66] 安东尼·唐斯 . 民主的经济理论 [M]. 姚洋，邢予青，赖平耀，译 . 2 版 . 上海：上海人民出版社，2010.

[67] 约翰·克莱顿·托马斯 . 公共决策中的公民参与 [M]. 孙柏瑛，等译 . 北京：中国人民大学出版社，2010.

[68] 汪劲 . 环保法治三十年：我们成功了吗：中国环保法治蓝皮书 [M]. 北京：北京大学出版社，2011.

[69] 汪劲 . 中国环境法原理 [M]. 北京：北京大学出版社，2000.

[70] 王名扬 . 法国行政法 [M]. 北京：北京大学出版社，2007.

[71] 王名扬 . 美国行政法 [M]. 北京：中国法制出版社，1999.

[72] 王名扬 . 英国行政法 [M]. 北京：中国政法大学出版社，1987.

[73] 王万华 . 行政程序法研究 [M]. 北京：中国法制出版社，2000.

[74] 王曦 . 美国环境法概论 [M]. 武汉：武汉大学出版社，1992.

[75] 王周户 . 公众参与的理论与实践 [M]. 北京：法律出版社，2011.

[76] 马克斯·韦伯 . 经济与社会: 第一卷 [M]. 阎克文，译 . 上海: 世纪出版集团，2010.

[77] 威廉·韦德，克里斯托弗·福赛 . 行政法 [M]. 骆梅英，苏苗罕，周华兰，等，译 . 北京：中国人民大学出版社，2018.

[78] 威廉·F. 韦斯特 . 控制官僚: 制度制约的理论和实践 [M]. 张定淮，白锐，译 . 重庆：重庆出版社，2001.

[79] 彼得·S. 温茨 . 环境正义论 [M]. 朱丹琼，宋玉波，译 . 上海：上海人民出版社，2007.

[80] 翁岳生 . 行政法 [M]. 2 版 . 北京：中国法制出版社，2009.

[81] 吴浩 . 国外行政立法的公众参与制度 [M]. 北京：中国法制出版社，2008.

[82] 吴健 . 环境经济评价: 理论、制度与方法 [M]. 北京: 中国人民大学出版社，2012.

[83] 辛年丰 . 环境风险的公私协力：国家任务变迁的观点 [M]. 台北：元照出

版有限公司，2014.

[84] 信春鹰 .《中华人民共和国环境保护法》学习读本 [M]. 北京：中国民主法制出版社，2014.

[85] 许宗力 . 法与国家权力 [M]. 台北：元照出版有限公司，1999.

[86] 盐野宏 . 行政法 [M]. 杨建顺，译 . 北京：法律出版社，1999.

[87] 杨海坤 . 中国行政法基本理论 [M]. 南京：南京大学出版社，1992.

[88] 杨寅 . 公共行政学 [M].2 版 . 北京：北京大学出版社，2009.

[89] 杨寅 . 行政决策程序、监督与责任制度 [M]. 北京：中国法制出版社，2011.

[90] 叶俊荣 . 环境行政的正当法律程序 [M]. 台北：翰芦图书出版有限公司，2001.

[91] 叶俊荣 . 面对行政程序法：转型台湾的程序建制 [M]. 2 版 . 台北：元照出版有限公司，2010.

[92] 应松年 . 行政程序法 [M]. 北京：法律出版社，2009.

[93] 应松年 . 行政程序法立法研究 [M]. 北京：中国法制出版社，2001.

[94] 俞可平 . 治理与善治 [M]. 北京：社会科学文献出版社，2000.

[95] 原田尚彦 . 环境法 [M]. 于敏，译 . 北京：法律出版社，1999.

[96] 湛中乐 . 现代行政过程论：法治理念、原则与制度 [M]. 北京：北京大学出版社，2005.

[97] 张越 . 英国行政法 [M]. 北京：中国政法大学出版社，2004.

[98] 周弘，贝娅特・科勒 - 科赫 . 欧盟治理模式 [M]. 北京：社会科学文献出版社，2008.

[99] 周佑勇 . 行政法基本原则研究 [M]. 武汉：武汉大学出版社，2005.

[100] 朱芒，陈越峰 . 现代法中的城市规划：都市法研究初步 [M]. 北京：法律出版社，2012.

二、论文类

[1] 包存宽 . 基于生态文明的战略环境评价制度（SEA2.0）设计研究 [J]. 环境保护，2015，43（10）：17-23.

[2] 陈家刚 . 风险社会与协商民主 [J]. 马克思主义与现实，2006（3）：95-105.

[3] 陈家刚 . 协商民主引论 [J]. 马克思主义与现实，2004（3）：26-34.

[4] 胡肖华 . 论预防性行政诉讼 [J]. 法学评论，1999（6）：91-95.

[5] 黄锡生，谢玲 . 环境公益诉讼制度的类型界分与功能定位：以对环境公益诉讼“二分法”否定观点的反思为进路 [J]. 现代法学，2015，37（6）：108-116.

[6] 黄源铭 . 对专家学者组成委员所为决定之司法审查：以委员会之运作与

资讯审查为中心 [J]. 政大法学评论，2012（129）：167-243.

[7] 黄源铭 . 论专家学者参与公共事务之法律地位：以行政法与刑法观点为中心 [J]. 台北大学法学论丛，2009（75）：1-61.

[8] 江必新 . 环境权益的司法保护 [J]. 人民司法（应用），2017（25）：4-7.

[9] 艾卡・雷宾德 . 欧盟和德国的环境保护集体诉讼 [J]. 王曦，译 . 交大法学，2015（4）：5-14.

[10] 李丹 . 从环保督察问题反思环境法治中的利益配置 [J]. 政治与法律，2018（10）：80-90.

[11] 李挚萍 . 论以环境质量改善为核心的环境法制转型 [J]. 重庆大学学报（社会科学版），2017，23（2）：122-128.

[12] 林国明 . 国家、公民社会与审议民主：公民会议在台湾的发展经验 [J]. 台湾社会学，2009（17）：161-217.

[13] 娄胜华 . 令民意表达更加畅通：参与式民主与澳门政府咨询机制建设构想 [J]. 澳门研究，2006（32）：37-47.

[14] 罗豪才，宋功德 . 行政法的治理逻辑 [J]. 中国法学，2011（2）：5-26.

[15] 丹尼尔・R . 曼德尔克 . 美国《国家环境政策法》: 经验与问题评述 [J]. 卢锟，译 . 甘肃政法学院学报，2018（5）：114-125.

[16] 茅铭晨 . “行政决策”概念的证立及行为的刻画 [J]. 政治与法律，2017（6）：108-121.

[17] 莫纪宏 . 论习近平新时代中国特色社会主义生态法治思想的特征 [J]. 新疆师范大学学报（哲学社会科学版），2018，39（2）：22-28.

[18] 沈寿文 . 政府横向权力配置新论：从结构功能主义角度的分析 [J]. 政法论丛，2011（1）：13-23.

[19] 石红心 . 从“基于强制”到“基于同意”：论当代行政对公民意志的表达 [J]. 行政法学研究，2002（1）：43-49.

[20] 谭炜杰 . 行政诉讼受案范围否定性列举之反思 [J]. 行政法学研究，2015（1）：89-98.

[21] 汤京平，邱崇原 . 专业与民主：台湾环境影响评估制度的运作与调适 [J]. 公共行政学报，2010（35）：1-28.

[22] 汤京平，翁伟达 . 解构邻避运动：国道建设的抗争与地方政治动员 [J]. 公共行政学报，2005（14）：125-149.

[23] 童星，张乐 . 重大邻避设施决策风险评价的关系谱系与价值演进 [J]. 河海大学学报（哲学社会科学版），2016，18（3）：65-71，91-92.

[24] 汪锦军 . 纵向政府权力结构与社会治理：中国“政府与社会”关系的一个分析路径 [J]. 浙江社会科学，2014（9）：128-139，160-161，2.

[25] 汪全胜 . 论法律文本中“过渡条款”的规范化设置 [J]. 法商研究，2013，30（4）：28-35.

[26] 王锡锌，章永乐．专家、大众与知识的运用——行政规则制定过程的一个分析框架 [J]. 中国社会科学，2003（3）：113-127，207-208.

[27] 王锡锌．公共决策中的大众、专家与政府——以中国价格决策听证制度为个案的研究视角 [J]. 中外法学，2006（4）：462-483.

[28] 王锡锌．我国公共决策专家咨询制度的悖论及其克服——以美国《联邦咨询委员会法》为借鉴 [J]. 法商研究，2007（2）：113-121.

[29] 王锡锌．行政决策正当性要素的个案解读——以北京市机动车“尾号限行”政策为个案的分析 [J]. 行政法学研究，2009（1）：10-15.

[30] 王曦．环保主体互动法制保障论 [J]. 上海交通大学学报（哲学社会科学版），2012，20（1）：5-22，100.

[31] 王毓正．论环境法于科技关连之立法困境与管制手段变迁 [J]. 成大法学，2006（12）：95-150.

[32] 吴宇．德国环境团体诉讼的嬗变及对我国的启示 [J]. 现代法学，2017，39（2）：155-165.

[33] 谢伟．德国环境团体诉讼制度的发展及其启示 [J]. 法学评论，2013，31（2）：110-115.

[34] 王奎明，于文广，谭新雨．“中国式”邻避运动影响因素探析 [J]. 江淮论坛，2013（3）：35-43，68.

[35] 余凌云．行政法上合法预期之保护 [J]. 中国社会科学，2003（3）：128-139，208.

[36] 曾哲．我国重大行政决策权划分边界研究 [J]. 南京社会科学，2012（1）：92-98.

[37] 詹国彬，许杨杨．邻避冲突及其治理之道：以宁波 PX 事件为例 [J]. 北京航空航天大学学报（社会科学版），2019，32（1）：46-56.

[38] 张力亚．市民环境主义的社区实践：以台南市金华社区为例 [J]. 第三部门学刊，2009（11）：63-95.

[39] 张晏．“公众”的界定、识别和选择——以美国环境影响评价中公众参与的经验与问题为镜鉴 [J]. 华中科技大学学报（社会科学版），2020，34（5）：83-93.

[40] 张昱，杨彩云．泛污名化：风险社会信任危机的一种表征 [J]. 河北学刊，2013，33（2）：117-122.

[41] 郑欣璐，李志林，王珏，等．我国规划环境影响评价制度评析——新制度经济学的视角 [J]. 环境保护，2017，45（19）：20-25.

[42] 周黎安．中国地方官员的晋升锦标赛模式研究 [J]. 经济研究，2007（7）：36-50.

[43] 朱芒．公众参与的法律定位：以城市环境制度事例为考察的对象 [J]. 行政法学研究，2019（1）：3-17.

三、外文类

[1] ANDREWS R N L. Managing the environment, managing ourselves: a history of American environmental policy [M]. 2nd ed. New Haven: Yale University Press, 2006.

[2] BOLING T. Making the connection: NEPA processes for national environmental policy[J].Washington University Journal of Law and Policy, 2010, 32（1）: 313-332.

[3] BROADBENT J. Environmental politics in Japan: networks of power and protest [M]. Cambridge: Cambridge University Press, 1998.

[4] BRYNER G C.Policy devolution and environmental law: exploring the transition to sustainable development[J].Environs: Environmental Law and Policy Journal, 2002, 26（1）: 1-32.

[5] CALDWELL L K. Environment: a new focus for public policy?[J]. Public Administration Review, 1963, 23（3）: 132-139.

[6] CALDWELL L K. The national environmental policy act: an agenda for the future[M]. Bloomington: Indiana University Press, 1999.

[7] CARDOZO M H. The federal advisory committee act in operation[J]. Administrative Law Review, 1981, 33（1）: 1-62.

[8] CAMPBELL C C. Discharging congress: government by commission[M]. Westport: Praeger Publishers, 2002.

[9] CROSBY N, Kelly J M, Schaefer P. Citizens panels: a new approach to citizen participation[J]. Public Administration Review, 1986, 46（2）: 170-178.

[10] DANA D A. The new "Contractarian" paradigm in environmental regulation[J]. University of Illinois Law Review, 2000, 2000（1）: 35-60.

[11] DERBYSHIRE J D. An introduction to public administration: people, politics and power [M].London: McGraw-Hill Education, 1984.

[12] DIVER C S. Policymaking paradigms in administrative law[J]. Harvard Law Review, 1981, 95（2）: 393-434.

[13] DIVER C S. The optimal precision of administrative rules[J].Yale Law Journal, 1983, 93（1）: 95-110.

[14] DOREY P. Policy making in Britain: an introduction[M]. Los Angeles: SAGE Publications Ltd, 2005.

[15] EISENBERG M A. Private ordering through negotiation: dispute-settlement and rulemaking[J]. Harvard Law Review, 1976, 89（4）: 637-681.

[16] FARBER D A.Revitalizing regulaion[J].Michigan Law Review, 1993, 91（6）: 1278-1296.

[17] FIORINO D J, KIRTZ C.Breaking down walls: negotiated rulemaking at

EPA[J].Temple Environmental Law & Technology Journal，1985（4）：29-40.

[18] FIORINO D J. Rethinking environmental regulation：perspectives on law and governance[J]. Harvard Environmental Law Review，1999（23）：441-470.

[19] FREEMAN J.Collaborative governance in the administrative state[J].UCLA Law Review，1997，45（1）：1-98.

[20] FREEMAN J. The private role in public governance[J]. New York University Law Review，2000，75（3）：543-675.

[21] GINSBERG W R.Federal advisory committees：an overview[R].Washington，DC：Congressional Research Service，2009.

[22] GLASBERGEN P.Co-operative environmental governance：public-privateagreements as a policy strategy[M].London：Kluwer Academic，1998.

[23] GLASSON J，Therivel R，Chadwick A.Introduction to environmental impact assessment[M]. New York：Routledge，2005.

[24] GLICKSMAN R L，Markell D L，Buzbee W W，et al. Environmental protection：law and policy [M]. 8th ed. New York：Wolters Kluwer，2019.

[25] GRAFON R Q，Hilborn R，Squires D，et al.Handbook of marine fisheries conservation and management[M].New York：Oxford University Press，2010.

[26] GRAY K R. World summit on sustainable development：accomplishments and new directions？[J]. International and Comparative Law Quarterly，2003，52（1）：256-268.

[27] HARTER P J. Assessing the assessors：the actual performance of negotiated rulemaking[J].New York University Environmental Law Journal，2000，9（1）：32-59.

[28] HOGL K.Environmental governance：the challenge of legitimacy and effectiveness[M].Cheltenham：Edward Elgar Publishing，2012.

[29] HUBER B R. Transition policy in environmental law[J]. Harvard Environmental Law Review，2011，35（1）：91-130.

[30] JAFFE L L. The effective limits of the administrative process：a reevaluation[J]. Harvard Law Review，1954，67（7）：1105-1135.

[31] BLACK J. Proceduralizing regulation：part II[J]. Oxford Journal of Legal Studies，2001，21（1）：33-58.

[32] KAPLOW L. An economic analysis of legal transitions[J]. Harvard Law Review，1986，99（3）：509-617.

[33] KOOIMAN J. Governing as governance [M]. London：SAGE Publications Ltd，2003.

[34] KUEHN R R. Bias in environmental agency decision making[J]. Environmental Law，2015，45（4）：957-1019.

[35] LANDY M，Rubin C.Civic environmentalism：a new approach to policy[M].

Washington，DC：George C.Marshall Institue，2001.

[36] LATIN H. Good science，bad regulation，and toxic risk assessment[J].Yale Journal on Regulation，1988，5（1）：89-148.

[37] LOBEL O. The renew deal: the fall of regulation and the rise of governance in contemporary legal thought[J]. Minnesota Law Review，2004，89（2）：343-470.

[38] MALLOY T F.Regulation，compliance and the firm[J].Temple Law Review，2003，76（3）：451-531.

[39] NASH J R，Revesz R L. Grandfathering and environmental regulation：the law and economics of new source review[J].Northwestern University Law Review，2007，101（4）：1677-1734.

[40] NUSZKIEWICZ M.Twenty years of the Federal Advisory Committee Act：it's time for some changes[J].Southern California Law Review，1992，65（2）：957-998.

[41] ORTS E W.Reflexive environmental law[J].Northwestern University Law Review，1995，89（4）：1227-1430.

[42] OWENS S. Experts and the environment—the UK royal commission on environmental pollution 1970-2011[J]. Journal of Environmental Law，2012，24（1）：1-22.

[43] PADDOCK C L，Glicksman L R，Brymer N S.Decision making inenvironmental law[M].Cheltenham：Edward Elgar Publishing，2016.

[44] ROSE R. Lesson-drawing in public policy：a guide to learning across time and space[M]. Chatham：Chatham House Publishers，1993.

[45] SCHELD A M，Anderson C M. Market effects of catch share management：the case of New England multispecies groundfish[J]. ICES Journal of Marine Science，2014，71（7）：1835-1845.

[46] SCHREURS M A. Environmental politics in Japan，Germany，and the United States[M]. Cambridge：Cambridge University Press，2003.

[47] SELMI D P. The promise and limits of negotiated rulemaking：evaluating the negotiation of a regional air quality rule[J]. Environmental Law，2005，35（3）：415-469.

[48] SHAPIRO S A. Public accountability of advisory committees[J]. RISK，1990，1（3）：189-202.

[49] STEWART R B，Sunstein C R. Public programs and private rights[J]. Harvard Law Review，1982，95（6）：1193-1322.

[50] STEWART R B.A new generation of environmental regulation?[J].Capital University Law Review，2001，29（1）：21-182.

[51] TARLOCK A D.Environmental law：then and now[J].Washington University Journal of Law and Policy，2010，32（1）：1-32.

[52] TARLOCK A D.The future of environmental "Rule of Law" litigation and there is one[J].Pace Environmental Law Review，2002，19（2）：611-618.

[53] THIEL S V. Quangos：trends，causes and consequences[M].Aldershot：Ashgate Publishing Ltd，2001.

[54] VOLLERTSEN R E.The NEPA and energy legislation：the preemption of judicial review[J].University of San Francisco Law Review，1980，14（3）：403-438.

[55] WAGNER W E. The science charade in toxic risk regulation[J]. Columbia Law Review，1995，95（7）：1613-1723.